아름다운 동행
캠프힐 사람들

베나허 캠프힐 공동체, 스코틀랜드 애버딘

Holistic Special Education
edited by Robin Jackson
© 2006 Robin Jackson
First published by Floris Books, Edinburgh
All rights reserved.
Korean translation copyright © 2011 Jiwasarang Publishing Co.
This Korean edition is published by arrangement with the Floris Books
Trust Ltd. through Sigma^TR Literary Agency, Korea

이 책의 한국어판 저작권은 시그마 에이전시(Sigma^TR Literary Agency)를 통한 저작권자와의 독점
계약으로 지와사랑 출판사에 있습니다. 저작권법에 의해 한국 내에서 보호를 받는 저작물이므로 무단
전재와 무단 복제를 금합니다.

아름다운 동행

캠프힐 사람들
발도르프 특수교육의 장애인복지 철학과 실천

초판 발행 2011. 3. 25
초판 발행 2017. 10. 25
엮은이 로빈 잭슨
옮긴이 김은영, 나수현
펴낸이 지미정
편집 김정연, 박은영
디자인 장아영, 한윤아
영업 권순민, 박장희
펴낸곳 지와 사랑

주소 경기도 고양시 일산동구 중앙로 1275번길 38-10, 1504호
전화 (02)335-2964
팩시밀리 (031)901-2965
등록번호 제10-956호
등록일 1994. 3. 30
ISBN 978-89-89007-51-7   03370
값 18,000원

www.jiwasarang.co.kr

아름다운 동행

캠프힐 사람들

발도르프 특수교육의
장애인복지 철학과 실천

로빈 잭슨 엮음 | 김은영 · 나수현 옮김

HOLISTIC SPECIAL EDUCATION

Camphill Principles and Practice

知와 사랑

아름다운 동행 캠프힐 사람들

감사의 말 _ 로빈 잭슨   11
서문 _ 조지 R · 모건   17
들어가는 글 _ 로빈 잭슨   19

1부   장애아동을 위한 꿈의 학교, 캠프힐

1장   캠프힐 학교가 걸어온 길 ——————— 앤젤리카 몽퇴   29

로마 원정군의 캠프가 세워진 땅 30   닥터 쾨니히를 만나다 32
커다란 촛불이 빛나는 언덕 33   특수교육의 철학 정립 : 1940~1945년 39
캠프힐의 정신 확산: 1944~1964년 43   캠프힐 운동이 전 세계로 : 1964~1990년 47
새로운 위기와 도전: 1990~2006년 49   캠프힐 공동체를 이끄는 철학 51
인지학적 특수교육이란 53   결론 55

2장   캠프힐 가정공동체의 하루 ——————— 마누엘라 코스타, 크리스토퍼 월터   57

장애아동을 위한 따뜻한 환경 58   아이들의 방 59   유기농 음식과 식이요법 61
안정감을 주는 하루의 리듬 62   생활의 리듬을 만드는 일상생활과 연중행사 64
아이와 양육자가 함께 만드는 공동체 67   아이의 정신적 요구에 귀 기울이기 68
장애아동과 코워커의 관계 69   부모님과의 협력 72   코워커에 대한 지원 73
여정은 계속된다 75

3장   캠프힐 학교 교육과정 들여다보기 ——————— 폴라 모레인, 브리짓 한센, 테리 해리슨   77

발도르프 교육 78   유아기 · 아동기의 놀이와 학습 81   중학교의 전인교육 85
고등학교의 심화 학습과 직업 준비 93

4장   캠프힐에서 사회로 ——————— 로렌스 알프레드   103

장애아동의 전환은 더 어렵다 104   원활한 환경 변화를 위해 105
캠프힐을 떠나는 절차 107   졸업하는 학생들을 위한 준비 110   결론 115

2부 캠프힐의 치료교육

5장 놀이치료 ──────────────── 카렌 에런 119
　내적인 혼란을 치유하는 과정 120　놀이치료의 방법 123
　아동과 상호성 공유하기 127　결론 130

6장 음악치료 ──────────────── 콜린 탄저 131
　음악이 함께하는 공동체 생활 132　라이어로 하는 음악치료 137
　음악치료실의 시설과 악기 139　치료의 실례와 전략 145

7장 미술치료 ──────────────── 제니 탄저 155
　내적 자아표현의 도구 156　결론 167

8장 언어형성치료 ──────────────── 도널드 필립스 169
　언어형성치료란 무엇인가 170　기본 원칙 171　아이의 성장과 언어 179
　언어형성치료의 실행방법 181

9장 승마치료 ──────────────── 로빈 잭슨 191
　승마치료의 발견 192　승마치료에 사용되는 말의 유형 195
　말과 지적장애 아동의 유대 196　캠프힐 학교의 승마치료 197　승마치료의 효과 200
　결론 205

10장 치료 오이리트미 ──────────────── 앤젤라 랩프, 존 랩프 207
　오이리트미의 발달 208　몸으로 표현하는 소리 210　치료 오이리트미 212
　캠프힐 학교에서 실행되는 오이리트미 213　운동의 효과 215　몸과 마음 216
　동작이 가진 치유의 힘 219

11장   공예 ──────────────────────── 수지 쾨르팅 221
    손가락 끝이 가진 감각 222 발달 단계별 공예 활동 223 다양한 분야에 참여하기 227
    결론 235

12장   캠프힐 진료소 ─────────────────── 마르가 호겐붐 237
    장애아동의 치료 238 캠프힐 진료소 240 다양한 문제를 가진 학생들 243
    입학생 유형의 변화 246 전체적인 치료 247 특수교육에서 인지학 의사의 역할 250
    인지학적 치료약의 처방 251 영양 섭취 252 미래 253

13장   캠프힐의 건축 환경 ─────────────────── 데니스 샤나린 255
    치유를 위한 건축 256

14장   캠프힐의 자연 환경과 농장 경험 ────────────── 프레드 헬더 265
    캠프힐 학교의 환경 266 환경을 통한 치료 271 자연과 교감하는 아이들 271
    생명역동농법으로 운영되는 농장 273 머틀 농장의 연구 활동 275
    아이들을 성장시키는 농장 경험 275 농장─공동체의 심장 277

3부 배움의 공동체

15장   일하며 배우는 캠프힐 교사양성과정 ────── 노마 하트, 앤젤리카 몽퇴 283
    특수교육 및 치료교육 학사학위 과정 284 근본 정신 285 기숙형 공동체 안에서
    진정한 특수교육에 눈뜨다 287 세계 곳곳에서 모여든 학생들 289
    교수진과 동료지원팀의 도움 290 캠프힐 세미나의 발전 291 배움의 실천 295
    학생 지원 시스템 297 결론 301

16장   진정한 배움 공동체, 캠프힐 ──────────────── 폴 헨더슨 303
    변화하고 도전한다 304 조직의 학습 역량을 키우려면 305
    배움의 공동체가 되기 위해서 308 보육기관 규제 310 교사 연수 제도 313
    근무환경 내에서 코워커들에 대한 지원 314 결론 315

17장 **예비 특수교사의 캠프힐 체험기** ─────────── 파블리나 랭거로바, 갈 레비 317

아이들은 나를 비춰주는 거울 318 내가 캠프힐에 온 진짜 이유 323

18장 **자녀를 캠프힐에 보낸 학부모 이야기** 스튜어트 부부, 부스필드 부부, 아그니스 그레이 329

잭을 캠프힐에 보내기까지 330 캠프힐에서 진정한 자신을 찾은 스콧 338
제니퍼의 느린 성장을 응원해준 캠프힐 345

19장 **진정한 통합교육이란 무엇인가** ───────────────── 로빈 잭슨 361

장애를 바라보는 두 가지 시각 : 정상화와 통합 363
통합교육은 장애아동의 권리? 364 장애아동을 일반아동 속에 흡수시키는 것에
대해 366 통합교육이 간과하고 있는 것 369 기숙제 특수학교에 대한 반대론 373
기숙제 특수학교에 대한 찬성론 376 장애아동 가족의 요구 377
기숙제 아동 보호에 대한 새로운 접근 378 결론 381

20장 **캠프힐의 미래** ──────────────────────── 샘 싱클레어 383

21세기 변화된 환경 384 캠프힐의 코워커 385 교육 386 정신성 387
교육의 질적 수준 확보 388 끝맺으며 390

참고문헌 392
인명색인 399
사항색인 400
부록 : 한국에서의 캠프힐을 준비하며 _ 김은영 403

데로우 공동체 / 도자기 공방과 수공예 작업장

단조기법 금속공예 작품

로흐 아써 공동체 / 레이버락 하우스

목공 작업

공방에서의 직조 작업

도자기 공방에서의 작업

감사의 말

이 책은 매우 독특하게 기획되었다. 이 책에 참어한 필자들은 모두 애버딘에 있는 캠프힐 루돌프 슈타이너 학교Camphill Rudolf Steiner School에 대해 이야기하고 있다. 먼저, 전문가로서 많은 일과 다양한 책무들에도 불구하고 이 야심적인 프로젝트에 열정을 가지고 협력해준 코워커들에게 한없는 감사를 전한다. 아울러 가족이 겪은 일을 감동적으로 들려준 학부모님들께도 감사의 인사를 전한다. 이 책의 각 장 도입 부분에 멋진 삽화를 그려준 애니 다고스티노, 캠프힐 학교의 아름다운 건물과 주변 환경의 사진을 찍어준 낸시 잭슨, 건축물을 훌륭하게 스케치해준 데니스 샤나린에게도 고맙다. 논문 〈기숙제 특수학교: 통합교육의 선택 중 하나Residential special school: the inclusive option〉를 이 책에 실을 수 있게 허락해준 《스코틀랜드 기숙제 아동보육시설 저널Scottish Journal of Residential Child Care》의 편집자, 그리고 이 책을 저술하는 데 온 마음을 다해 지속적이고 아낌없는 지원을 해준 캠프힐 학교 관리협회에 진심으로 감사한다. 특히 끝까지 인내를 가지고 기다려주고 조언을 아끼지 않았던 플로리스북스의 크리스천 맥클린, 게일 윈스킬, 캐티 록우드-홈스 그리고 울리케 피셔에게도 깊은 감사를 전한다. 마지막으로 이 책이 14년 전 플로리스북스에서 출판된 헨닝 한스만의 《특수아동을 위한 교육Education for Special Needs》의 후속 저서로서 가치 있고 시의적절한 책이 되기를 진심으로 바란다.

로빈 잭슨

베나허 캠프힐의 농장

머틀 캠프힐의 하우스

머틀 캠프힐의 농장

뉴턴 디 캠프힐의 베이커리

독일 비텐안넨의 인지학 공동체

베나허 캠프힐의 직조 작업실, 스코틀랜드 애버딘

독일 발도르프 특수학교 아이들

베나허 캠프힐의 농기구실, 스코틀랜드 애버딘

베나허 캠프힐의 목조수리실

베나허 캠프힐의 각종 공구

뉴턴 디 캠프힐의 돌핀하우스, 스코틀랜드 애버딘

뉴턴 디 캠프힐 화가 아줌마 우타의 집, 스코틀랜드 애버딘

최초의 캠프힐 하우스, 스코틀랜드 애버딘

캠프힐 이스테이트의 하우스, 스코틀랜드 애버딘

머틀 캠프힐 오피스, 스코틀랜드 애버딘

이스테이트 학교의 전경, 스코틀랜드 애버딘

서문

스코틀랜드 애버딘의 캠프힐 루돌프 슈타이너 학교에서 실행된 전인적 특수교육holistic special education에 관한 이 책을 소개하게 된 것을 영광으로 생각한다. 나는 지난 30년 동안 캠프힐 루돌프 슈타이너 학교 컴퍼니의 책임자로 그리고 20년 가까이 의장으로 일했다.

1940년대부터 지금까지 영국을 비롯한 전 세계의 많은 나라에서 캠프힐이나 캠프힐 운동, 캠프힐 학교, 캠프힐 공동체와 캠프힐 훈련 센터에 관련된 책이 많이 출판되었다. 비교적 최근인 1992년에는 헨닝 한스만이 《특수아동을 위한 교육》에서 캠프힐 학교를 소개했다. 이런 상황에서 캠프힐 학교를 다룬 또 다른 책이 필요한지에 대해 의문을 제기할 수도 있다. 이에 다음의 두 가지로 답을 하려 한다. 첫째, 지난 10년 동안 '통합inclusion'이라는 정치적 의제가 두드러진 가운데 장애아동을 위한 교육, 즉 특수교육 분야는 엄청난 도전을 맞았다. 이 책은 통합교육에 대해 진지하게 생각해볼 기회를 제공해줄 것이다. 둘째, 이 책은 캠프힐 학교의 교육 현장에 실제로 참여한 사람들이 쓴 유일무이한 책이란 점에서 의미가 깊다.

캠프힐 학교는 장애아동을 위한 교육에 선구자적인 역할을 해옴과 동시에 특수교육 분야의 전문가 교육 및 훈련에 앞장서왔다. 이런 노력의 일환으로 캠프힐 학교는 애버딘 대학과 연계하여 특수교육 및 치료교육 학사학위BACE 과정을 개발했다. 이 과정에 대한 국가 차원의 전문성과 학문성 확보는 이미 캠프힐 학교 학생들의 발전을 통해 증명되고 있다.

특히 캠프힐의 전인적 특수교육이 자녀와 그들 자신의 삶에 미친 영향에 대해 학부모들은 매우 긍정적으로 평가한다. 이는 가치 있고 기분 좋은 일이다. 그들은 장애를 가진 자녀를 양육하며 가족들이 겪은 어려움뿐 아니라 기쁨과 보상의 순간에 대해서도 우리에게 모두 이야기해주었다.

캠프힐의 미래는 어떠한가? 우리는 지난 65년간 성공적인 발전을 이뤄왔고, 현재도 그것은 이어지고 있다. 나는 캠프힐의 미래가 매우 밝다고 생각한다. "미래는 현재 우리가 무엇을 하고 있는가에 달려 있다"라는 마하트마 간디의 말을 떠올려볼 때 더욱 그러하다.

조지 R. 모건

캠프힐 학교 및 캠프힐 스코틀랜드 전 의장

들어가는 글

이 책은 다음 두 가지의 중요한 목적을 갖고 있다. 첫째, 애버딘에 있는 캠프힐 루돌프 슈타이너 학교를 통해 증명된 캠프힐의 철학과 실제를 독자들에게 전하려 한다. 둘째, 기숙제 특수학교의 목적과 가치와 미래에 대해 이의가 제기되고 있는 시점에서 기숙제 특수학교를 위한 충분한 논의를 제공하려 한다. 이 책은 장애아동시설, 즉 보육 환경에서 생활하는 아동과 청소년을 돌보는 전문가와 특별한 요구를 지닌 자녀의 적절한 교육환경을 찾는 부모들을 위한 책이다. 다른 책들과 구별되는 이 책의 특징은 스코틀랜드의 캠프힐 루돌프 슈타이너 학교에서 일하면서 생활하고 있는 코워커들에 의해 쓰였다는 것이다. 이 책의 집필은 진정한 의미의 공동 작업이었다.

캠프힐 루돌프 슈타이너 학교는 세계적인 캠프힐 운동으로 인해 현재 20개국 이상에 널리 퍼져 있다. 전 세계에 걸친 100여 개의 캠프힐 공동체 대부분은 성인 장애인을 위한 곳이며 약 10퍼센트만이 장애학생을 위한 학교로 운영되고 있다. 애버딘의 캠프힐 루돌프 슈타이너 학교는 제공되는 서비스의 규모나 범위 면에서 가장 독보적이다. 이 책에서는 전인적인 교육에 바탕을 둔 캠프힐 학교의 특수교육 철학과 실제에 대해 다룰 것이다.

캠프힐 학교가 지난 60년 동안 교육 철학에서뿐 아니라 전문적 실제에서도 중요한 위치에 있었다는 사실이 이 책을 통해 밝혀지기를 바란다(1장). 사람들은 오늘날 진보적이고 창의적이며 개척적이라고 간주되는 다양한 경향을 캠프힐 학교에 기대한다. 이에 대한 예를 언급하는 것은 그리 어렵지 않다. 캠프힐 학교는 장애를 대할 때 아이들의 긍정적인 특성보다 부족한 측면을 강조하는 결핍 모델deficit model에 한 번도 찬성한 적이 없다. 다양한 요구를 지닌 각각의 아동들은 모두 저마다의 잠재능력을 지닌 독특한 존재이며, 캠프힐 학교의 책무는 이들의 잠재력을 발견하고 향상시켜주는 것이다. 이러한 잠재능력의 개발을 위해 캠프힐에서는 보육(2장)과 교육(3~4장), 치료(5~10장), 공예(11장), 의료적 활동(12장) 등의 여러 방면에서 전체론적인 접근을 실시하고 있다. 캠프힐에서는 또한 균형 있고 상호 관련성 있는 교육과정의 제공을 강조하는데, 특히 음악·미술·연극·춤과 같은 창조적인 예술 과목들을 언어와 수학 같은 도구교과 못지않은 비중으로 다룬다.

영국의 일반 교육 체계에서는 학교 교육과정 중 도구교과만을 편협하게 강조하는 경향이 있는데, 이는 찰스 디킨스가 소설《어려운 시절Hard Times》에서 묘사한 토머스 그래드그라인드[1]라는 교사상에 잘 드러난다. 그래드그라인드의 모토는 '상상이 아닌 사실fact not fancy'이다. 그의 교육 과정에는 상상력과 창의력, 자발성의 여지란 없다. 창의적인 예술 활동 등은 배제하고 수행기준과 목표, 성적 순위 일람표를 통한 관리 체제만을 선호한다. 토머스 그래드그라인드의 교육 철학은 캠프힐 학교가 추구하는 철학과는 매우 대조적인 것으로, 캠프힐에서는 상상력을 발휘할 기회가 없다면 어떤 교육도 무미건조하고 재미없으며 무기력하다고 본다.

캠프힐 학교의 아동과 코워커 간 관계에서 중요한 특징 중 하나는 바로 '상호성'이다. 이는 주고받는 개념이 없는 순수한 상호성으로, 서로가 서로에게

---

[1] 《어려운 시절》에 등장하는 공리주의를 신봉하는 인물로, 사립학교 교장인 그는 학교교육에서 오로지 사실과 통계적 숫자만을 강조하고 모든 학생들의 의식 속에서 일체의 감정과 상상·공상을 제거하려 한다.-옮긴이

배우는 상호의존성에 기반을 둔 관계다. 이러한 모델의 수용은 전문가와의 관계에 대한 전통적 관점에의 도전이다. 휴먼 서비스human service는 그 조직 안에 인간다움이 고취되어 있을 때 발전할 수 있으며, 이는 전문가와 서비스 수혜자 사이에 좋은 관계가 형성되어 있을 때에야 가능하다는 것을 캠프힐 학교는 인식하고 있다. 바람직한 사회성과 책임감을 가지며 진실로 통합된 사회를 창조하려면 모든 아동 안에 존재하는 인간성을 향상시키고 존중하며 소중히 대해야 한다.

또 하나의 중요한 관계는 바로 캠프힐 학교와 학부모와의 관계다(18장). 캠프힐에서 학부모는 단순히 서비스를 받는 사람이 아니라 동등하고 적극적인 협력자로 인식되며 자녀와 관련된 모든 의사결정 과정에 참여할 권리를 가진다. 코워커들은 부모가 아이에 대해 가장 많이 알고 있는 사람이며 그들의 통찰력과 경험이 아동의 미래에 관해 적절한 결정을 내리는 데 매우 중요함을 알고 있다. 코워커가 전문지식과 기술을 바탕으로 한 전문가라면 부모는 자녀에 대한 전문가로 여겨진다.

1989년 유엔 아동권리협약UN Convention on the Rights of the Child에 아동의 정신적 건강에 대한 권리가 확고히 명시되었음에도 불구하고 시설 아동보육 분야에서 아동의 정신적 성장에 전념할 책임은 지속적으로 경시되어왔다. 그러나 캠프힐 학교는 개교 이래 이런 책임을 쭉 받아들여왔다. 캠프힐 학교에서는 신체적·지적 측면과 마찬가지로 아이의 정신적 측면도 고양시키기 위해 노력한다. 특수교육은 전통적인 자연과학과 정신과학의 연결을 꾀하기 때문에 신체, 영혼, 정신을 아우르는 전체론적인 접근이 꼭 필요하다.

현재 다른 유럽 국가들에서 기초를 두고 있는 사회교육모델Social Pedagogic

Model에 대한 전문가들의 인식이 점차 높아지고 있다. 이는 단순히 아동의 학교 교육에만 국한된 것이 아니라 전인교육과 관련된 것으로, 영국에서도 폭넓은 지지를 받고 있다(19장). 이 모델을 채택한 기숙제 특수학교들은 아이들의 개별적 요구를 충족시키기에 적절한 좀 더 통합적이고 보편적인 환경을 제공해왔다. 이 모델의 특히 중요한 측면은 아동을 돌보는 사람과 아동의 관계가 보살핌을 주고받는 관계clientship에서 상호 동등한 친구 관계friendship로 변화했다는 점이다.

관계의 상호의존성은 캠프힐 공동체와 공동체가 위치한 땅의 관계에도 그대로 반영되어 있다. 캠프힐 학교는 땅을 조심스럽게 보호하며 돌보는 관리자로서의 의무가 있음을 인식한다. 오래전부터 고수해온 유기농업이 오늘날에도 계속 이루어지고 있으며 생명역동농법으로 경작을 한다(14장).

캠프힐 공동체에 대한 오해 중 하나는 캠프힐이 여러 면에서 현실 세계와 동떨어져 있다는 것이다. 그러나 이러한 생각에는 강력하게 이의를 제기할 수 있다. 캠프힐 루돌프 슈타이너 학교가 소속되어 있는 캠프힐 스코틀랜드 Camphill Scotland는 스코틀랜드에 있는 여러 후원 단체들과 함께 다양성과 선택에 대한 주요 원칙을 포함한 보육규제법Regulation of Care Act 관련 진술들을 얻어내기 위해 스코틀랜드 하원의원들MSPs에게 적극적이고 강렬한 압력을 가했다. 이러한 지속적인 압력으로 법령이 생겨나기 시작했고 오늘날 스코틀랜드 보육규제법The Regulation of Care (Scotland) Act 2001이 제정된 것이다.

2003년 3월, 획기적인 일이 있었다. 스코틀랜드 사회복지협회Scottish Social Services Council가 스코틀랜드 내 시설아동보육기관에서 일하는 종사자들을 위한 자격의 하나로 특수교육 및 치료교육 학사학위 과정 자격증을 인정해준 것이다(15장). 특수교육 및 치료교육 학사학위 과정은 애버딘 캠프힐 학교와 애버딘 대학이 연계하여 제공하는 프로그램으로, 영국에서는 처음으로 특수교육/사회보육학 자격증이 전문적으로 인정을 받은 것이다. 이는 또한 고등교육기관과 서비스 제공자 사이의 연계를 통해 보육 자격증이 제공되는 유일한 예가 되었다.

특수교육 및 치료교육 학사학위 과정의 혁신적이고 두드러진 특징은 학생들이 하루 스물네 시간을 기숙제 아동보육 환경에서 생활하면서 그들과 삶을 공유한다는 것이다. 이는 학생들에게 이론적 통찰력과 실제적 기술 그리고 개인적 성장을 동시에 얻을 수 있는 기회를 제공한다. 이 과정의 초학문적 접근은 전통적인 전문가 양성 과정의 철학과 실제에 대한 도전이며 학생들로 하여금 다양한 분야에서 일할 수 있는 지식과 기술을 갖출 수 있도록 한다. 이 과정의 목적 중 하나는 창의적이고 혁신적이며 윤리적인 방법을 통해 적절한 능력을 갖춘 비판적·반성적·직관적인 실천가를 양성하는 것이다. 세계 각지에서 온 많은 학생들에게 이 과정은 삶을 변화시키는 경험이 된다(17장).

융통성을 갖고 급속한 변화에 적응할 수 있는 기관만이 살아남는다고 한다. 캠프힐의 경우 한 공동체 환경 안에서 생활하고 일하는 것이 외부의 도전에 대응할 능력을 갖추고 유지·강화하도록 하는 데 도움이 된다. 캠프힐 학교는 실행에 대한 반성을 적극적으로 장려하고 조직의 요구를 정기적으로 평가하고 검토하는 진정한 배움 공동체community of learning를 조성하고자 한다(16장).

스코틀랜드 캠프힐 학교를 방문하는 거의 모든 사람들은 학교의 물리적 환경이 아름답고 평온하다는 인상을 받는다. 환경은 부수적인 것이 아니라 캠프힐에서 생활하는 아동과 코워커들의 삶의 질에 결정적으로 영향을 미치는 중요한 요소다. 아동과 코워커들이 살고 있는 건물은 시각적인 매력과 소박함, 실용성 등이 조화롭게 균형을 이루도록 디자인되었다(13장). 틀에 박히지 않은 건물들의 자유로운 외관은 놀랍게 다가올지도 모른다. 그러나 곧 건물의 기본적인 형상이 종종 물리적 환경의 특성을 섬세하게 반영하고 있다는 사실을 깨닫게 될 것이다. 캠프힐 공동체는 자연 환경과 물리적 환경 모두가 개개인의 신체적·영적·정신적 건강에 영향을 미친다는 사실을 직관적으로 인식해왔다. 이런 생각은 오늘날 점차 많은 사람들이 받아들이고 있는 사실이다.

온갖 유해한 요소와 소음으로부터 벗어난 자유로운 환경에서 매일 고요의 순간을 갖는 것은 중요한 일이다. 이러한 고요의 순간은 아동과 코워커가 자신을 돌아보고 신체적·영혼적·정신적 회복의 시간을 갖게 한다. 이것이 캠프힐 학교에서 일상생활의 리듬을 형성한다. 이러한 리듬은 정서적으로 혼란스럽거나 방향감각을 잃은 아이들에게 추진력과 계획성을 제공해 처음으로 안정감과 예측가능함을 경험하게 한다. 이 책에서 리듬의 중요성을 강조하지 않은 장은 거의 없다. 이는 다양한 종류의 치료나 공예 작업 혹은 인간관계의 리드미컬한 특성과 관련된 리듬이며, 이러한 리듬은 캠프힐 학교를 유지하는 생기 있는 맥박이다.

스코틀랜드의 캠프힐 학교들이 어떤 노력이나 고통 없이 오늘날의 위치에 도달했다고 생각한다면 그건 오해이다. 가장 큰 어려움은 미래에 대한 전망과 실행을 근본적으로 변화시키도록 요구하는 외부 압력이었다. 그러나 캠프힐 학교가 이루어낸 가장 중요한 발견 가운데 하나는 '외부 세계'와의 교류를 통해 그 요구를 충족시키면서도 캠프힐의 철학과 실제를 해치지 않는 현명한 타협을 이룰 수 있다는 것이다(20장).

40년 전, 캠프힐 운동의 창설자 칼 쾨니히는 캠프힐 운동이 미래지향적이기 위해서는 진화할 필요가 있다고 인식했다. 쾨니히는 캠프힐의 미래에 대해, 과장되고 터무니없거나 이루기 힘든 목표를 추구할 것이 아니라 열려 있지만 분별력 있는 방법으로 시대의 요구에 반응해야 한다고 보았다.

캠프힐 운동은 미래를 기대하기에 충분히 젊다. 인간의 노력으로 일구어낸 교육과 의학, 농업과 산업, 미술과 음악 같은 다양한 분야의 과업들에 대한 미래를 나는 예측할 수 있다. 기대를 너무 높게 잡아서도 안 되겠지만, 지나치게 편협한 분야에 우리의 기대를 한정시켜서도 안 된다.(König, 1993).

로빈 잭슨

1부
장애아동을 위한
꿈의 학교, 캠프힐

1장
캠프힐 학교가 걸어온 길

앤젤리카 몽퇴 Angelika Monteux

어둠을 탓하기보다 한 자루의 초를 켜는 것이 낫다.
-고대 불교도의 말

로마 원정군의 캠프가 세워진 땅

캠프힐 루돌프 슈타이너 학교는 1940년에 장애아동들을 위해 설립되었으며 애버딘의 서쪽 변두리 디Dee 강변에 위치해 있다. '캠프힐Camphill'이라는 명칭은 캠프힐 사유지가 예전 로마 원정군 캠프의 일부에 위치해 있고, 1970년대에 캠프힐 사유지의 땅속에서 한 정원사가 로마 동전을 많이 발견한 데서 유래했다. 캠프힐은 사형을 집행하던 장소로도 알려져 있다. 사유지를 따라가다 보면 피텐걸리스Pittengullies라고 불리는 비탈길이 있는데, 이는 '무덤과 교수대pit and gallows'란 말에서 나온 것이다. 초기 캠프힐 시절에는 유령이 돌아다닌다는 이야기가 돌았다. 오래되고 황폐한 건물 주변에 밤마다 불빛이 반짝거리고 발자국 소리가 들렸다고 하는데, 죽은 영혼을 위해 기도하면 불빛이 사라지고 발자국 소리가 멈췄다는 이야기가 전해진다.

디 계곡Dee Valley에서 캠프힐의 위치는 특별한 의미를 갖고 있다. 이곳은 아일랜드 선교사들의 주요 통로 중 하나였다. 스코틀랜드의 북동쪽으로 처음 온 많은 수도사들은 다운 주 뱅거Bangor에 있는 가톨릭 신학교와 연계되어 있었다. 이곳은 세계적으로 명성이 높은 켈트 기독교 센터 중 하나로 선교사들은 수도원을 세우기 위해 스위스, 부르고뉴, 롬바르디아로 떠났다. 기독교 이전의 종교적 신앙과 전통(예: 이교도의 축제)을 흡수한 켈트 기독교는 지역의 공동체적인 삶에 확고한 기반을 두고 있으며 특히 종교적인 의식과 실천에서 사려 깊고 명상적인 접근의 중요성을 강조한다. 또한 자연 환경의 본질적인 특성과 비본질적인 특성을 모두 존중하고 종교라는 제도가 중앙집권화하거나 세속화하는 것에 반대한다.

캠프힐에서 디 강을 곧바로 가로지르는 곳에 위치한 메리컬터Maryculter에는 스코틀랜드의 두 개 주요 템플 기사단 중 하나가 위치해 있었다. 템플 기사단은 중세에 처음 등장한 독실한 군대종교 단체로서 기사와 수도자의 역할을 결합시킨 것이다. 1312년, 교황 클레멘트 5세가 활동을 금지시켰지만 스코틀랜드에서는 완전히 사라지지 않았다. 캠프힐이 창설되기 전 800년 동안 디 강변의 남쪽 둑 위에 국제적인 기독교 공동체가 자리 잡고 있었다는 흥미로운 기록이 있다. 이들은 질서 있고 잘 훈련된 공동체였으며 강한 종교 신념과 근면, 성실을 바탕으로 타인에게 봉사하고 땅을 일구며 지냈다고 한다.

고대 불교와 힌두교, 유대교, 기독교, 퀘이커교 및 기타 다양한 신앙의 문화적·정신적·종교적 전통이 캠프힐의 철학과 정신에 한 데 녹아 있다. 이 모든 것이 캠프힐의 특수교육과 연결된다. 캠프힐 공동체의 전문가들과 의미 있는 삶을 추구하도록 교육받고 지원받는 장애인들은 모두 이것을 인정하고 중요하게 여긴다. 그러나 이와 같은 인식이 보편적인 것은 아니다. 65년이 지난 지금도 여전히 캠프힐의 목적에 대해 무지와 몰이해가 혼재되어 나타난다. 때로 그 무지는 캠프힐을 넓은 세상에서 분리된 하나의 섬으로 비유하는 것으로 표출된다. 이러한 오해와 몰이해가 잠재워지기를 바라며 이 장에서는 캠프힐의 역사적 배경과 캠프힐의 특수교육 철학에 대해 설명하려 한다.

닥터 쾨니히를 만나다

제2차 세계대전이 발발하기 전, 유대인 중산층 가정 출신들로 이루어진 한 무리의 젊은이들이 빈의 소아과 의사 칼 쾨니히를 중심으로 모여들었다. 그들 중 몇몇은 쾨니히의 환자였고 일부는 강의를 통해 그를 알게 된 의대생들이었다. 그들이 또 다른 친구들을 쾨니히에게 소개했다. 정기적인 학습 모임과 빈 사교계 모임으로 그들 사이에는 유대감이 형성되었고 세상을 더 나은 곳으로 만들고자 하는 이상으로 그들은 하나가 되었다.

> 우리에게 새로운 세계가 열렸습니다. 때때로 저는 제 친구들에게 닥터 쾨니히에 대해 이야기하곤 했습니다. (…) 친구들 중 셋은 의학을 공부하고 있었는데 그 중 두 명이 인지학에 대한 관심이 커져 스위스 아를레스하임에서 열린 의대생들을 위한 컨퍼런스에 참석했다가 쾨니히를 알게 되었습니다. 서로 고리가 형성되기 시작한 것입니다. (…) 쾨니히에게 우리들을 만나달라고 부탁하여 우리는 그가 빈

에 올 때마다 모이게 됐습니다. (…) 그는 훌륭한 사람이었습니다.(Lipsker in Bock, 2004, p. 70)

쾨니히는 1902년 9월 25일 빈에서 유대인 부모의 외동아들로 태어났다. 그의 부모님은 빈의 유대인 거리에서 구두 가게를 운영했다. 쾨니히는 지적으로 조숙한 아이였기 때문에 학교생활이 순탄치 않았다. 어린 시절 그는 가난과 고통으로 힘들어하는 주변 사람들을 보며 괴로워하곤 했다. 굶주린 사람들 생각에 음식을 먹지 못할 때도 있었고 한번은 걸인에게 코트를 벗어주기까지 했다. 쾨니히는 작은 키에 기형적인 발을 가졌지만 강한 인성을 지니고 있었다(Pietzner, 1990). 열한 살 때 쾨니히의 부모님은 아이의 벽장에서 예수의 그림을 발견했다. 그것은 훗날 그 아이가 기독교적 이상에 헌신할 징조였다. 의학 공부를 하는 중에 쾨니히는 우연히 루돌프 슈타이너의 인지학人智學(anthroposophy)을 접하게 되었다. 그 후로 슈타이너는 의사, 연구자, 과학자로서 쾨니히가 일구어낸 업적에 지식과 영감의 원천이 되었다.

커다란 촛불이 빛나는 언덕

1927년 의대를 졸업한 후 쾨니히는 성공적으로 개업을 하는 동시에 인지학 연구를 계속했다. 스위스 괴테아눔Goetheanum[1]의 의과장인 이타 베그만은 쾨니

---

[1] 스위스 도르나흐에 위치한 세계인지학협회 본부가 있는 곳-옮긴이

대림절 축제의 하나인 촛불의식

히에게 아를레스하임Arlesheim에 있는 인지학 진료소에서 일할 것을 제의했다. 이때 그는 독일 최초의 장애아동 시설 중 하나인 존넨호프Sonnenhof에서 처음으로 특수교육을 접하게 되었다. 그곳에서 그는 대림절[2]을 기념하는 '대림 정원Advent Garden'을 목격했다. 중증장애를 가진 아이들이 각자 초를 하나씩 들고 나선 모양의 이끼 중간에서 불타고 있는 촛불로 걸어가 자기 초에 불을 옮겼다. 그러고는 나선의 한 부분에 그 촛불을 꽂았다. 그러자 나선의 밝은 빛이 창조되었다. 이 축제는 스코틀랜드에 있는 캠프힐 루돌프 슈타이너 학교를 비롯한 많은 슈타이너 학교 및 장애인 시설에서 여전히 실시되고 있다. 쾨니히는 이 경험을 통해 마음이 동요되어 다음과 같은 결심을 했다.

---

[2] 성탄절 이전 4주 동안 예수 그리스도를 기다리는 축제로 강림절이라고도 한다.-옮긴이

(…) 이 어린이들을 보살피고 교육하는 데 내 생애를 바치려 한다. 나는 나 자신에게 약속했다. 커다란 촛불이 빛나는 언덕hill을 만들어 많은 장애아동들이 이 희망의 횃불을 가지고 자신의 길을 찾을 수 있도록 하겠다고.(König in Bock, 2004, p. 47)

이후 캠프힐 운동을 위한 씨앗이 뿌려졌다. 쾨니히는 아내 틸라와 함께 실레지아Silesia에 장애인 시설 필그림셰인Pilgrimshain을 세우고 7년 동안 그곳에서 일했다. 그러나 나치 치하의 정치적 분위기에 위협을 느낀 쾨니히는 빈으로 돌아가기로 결심하고 그곳에서 장애아동들과 함께하기 위한 계획을 세웠다.

그러나 1938년 나치가 오스트리아를 합병하자 유대인인 쾨니히와 그의 주변 사람들은 오스트리아를 떠나 새로운 고향을 찾아야 한다는 걸 깨달았다. 유럽의 몇몇 나라로 망명하려 했으나 성공을 거두지 못하던 차에 스코틀랜드로부터 초청을 받게 되었다. 1939년, 그들은 애버딘셔 인쉬Insch 근방의 커크턴 하우스Kirkton House로 도피했다. 이는 윌리엄스턴 사유지의 지주 시어도어 호턴이 제공한 장소였다. 시어도어의 아내 에밀리가 스위스에 있는 인지학 의학 센터인 아를레스하임에서 유방암 치료를 받았을 때 이타 베그만 박사가 진료소의 책임자였다. 베그만은 쾨니히와 그의 가족이 스코틀랜드로 도피해 호턴의 도움을 받도록 제안한 것이다(Jackson, 2005, 2006).

스코틀랜드에서 본격적으로 캠프힐 학교를 세우고 특수교육을 시작한 곳이 이 커크턴 하우스였다. 그런데 커크턴 하우스에는 예상 밖의 독특한 그룹이 형성됐다. 그곳에 모인 사람들은 대부분 그동안 실용적인 일은 해본 적이 거의 없는 사람들이었다. 가난을 경험해본 적도 없었다. 의학, 사진, 무용, 화학, 예술 등의 다양한 직업과 안락한 생활을 뒤로 하고 온 이들이었다. 단 한 명만이 특수교사로 훈련을 받은 적이 있었다. 그들은 영어를 거의 알아듣지 못하는 상황 속에서 전기도 물도 공급되지 않는 춥고 어두운 집에 모여 스스로 불을 지피고 음식을 만들고 채소 기르는 법을 배워야 했다. 많은 어려움 속에서 그들을 이끌어준 이들은 칼 쾨니히와 그의 아내 틸라 쾨니히였다. 틸라는 모라비안 형제단[3]의 집안에서 자라나 자제력과 헌신 그리고 주위 환경을 보살피는 전통이 몸에 밴 사람이었다. 아주 세부적인 것까지 간파하는 감각을 지닌 틸라는 아름답고 조화로운 가정환경을 만들고 유지하는 것이 매우 중요함을 강조했다.

칼 쾨니히는 좀 더 엄격한 지도자였다. 그는 공동체를 설립하는 모험에 각자의 모든 힘을 발휘해줄 것을 요구했다. 앙케 바이스는 사람들에게 새롭게 주어진 세 가지 과제, 즉 열심히 일하고 함께 사는 법을 배우고 인지학 공부를 하는 완전히 새로운 과제들에 대해 정리하고 설명했다(Weihs, 1975). 이것은 결과적으로 캠프힐 학교 조직의 경제적·사회적·정신적 측면과 새로운 특수교육의 틀을 발전시키는 토대가 되었다.

그 후 칼 쾨니히는 세인트 앤드루 대학에서 영국 의학 학위 공부를 하거나 동료들의 입국허가서를 제출하기 위해 런던을 방문하는 등 외부 일들을 해나갔다. 많은 어려움에도 불구하고 그들은 도움을 필요로 하는 사람들을 치료하거나 도우며 그들의 가치와 존엄을 언제 어디서든 지켜주는 공동체를 만들자는 공동의 이상과 비전을 꿈꾸었다. 그들은 또한 히틀러 치하의 독일에서 벌어지는 사건들에 대해 균형잡힌 시각을 가지려고 노력했다. 본질적으로 그들은

---

[3] 18세기 보헤미아에 등장한 복음주의자들로, 성경적 개혁주의 신앙을 추구하는 모라비안 운동을 시작, 열정적인 헌신으로 선교 활동을 했다.-옮긴이

암울한 시대에 새로운 희망을 가져다줄 촛불에 불을 밝히고자 한 것이다.

한 인간이 다른 인간에게 주는 도움(자아와 자아의 만남)이나 다른 사람의 종교적 신념·세계관·정치적 노선을 캐지 않은 채 그의 본성을 알아가는 것, 뿐만 아니라 두 사람이 만나서 단지 눈을 마주치는 것도 우리 인간성의 가장 깊은 부분에 대한 위협에 치유적인 방법으로 다가가게 하는 특수교육의 시작이다.(König in Pietzner, 1990, p. 25f)

1939년, 영국이 전쟁에 참가하자 하룻밤 사이에 그들의 삶은 바뀌었다. 그들은 '적대적인 이방인'이 되었다. 라디오가 없어서 지역 뉴스나 국내 뉴스를 접할 수도 없었던 그들은 영국 정부의 공식적인 지침에 대해 알지 못할 때가 많았다. 한번은 소등하라는 지침을 따르지 않아 경찰로부터 주의를 듣고 이웃의 의심을 산 적도 있었다(Weihs, 1975).

칼 쾨니히의 네 자녀가 커크턴 하우스에 합류하고 또 장애아동 몇몇이 이곳으로 오기 시작했다. 곧 커크턴 하우스는 너무 비좁아졌다. 그러나 다행히도 출판업자 맥밀란이 공동체에 돈을 빌려주어 1940년 6월 1일에 캠프힐 부지를 구입할 수 있게 되었다. 맥밀란의 아들 알리스테어는 캠프힐 학교의 최초 학생 중 한 명이 되었다.

그러나 그 전에 1940년 성령강림절, 공동체의 남자들이 모두 체포되고 말았다. 기혼 남성은 맨Man 섬에, 미혼 남성은 캐나다에 구금되었다. 여성들은 스스로 꾸려나가기로 결심하고 6월 1일 예정대로 행동에 나섰다. 칼 쾨니히는 전에 아이오나 수도원의 창설자인 조지 맥클리오드와 접촉하여 스코틀랜드 교단의 젊은 목사 열두 명을 보내 도와주겠다는 약속을 받았다. 하지만 그들은 오지 않았다. 결국 여성들이 그 모든 일들을 감당해야 했다.

칼 쾨니히가 캠프힐 운동을 시작한 것은 사실이지만 여성들의 용기와 결단이 없었다면 캠프힐은 결코 건립되지 못했을 것이다. 여성들은 적극적으로 스코틀랜드 교단의 지원을 받아냈다. 교단에서는 다우니 캠벨에게 600파운드의 기부금을 집행하게 했다. 다우니는 훗날 관리협회Management Council의 첫 회장이 되고 수년 동안 캠프힐 학교와 좋은 관계를 유지했다. 전쟁 중에 여성들이 이렇게 캠프힐 공동체를 운영해가는 동안 남자들은 '1일 대학Daily University'을 열어 억류 기간을 활용해 슈타이너에 관한 지식을 쌓고 캠프힐의 정신인 치유적 삶과 일에 대한 사상을 발전시켰다. 한편 틸라 쾨니히는 조지 맥클리오드와 접촉하면서 억류되어 있는 남편과 사람들이 빨리 풀려날 수 있도록 노력했다(Jackson, 2004).

앙케 바이스는 남자들이 집으로 돌아온 것을 '일희일비mixed blessing'로 묘사했다. 그들은 억류되어 있던 시간 동안 정신적 활동을 통해 충만한 생각과 영감을 가지고 친구와 가족 곁으로 돌아왔지만 그들이 없는 동안 캠프힐은 여성들이 꾸려왔다. '보일러에 불을 지피고, 빨래를 하고, 아이들을 돌보고, 정원을 가꾼' 것은 바로 여성들이었다(Weihs, 1975). 남자들과 여자들은 다시 새롭게 서로를 알아가야 했다. 그러나 함께 노력한 끝에 그들은 피할 수 없는 긴장감을 극복하고 캠프힐 공동체를 특수교육의 본거지로 발전시켜나갈 수 있게 되었다. 칼 쾨니히는 1940년 10월 21일《애버딘 프레스 & 저널Aberdeen Press & Journal》에서 다음과 같이 밝혔다.

저는 현재 이곳에 몇몇 영국인과 난민 어린이들을 데리고 있지만, 스코틀랜드 어린이들을 위해 특별한 무언가를 하고 싶습니다. 애딘버러의 관리위원회는 이곳이 그런 아이들을 위한 최초의 사립 시설이라고 했습니다. (…) 그 아이들은 우리의 시스템 하에서 공동체의 일부가 될 수 있습니다. 물론 그것은 기독교적 공동체입니다.(Pietzner, 1990, p. 39)

캠프힐의 선구자들은 대부분 유대교인이거나 무신론자들이었지만 공동체 안에서는 기독교적인 요소가 점차 발전해갔다. 토마스 바이스는 기독교적 축제를 '우리의 삶에서 가장 효과적인 치유 요소'라고 묘사했다(개인 기록).

특수교육의 철학 정립: 1940~1945년

공동체의 이상과 체계는 캠프힐의 어머니, 아버지로 존경받는 틸라 쾨니히와 칼 쾨니히의 실천적·정신적 지도 아래 전개되었다. 그러나 그들의 높은 기대를 염려하는 이들도 있었다. 칼 쾨니히는 함께 지내기에 결코 쉬운 사람이 아니었다. 뚜렷한 사명을 안고 있는 훌륭한 인물들이 대개 그렇듯 그는 부적절하다고 생각되면 언제든 불같은 성격과 급한 성미를 드러냈다고 한다. 그러나 한편으로 그는 개개인의 코워커[4]들에게 깊고 애정 어린 관심을 가지고 있었다. 코워커들은 잠깐의 만남을 통해서도 쾨니히가 자신들의 가장 깊은 본성을 알고 이해하는 듯한 느낌을 받았다고 한다(Pietzner, 1990). 하지만 모든 사람이 그

---

4 캠프힐 공동체 내에서 장애인들과 함께 생활하며 그들의 삶을 돕고 가정공동체를 이끌고 운영하는 사람-옮긴이

특유의 리더십을 받아들인 건 아니었다. 일부 사람들은 결국 그를 떠나 인지학 단체를 따로 설립하기도 했다. 예를 들어 한스 샤우데르와 그의 아내는 애딘버러 근처에 가발드 학교Garvald School를 세웠다.

앞에서 언급한 세 가지 과제에 기초해 캠프힐의 삼원 구조가 발달했다. '정신적/문화적 부분', '법적 부분', '경제적 부분'이었다. 각 분야의 특성은 쾨니히가 '캠프힐의 세 공신'으로 인정한 세 사람의 업적으로부터 영향을 받았다(König, 1960b). 보헤미안 철학자이며 일반 대학에 대한 비전을 가진 교육자 아모스 코메니우스, 모라비안 형제단의 기독교적 사회 체제에 대한 이상을 가진 루드비히 진젠도르프 백작, 그리고 새로운 경제 체제를 수립하기 위해 노력한 로버트 오언이 그들이다. 이 중 널리 인정받지 못한 것은 진젠도르프의 종교적 사상이다. 나머지 두 사람인 코메니우스와 오언은 영국의 개혁가 존 위클리프의 영향을 강하게 받았다. 이 세 '공신'의 이상은 쾨니히의 표현대로 '캠프힐의 세 기둥'을 세우는 데 영향을 주었다(König, 1960).

1. 교육회의The College Meeting(코메니우스): 연구, 학습, 조사 그리고 전문가 개발 활동으로 구성되고 개별 학생에 대한 이해를 심화하기 위해 만들어진 공식 모임. 학생들 개개인의 문제에 적절한 치료 방법을 찾기 위해 모든 전문가들이 협력한다.
"이 모임이 성과를 거둔다면 그것은 모임에 참여한 모든 사람들이 함께 노력한 결과일 것이다. 이것은 후에 진정한 심포지엄으로 발전한다. 아동의 개별적인 특성을 이해하는 것은 곧 교육적 치료의 필요성을 인식하는 것이다. (…) 모든 공동체의 코워커들은 이 모임에 참여하고 개별 아동에 대한 근본적인 접근을 통해 공동의 정신적 노력에 대한 성과를 달성한다."(König, 1960, p. 36)

2. 친교의 밤The Bible Evening(진젠도르프): 묵상을 위한 모임으로, 참석자들은 일상의 현실에서 벗어나 자유로운 분위기 속에서 복음 및 공동체와 관련된 주제들을 다룬다. 쾨니히는 매주 정기적으로 열리는 이 모임이 코워커 사이의 유대감을 강화하고 친밀하게 한다고 보았다(König, 1960). 이러한 모임은 계절축제나 종교행사 및 사목활동과 같은 일들로 진전되었다.

3. 사회적 경제 원칙The Fundamental Social Law(오언): 이는 슈타이너(1919, p. 50)에 의해 다음과 같이 공식화되었다.

"사람들이 함께 일하는 공동체 안에서는 자신이 한 일에 대해 개개인의 성과를 내세우는 것보다 그 성과를 동료들과 함께 나누는 것이 공동체의 안녕을 위해 더 중요하다. 이와 같은 맥락에서 개인은 동료들의 성과 분배로 인해 자신의 필요를 충족시키는 혜택을 누릴 수 있다."

이는 일에 대한 동기가 임금의 많고 적음이 아니라 다른 사람을 위한 사랑과 다른 사람의 요구에 부응하는 것이 되어야 함을 의미한다. 쾨니히는 이 규범에 대해 다음과 같이 밝혔다.

우리 가운데 어느 누구도 우리의 노동력을 통해 들어오는 돈을 개인의 소유로 간주하지 않습니다. 우리는 돈을 버는 것이 아니라 돈을 관리합니다. (…) 그것은 가장 공정한 방식으로 정확하게 '분배'하기 위한 문제가 아닙니다. 우리는 수입을 나누는 것이 아니라 단지 일을 나눌 수 있을 뿐입니다.(König, 1960, p. 43)

오늘날까지도 많은 코워커들은 정기적인 임금을 받지 않고 각각에게 독창적인 방법으로 재정적 지원을 하는 것에 동의하고 있다.

끝으로 쾨니히는 캠프힐에서 중요시하는 '세 가지 필수적 요소The Three Essentials'를 다음과 같이 규정했다(König, 1960).

1. 각 개인의 정신성은 외적인 장애에 영향을 받지 않는다는 신념
2. 특수교사의 지속적인 개인 발전 및 명상의 중요성
3. 사회적 삼원성Threefold Social Order의 발달

슈타이너는 세 분야에서 사회에 기여하는 새로운 구조를 제안한 바 있다. 그 것은 '자유로운 정신생활 — 교육·문화·종교 또는 정신적인 영역', '권리 영역 혹은 법률적 영역 — 법·사회적 문제·자본', '경제적 영역 — 노동·산업·개인 삶을 영위하기 위한 경제적 요구'이다(Steiner, 1919). 슈타이너는 이를 프랑스혁명의 세 가지 이상인 자유, 평등, 박애와 관련지어 설명했다. 즉 자유로운 정신생활에 대한 선택인 자유, 법률생활에서의 공평성을 의미하는 평등, 경제생활에서의 나눔에 대한 박애이다. 이러한 이상과 원칙의 복잡한 상호 관련성은 캠프힐 학교에서 제공하는 특수교육 목적의 정신적·사회적 배경을 형성한다. 이는 캠프힐 학교 소개 책자에 실린 학교 사명선언문에 가장 잘 요약되어 있다.

1940년에 시작된 캠프힐 운동은 장애를 가진 많은 아동과 성인들이 상호 보살핌과 존중을 바탕으로 하는 건강한 사회적 관계 속에서 타인과 함께 생활하고 배우고 일할 수 있는 공동체를 만들기 위한 것이다. 캠프힐은 루돌프 슈타이너가 표

명한 기독교적 이상에 영감을 받았으며 장애나 종교적 배경, 인종 등과 상관없이 각각의 인간은 정신적인 완전성을 가진다는 생각에 기초한다.(Camphill Rudolf Steiner School: Annual Report, 2003-2004)

캠프힐의 정신 확산: 1944~1964년

캠프힐 학교는 1944년에 머틀Murtle 사유지 일부를 획득하고 1945년에는 뉴턴 디Newton Dee 농장을 획득하면서 더욱 확장됐다. 뉴턴 디는 토마스 바이스의 지도 하에 경작지와 공예작업장에서 일하는 '비행 청소년'들을 위한 하우스로 처음 이용되었다. 바이스는 훗날 캠프힐 학교의 의사이자 총 관리자가 된 인물이다. 캠프힐 학교는 1950년에 청소년기 여자아이들을 위한 집으로 쓸 켄리Cairnlee 사유지를 매입했다. 뉴턴 디는 1960년대 초에 현재와 같이 장애를 가진 성인들의 공동체로 운영되기 시작했다.

두 번째 필수적 요소(특수교사의 지속적인 개인 발전 및 명상의 중요성)의 이상대로 쾨니히는 1949년에 코워커들을 위한 교육과정을 시작했다. 특수교육에 관한 이 캠프힐 세미나를 '배움의 길로서의 공동체Community as a Path of Learning'라고 불렀다. 스위스 도르나흐 괴테아눔에 있는 특수교육협회Council of Curative Education 및 사회치료의료국Social Therapy of the Medical Section과 제휴되어 있었으며, 1980년에 영국승인협회Accreditation Council로부터 인정을 받았다. 최근 들어 이 과정은 특수교육 및 치료교육 학사학위 과정으로 발전했고 지금은 애버딘 대학과 교육과정을 제휴하고 있다(15장 참조).

1948년 머틀에 세인트 존스 학교를 세운 것은 캠프힐 학교 발전의 중요한 행로 중 하나였다. 이 학교는 원래 코워커들의 자녀 다섯 명의 교육을 위해 설립되었는데 곧 장애학생들이 입학하게 됐다. 캠프힐 학교는 이렇게 아이의 능력과 상관없이 모든 아이들의 교육받을 권리에 대해 선구자적인 의식을 보여주었다. 동시에 캠프힐 학교는 통합의 원칙을 실행에 옮겼다. 1955년 캠프힐 학교에는 총 257명의 아이들이 있었는데 대부분 잉글랜드와 웨일즈 지역의 교육당국에서 보낸 아이들이었다. 1952년에 쾨니히는 관리자 보고서에서 '사회적 경제 원칙'을 반영한 다음과 같은 입학 규정을 제시했다.

> 수업료는 일주일에 6기니[5]로, 세 끼 식사와 숙박 및 교육과 의학치료 비용이 포함된다. 그러나 수업료가 정해진 것은 아니고 부모나 보호자들의 형편에 따라 조절할 수 있다. 이를 통해 우리는 캠프힐 학교가 모든 계층의 아이들에게 열려 있도록 한다. 수업료를 많이 낸 학생과 적게 낸 학생 사이에 식사나 교육 및 치료 등에서 차별은 없다.(König, 1952, p. 24)

이즈음에 캠프힐은 디 계곡을 넘어 잉글랜드, 아일랜드, 독일, 미국, 남아프리카로까지 확장됐다. 졸업생 부모들의 요청으로 1954년 요크셔에 성인 장애인을 위한 최초의 공동체인 보턴 공동체Botton Village를 설립했다. 세인트 존스 학교의 교수법이 정착돼가면서 특수학급의 시각·청각 장애아동들을 위한 집중적인 수업 유형에 대한 혁신적인 방법이 소개되었다. 처음 몇 년은 모든 학

---

5 기니guinea는 영국의 옛 통화 단위이며 6기니는 6파운드가 조금 넘는 금액이다.-옮긴이

생들의 교육이 머틀에서 집중적으로 이루어졌지만 곧 다른 곳으로 옮겨졌다. 7~11세의 어린 아동들은 캠프힐 내의 새로운 가정학교School house에서 학생들의 요구에 따라 교육이 제공되도록 했다.

1957년, 쾨니히가 큰 병에 걸리자 공동체의 총 관리자 역할이 토마스 바이스 박사와 그의 아내 앙케 바이스에게 양도되었다. 그들은 캠프힐 학교의 경영에 코워커들의 참여와 책임을 지속적으로 확대해나갔다. 1972년, 바이스는 진정한 공동체적 이상을 구현하고자 캠프힐 총 관리자직에서 물러난다는 결심을 밝혔다. 그리고 캠프힐의 모든 코워커들이 모여 의사를 결정하거나 정책을 만드는 기구인 캠프힐 회의Camphill Meeting에 캠프힐의 경영 및 관리 업무를 맡아줄 교장 다섯 명을 추천해줄 것을 요청했다(Weihs, T. 1972). 추천을 받은 다섯 명의 교장은 1972년 컴퍼니 협의회Company Council에서 승인을 받았다.

교장들은 1989년에 자신들의 업무를 '코디네이터' 그룹에 넘겨주었다. 그 중에는 전문 경영인도 포함되어 있었다. 캠프힐 회의는 물론 학교협의회 School's Council도 책임을 지는 코디네이터는 캠프힐 학교의 다른 업무팀과 밀접하게 협력하면서 그들에게 많은 일들을 위임했다. 이러한 방식으로 전통적인 수직적 관리 모델에서 벗어나 수평적인 그룹 관리 체계로 이동하며 공동 책임의 원칙이 실행되었다.

캠프힐 학교 역사에서 또 하나의 중요한 일은 1962년 머틀에 캠프힐 강당 Camphill Hall을 개장한 것이다. 이는 캠프힐 운동의 확장으로 건립된 최초의 강당이다. 문화·사회 행사 및 국제 캠프힐 컨퍼런스Camphill Conference가 이곳에서 개최되었다. 첫 캠프힐 컨퍼런스는 1963년에 열렸는데 기존의 교사양성대학을 보완하는 치료 및 아동교육 대학Therapy and Child Guidance Colleges을 설립한다는 결정도 이 회의의 성과였다(Weihs, T. 1972). 그들은 아동교육대학에서 얻은 통찰력으로 보다 나은 통합과 융통성 있는 운영을 위해 다른 곳에 있는 학생들도 연령 구분을 없애기로 결정했다.

나이가 많은 아동과 어린 아동, 소년과 소녀, 중도장애 아동과 범죄를 저지른 청소년들이 상호적인 요구와 협동을 경험하게 함으로써 서로 도움을 주고 받게 할 수 있다. 물론 이것이 좀 더 깊이 있는 치유적 가치를 지니려면 통합이 이루어지는 환경 안에서 사람에 대한 기본적인 존경과 사랑이 전제조건이 되어야 한다.(Weihs, T. 1972, p. 7)

1964년에 쾨니히는 독일 위버링엔Übrlingen 근처 브라헨로이테Brachenrethe의 캠프힐 공동체로 옮겨갔다가 2년 후 그곳에서 타계했다. 많은 사람들에게 그의 죽음은 비극적인 상실이었다. 캠프힐 학교의 역사에서 매우 중요하고 영예로운 인물이 그렇게 죽음을 맞았다. 1964년의 캠프힐 학교 축제에서 그는 마지막으로 학생과 성인들에게 무지개의 비유를 들어 격려와 지지를 표현하는 연설을 했다.

그 이미지는 우리에게 이런 말을 해줍니다. 우리 안에는 기쁨과 사랑의 태양이 존재합니다. 하지만 수많은 고통과 눈물방울, 땀과 노력이 있을 때에만 무지개는 우리 앞에 나타납니다. (…) 그때 미래를 위한 희망의 무지개가 비추고 우리는 우리의 인생과 존재 안에서 아름다움과 경이로움을 봅니다.(출판되지 않은 기록)

장애인들만을 위한 공동체가 아니라 장애인들과 함께하는 공동체를 만들고자 했던 설립 당시의 비전은 오늘날 현실로 이루어졌으며 칼 쾨니히의 다음과 같은 말은 그대로 실천되고 있다.

이 아이들은 다른 사람들과 마찬가지로 그들을 위한 장소도 이 세상에 존재함을 반드시 느껴야 합니다. 그들의 삶의 방식은 올바르게 인식되어야 하고 (…) 그런 후에 특수교육이 시작될 수 있습니다. 지적인 힘을 개발시키는 것뿐 아니라 전인적인 본질에 대한 교육이 이루어져야 합니다. 공동체 생활의 모든 면은 교육에서 중요한 부분입니다. (…) 교사는 아이와 함께 살고, 함께 먹고, 함께 자면서 일상적인 일과 일상 속의 기쁨을 공유해야 합니다. 이 아이들에게는 가족의 따뜻함과 세상과의 만남이 모두 필요합니다.(König, 1952, p. 21)

이렇게 새로운 시대가 시작되었다.

캠프힐 운동이 전 세계로: 1964~1990년

20년 동안 캠프힐 학교에는 큰 변화가 없었다. 다만 캠프힐 학교의 경험과 성공을 토대로 몇몇 새로운 학교들이 다양한 곳에 뿌리를 내렸다. 새롭게 설립된 캠프힐 공동체로는 템플힐Templehill(오컨블래), 베나허Beannachar(뱅커리-디베닉), 블레어 드러먼드Blair Drummond(스터링 인근), 코베닉Corbenic(던켈드 인근)이 있다. 이 공동체들은 모두 젊은 장애인들의 장래를 위한 교육 및 훈련이 중심이었다. 장애학생을 위한 기숙학교인 오킬 타워 스쿨Ochil Tower School(옥터라더), 사회복지시설인 타이 코메인Tigh a'Chomainn(피터컬터)도 설립됐다. 다른 사유지들로 학생들을 보내면서 켄리 사유지의 역할도 달라졌다. 성인 장애인을 위한 교육과 훈련 프로그램이 도입됐고 노인 장애인을 위한 시미온Simeon 노인복지시설이 시작됐다.

토마스 바이스는 다양한 측면에서 칼 쾨니히의 역할을 인계받았으며 다른 두 의사와 의학적 연구를 분담해 맡았다. 그는 영국으로 건너가 강의를 하고 유망한 학생들을 인터뷰했으며 연구와 집필도 게을리하지 않았다(예:《장애아동의 양육Children in Need of Special Care》). 토마스 바이스가 1983년에 타계한 후 머틀에 있는 그의 진료실은 캠프힐 진료소Camphill Medical Practice의 본거지가 되었다. 이 시기에 캠프힐은 새로운 건물도 세우고 기존의 많은 건물을 수리하거나 개조했다.

1980년대 초에는 사유지 세 곳에서 200명 이상의 학생들이 170명의 코워커 및 가족들과 함께 살았고 대기자는 400명을 넘어섰다(Weihs, 1983)! 대부분의 학생들은 잉글랜드에서 왔는데 그들이 캠프힐과 집을 오가는 것은 하나의 사업이 될 정도였다. 애버딘과 런던 사이를 달리는 네다섯 개의 객차가 달린 침대열차가 '루돌프 슈타이너 스페셜'이라는 이름으로 특별 편성되었다. 이 열차는 많은 역들에 정차하며 밤새 학생들과 보호자들을 런던으로 실어 날랐다. 이 여행 중에는 사건도 많았다. 한번은 아이들이 비상 사슬을 당기는 바람에 화장실에 갇혀버렸고 보호자들은 밤새 잠을 이루지 못했다. 그러나 친절한 철도 직원들이 따끈한 차와 과자를 제공하고 잠긴 문도 열어주었다. 영국에서 전국적으로 열차 파업이 있었을 때에도 '루돌프 슈타이너 스페셜'만은 운행시킬 정도로 철도 회사는 적극적으로 그들을 지원해주었다.

이 시기에 캠프힐 학교 코워커들의 주도 하에 새로운 훈련 과정이 속속 생겨났다. 쾨니히가 만든 특수교육 세미나와 캠프힐 보육 훈련 세미나와는 별도로 청소년 지도, 유기농법, 정신건강, 가사일, 성인 공동체 설립 등에 초점을 맞춘 코워커 전문성 개발 과정이 만들어졌다.

1990년에는 전 세계적인 캠프힐 운동이 일어났고 캠프힐 학교 50주년 기념식도 열렸다. 고향을 떠나온 이들의 헌신과 투쟁으로 이루어진 그동안의 업적에 대해 모두 기쁨과 자부심을 느꼈다. 그러나 이런 만족감은 오래가지 않았다. 20세기의 마지막 10년 동안 많은 소송과 도전, 위기가 찾아왔던 것이다.

새로운 위기와 도전: 1990~2006년

영국에서 새로운 법과 정책, 지침, 규칙이 제정되면서 캠프힐에도 새로운 조건이 제시되고 다양한 방식의 감사가 이루어졌다. 이것은 캠프힐 학교의 학업과 생활방식에 중요한 영향을 미쳤다. 처음에는 이러한 변화가 캠프힐의 학교생활과 학업의 정신 및 특성에 위협을 가하는 것처럼 여겨졌고, 캠프힐 학교의 독특한 방식이 새롭게 등장한 요구조건에 맞지 않는 것으로 보였다. 코워커들에게는 두려움과 불안, 긴장감이 감돌았다. 그들은 자신이 가지고 있는 캠프힐의 이상을 포기해야 하는 것은 아닌지 묻기 시작했다. 그 규칙을 따라야 한다면 또 하나의 일반적인 특수학교가 되어버리는 것은 아닌가? 규칙을 따르지 않을 경우 학교가 문을 닫게 되는 것은 아닌가? 캠프힐 학교가 추구하는 특별한 통합의 실제가 지니는 특성들을 무시한 통합 정책이 소개되면서 이런 걱정은 더 커져갔다.

새로운 규제와 통합 정책의 채택은 엄청난 불안감을 야기했다. 특수교육에 대한 지속적 요구뿐 아니라 전통적인 캠프힐의 이상과 가치 그리고 실제의 적합성에 많은 이들이 의문을 갖기 시작했다. 캠프힐의 이상과 가치가 오늘날에도 의미 있고 적절한가? 지금 돌이켜보면 이런 자신감의 위기가 오히려 개척 단계로 향하는 길을 열었음이 분명하다. 본질적인 캠프힐의 가치와 원칙에 대한 공격은 캠프힐 전통의 재검토·재평가 과정으로 이어졌기 때문이다. 그로써 특수교육의 중요한 특성과 전문기관 및 정부기관과의 긍정적인 대화를 시도할 자신감을 얻었다. 폭넓은 전문적 환경으로의 길을 열고 캠프힐 학교에 대한 사람들의 지식과 경험을 풍부하게 하며 동시에 대화를 통해 새로운 통찰력을 얻는 것은 중요한 일이었다.

특수교육 분야에서 일하는 사람들의 자격에 대한 요구는 캠프힐에 큰 변화를 가져왔다. 대부분의 코워커들은 캠프힐 세미나를 통해 내부적으로는 자격을 갖추었지만 공식적으로 인정된 외부적 자격을 갖고 있지 않았다. 이에 훈련과 연구에 대한 새로운 변화가 시작됐다. 주된 변화는 오래된 캠프힐 세미나를 현재와 같은 특수교육 및 치료교육 학사학위 과정으로 전환한 것이다. 2003년 3월, 스코틀랜드 사회복지협회에서 이를 스코틀랜드 거주시설 아동보육사 전문 자격으로 인정했다. 이는 인지학 중심의 훈련이 최초로 국가적 인정을 받은 것이다.

한편 또 다른 미묘한 변화도 있었다. 한 예로 경제 분야에서의 변화된 태도를 들 수 있다. 많은 이들이 임금을 받을 필요를 느끼게 된 것이다. 그렇다고 그들이 전통적인 캠프힐 코워커보다 자신의 일에 헌신적이지 않은 것은 아니다. 현재 캠프힐 학교는 교실, 집, 작업장, 코워커의 관리와 훈련 등을 지원하기 위한 인력을 고용하고 있다.

1990년대의 어려웠던 시기는 새롭고 긍정적인 정신을 불러일으켰다. 우리는 전문가와 지방당국, 규제위원회와의 건설적인 대화와 협력을 지속적으로 유지하려 한다. 그럼으로써 부정적이거나 편협한 태도가 변화하고 긍정적이며 상호의존적인 관계가 형성될 수 있을 것이다.

마지막으로 최근 칼 쾨니히의 저술문과 강의 노트, 논문 및 연구보고서 등 캠프힐 하우스의 내부 자료를 찾아보려는 이들이 많은데, 그들이 의학 및 특수교육에 대해 지속적인 연구를 할 수 있도록 칼 쾨니히 연구소Karl König Institute를 세울 것을 검토하고 있다.

캠프힐 공동체를 이끄는 철학

캠프힐의 근본 철학은 루돌프 슈타이너의 인지학에 기반을 두고 있다. 루돌프 슈타이너는 자연과학의 물질주의적인 접근에 대해 균형을 찾고 정신적인 접근 방법을 강화하는 정신 연구 체계를 발전시켰다. 이것은 곧 정신과학 또는 인지학, 다시 말해 전체론적인 세계관이다.

> 인지학은 인간의 정신적인 것과 우주의 정신적인 것을 연결시키는 지식의 한 통로다.(Steiner in Heymann, 2003, p. 5)

이러한 접근은 의학, 유기농법, 약학, 예술, 교육, 특수교육 및 사회사업 등 다양한 분야에서 이루어진다. 이런 모든 활동의 중심지는 스위스 도르나흐에 있는 괴테아눔이다. 괴테아눔은 인지학과 정신과학의 본거지로 다양한 분야의 전문가들이 함께 연구·교육·실습을 하기 위해 모여든다.

인간은 신체body(물질적·유전적인 측면), 영혼soul(감정, 감성, 지적 능력, 의식), 정신spirit(자기결정, 존엄, 자아인식, 개인적 가치)의 세 요소가 밀접하게 결합되어 있다. 신체나 영혼은 일시적으로 존재하다 사라지지만 정신적인 측면은 영구적이고 우주적인 것으로 이해된다. 인종, 국가, 종교는 물론 시간과 공간도 초월한다. 이 세 요소는 네 번째 요소, 즉 '개별적인 인간의 정신individual human spirit'을 담기 위한 그릇이다. 개별적인 인간의 정신은 태어나기 전부터 신체, 영혼, 정신의 세 요소와 서서히 통합되는 과정을 시작한다. 이는 일생을 통해 지속되며 개인의 독특한 인성 및 삶의 의미와 목적을 부여해준다.

인지적 활동은 인간 정신의 영원성에 대한 확신과 힌두교와 불교의 가르침에서 발전된 카르마에 대한 현대적 해석을 기반으로 한다. 카르마는 전생의 악행에 대한 징벌의 형태로 이해되어왔으나 슈타이너는 기독교적인 이상에 영향을 받은 다른 견해를 지니고 있었다. 그는 반복되는 지상에서의 삶은 지혜, 연민, 사랑이라는 인간 가치의 잠재력을 개발시킬 기회를 제공하기 위해 존재한다고 주장했다. 그러므로 질병이나 사고, 장애를 개인뿐 아니라 인류의 유익을 위해 기술과 재능을 습득하고 발달시키는 기회로 여길 수 있는 것이다. 여기에는 심판이나 처벌보다는 공동의 이해와 지원, 사랑이 필요하다. 이러한 이해를 기반으로 하는 장애에 대한 태도는 캠프힐 공동체의 정신과 의학, 보육,

특수교육의 실천에 강력하고 특수한 영향을 끼쳤다.

인지학적 특수교육이란

인지학적 특수교육anthroposophical curative education은 19세기 말 독일에서 '특수교육special education'을 가리키는 말로 사용되고 있던 독일어 'heilpädagogik(치료heil+교육pädagogik)'을 문자 그대로 번역한 것이다(König, 1960). 1924년, 슈타이너는 특수교육에 대해 열두 차례에 걸쳐 강의를 하면서 특수교육에 대한 정의를 더욱 발전시켰다(Steiner, 1924). 각 개인의 가치와 존엄의 인정과 존중 그리고 모든 삶은 목적을 가지고 있다는 확신이 특수교육의 긍정적인 측면을 설명하는 데 도움이 되는데, 이러한 접근은 각 개인의 '장애'를 강조하는 결핍 모델을 취하지 않고 겉으로 드러나지 않는 아동의 정신적 본질에 도달하기 위해 노력한다.

장애아동의 양육과 교육에 관심을 가진 것이 슈타이너 한 사람만은 아니었다. 파리에서 지적장애 아동을 교육한 에두아르 세갱, 장애인을 위한 주거시설과 특수교육 방법 및 치료를 발전시킨 스위스 의사 한스 야코프 구겐뷜, 아이들은 활동을 통해 자신의 흥미를 추구하고 그렇게 학습해야 한다고 주장한 하인리히 페스탈로치, 그리고 런던에서 집 없는 아이들을 위해 학교와 고아원을 설립한 토머스 존 바나도 등의 다른 선구자들이 있었다(Luxford, 2006).

돌봄과 지원이 필요한 사람들뿐 아니라 봉사자나 교사, 치료사들도 모두 동일한 발달 단계를 거치며 각 개인은 신체, 영혼, 정신의 균형을 추구한다. 이러한 인식으로 인해 종종 교사와 학생의 역할은 뒤바뀌고 앞서 언급한 지원의 상호성이 현실화된다. '건강하다'는 것을 병의 유무에 따른 상태로 이해하기보다는 양 극단으로 치우치지 않은 균형으로 보는 이유는 그 때문이다. 그 예로 체온을 들 수 있는데, 우리는 너무 춥거나 너무 열이 나는 것 사이에서 건강한 균형을 찾고 유지하려 한다. 각 개인의 성격처럼 이는 사람마다 다를 수 있지만 일반적인 의미에서 극단적인 뜨거움과 차가움, 생기와 무감각, 민감함과 둔함, 현실과 상상력 사이에서 자신의 개별적인 위치를 찾기 위해 노력한다. 우리가 만들어낸 이러한 균형은 자신만의 독특한 인성과 기질로 표현된다.

우리는 모두 발달 과정에서 장애물을 만난다. 사람들은 누구나 어느 정도는 장애가 있거나 완전하지 않다. 한편으로 장애와 불균형은 성장을 위해 필요한 것으로 여겨지기도 한다. 다시 말해서 제한성을 가진 우리의 신체는 더 나은 학습을 위한 완벽한 도구이므로 어느 누구도 장애가 있거나 불완전한 사람이라고 말할 수는 없는 것이다. 이처럼 매우 복잡하면서도 종종 나약한 인간의 상황을 이해하고 지지할 수 있으려면 특수교사에게는 창의성과 공감능력 그리고 깊은 내적 헌신이 필요하다. 슈타이너는 자신이 가르쳤던 사람들에게 '댄서'가 되라고 조언했고, 또한 다른 사람에 대한 적극적인 관심과 통찰력을 얻기 위한 탐구의 태도를 개발할 것을 요구했다.

(…) 여러분에게 필요한 것은 진리를 경험하고자 하는 열정이다. (…) 여러분이 왜 댄서가 될 수 없겠는가. 왜 여러분은 삶을 기쁘게 이끌어가야 하는가? 진리 안에서의 깊은 내면적 기쁨! 세상에서 진리의 경험보다 더 큰 기쁨을 주는 것은 없고 더 매혹적인 것도 없다(Steiner, 1924, p. 180f.)

인간 존재의 삼원성에 대한 이해에 근거하여 특수교육은 교육과 가정생활과 치료가 함께 제공되는 다학문적이며 전인적인 접근이라 할 수 있다. 공예, 예술적 활동, 의미 있는 작업 또한 특수교육에서 없어서는 안 될 중요한 부분이다. 이와 관련된 전문가로 교사, 보육사, 의사, 치료사, 공예 교사, 예술가, 장인 등이 존재한다. 그들 각각의 역할은 이후의 장에서 하나하나 다룰 것이다.

장애아동이 자신의 삼원성(정신/영혼/신체)을 조화롭게 하고 자신이 가진 모든 잠재력을 개발하며 삶에 대한 자기만의 의미와 목적을 찾도록 돕기 위해서는 이와 같은 다양한 전문가들의 적극적이고 지속적인 협력이 꼭 필요하다.

결론

전 세계적인 캠프힐 운동의 중심 역할을 하는 생활공동체로서의 캠프힐은 장애아동과 청소년 및 성인을 위한 백 군데 이상(이 중 열두 곳이 스코틀랜드에 위치해 있다)의 통합된 생활 공동체를 가지고 있다. 이러한 확장은 주목할 만한 결과다. 오늘날 캠프힐 공동체에서 일하고 있는 보육교사, 교사, 치료사, 의사, 예술가, 정원사, 농부, 목공예 교사들은 전 세계에서 모여든 이들로 다양한 인종 및 다양한 문화적 배경을 갖고 있다.

캠프힐의 남은 과제와 도전은 캠프힐 창설자들의 선구자적인 정신을 계승하는 동시에 21세기의 변화와 요구에 대응하면서 특수교육의 핵심 가치를 유지해나가는 것이다. 토마스 바이스가 생애 마지막 해에 제시한 메시지에 우리는 지속적으로 응답할 필요가 있다.

앞서 말씀드린 것처럼 우리가 미래에 소망하고 희망하는 바는 관용과 사랑의 잠재성을 간과하지 않고 우리들 스스로가 결과를 조절하고 대처하며 드러내 보여야 한다는 압박감에 빠지지 않도록 항상 깨어 있어야 한다는 것입니다. 이는 일시적인 성공에 지나지 않습니다. 그러한 압박감은 언제나 인간의 가치와 가능성을 해칩니다. 우리가 반드시 인정하고 장려하며 추구해야만 하는 것은 바로 인간 존재 자체의 고결성과 신성함입니다.(Weihs, 1983, p. 24)

2장
캠프힐 가정공동체의 하루

마누엘라 코스타 Manuela Costa, 크리스토퍼 월터 Christopher Walter

캠프힐 가정 생활은 건강한 리듬을 창조하는 일이다. 매일의 리듬이 그날의 일과와 목적, 활력을 가져다준다. 학생들은 매일 음악소리에 잠을 깨고 일어난 후에는 아침식사 준비를 돕는다. 빨리 일어나는 아이도 있고 늦게 일어나는 아이도 있다. 아이들은 각자 자신만의 리듬을 갖고 있다.

장애아동을 위한 따뜻한 환경

캠프힐 가정공동체에서 일어나는 일들을 전달하는 가장 좋은 방법은 그림과 이미지를 동원하는 것이다. 그림과 이미지는 독자들의 상상력을 도울 뿐 아니라 캠프힐 생활을 보다 정확하게 알려준다.

어린이, 청소년, 성인, 노인을 포함한 모든 사람들이 함께 서로의 삶에 참여할 때 창조의 드라마가 시작된다. 이는 각 개인의 색깔과 분위기를 표현할 수 있는 그림, 음악, 태피스트리를 만들어내는 것과 같다. 붉은색은 강렬하고 열정적이며, 파란색은 차분하고 고요하고, 노란색은 경쾌하고 활력이 있다. 아름답고 조화로운 그림을 그리기 위해서 각각의 색깔을 통해서 자신을 표현할 때 예술이 시작된다. 캠프힐의 각 가정공동체는 자기들만의 고유한 색깔을 지니고 있다. 구성원이 갖고 있는 각각의 색은 서로 섞이고 조화를 이루면서 하나의 그림으로 완성된다.

캠프힐 공동체의 어느 가정이든 들어서자마자 크고 색채가 화려한 현관을 보게 된다. 테이블 위에는 싱싱한 꽃이 놓여 있으며 벽에는 눈길을 끄는 그림이 걸려 있다. 부엌에서는 학생들이 빵을 굽고 몇몇 학생들은 산책에서 돌아오고 십대들이 거실에 모여 음악을 연주하는 등 다양한 일들이 다양한 장소에서 일어난다. 그곳에 좀 더 오래 머물게 되면 아이들과 코워커들이 서로 농담을 하는 행복한 순간을 보게 될지도 모른다. 또 코워커가 힘겨워하는 아이를 위로하는 모습도 보게 될 것이다. 모두들 거실에 모여 있는 때나, 아이들이 혼자 방에서 시간을 보내거나 코워커와 함께 조용히 어떤 활동에 집중하고 있는 순간들도 있다. 세수하고 학교 갈 준비를 하고 침실을 정리하느라 바쁘게 돌아가는 정신없는 아침 시간이 있고, 긴 하루 일과를 마치고 편히 쉬거나 잠자리에 들 준비를 하는 평온한 시간도 있다.

아이들의 방

캠프힐 가정은 안전하고 편안한 공간이다. 깊은 애정과 배려 속에서 이루어지는 캠프힐의 보육은 환경을 잘 가꾸고 유지하는 데서 시작된다. 모두가 함께 쓰는 거실이든 이제 막 가정공동체에 들어온 아이의 방이든 모든 방을 꾸미기 전에는 빛, 온도, 형태, 배치, 소리를 고려한다. 환경에 대한 이런 '섬세한 배려'는 캠프힐 가정에서 이루어지는 치유의 교육에서 핵심이 되는 부분이다. 방은 때때로 아이의 감성에 영향을 미치고 또한 아이의 감성을 반영한다. 잘 정돈된 환경은 혼란스러운 사고와 감성의 영향으로부터 벗어나게 해주는 부분이 있다. 부서진 것이 있다면 바로 수리한다. 이는 위험하고 보기 싫어서이기도 하지만 삶의 혼란을 개선할 수 있다는 메시지를 전해주기 위해서다.

재스민의 '잠자는 집'

처음 우리 가정에 왔을 때 재스민은 깡마르고 어둡고 창백한 얼굴에 매우 지치고 겁먹은 모습이었다. 재스민은 태어나서부터 줄곧 잠을 제대로 자지 못했다고 했다. 재스민의 부모 역시 완전히 지친 모습이었다. 지난 11년 동안 가족 모두가 심각한 수면 부족을 겪어왔던 것이다. 재스민이 한 번에 가장 오랫동안 잠을 잔 것은 어머니나 아버지가 옆에 있어줄 때 겨우 두세 시간뿐이었다고 했다. 부모님과의 상담 결과 재스민이 잠들기 위해서는 방에 함께 있어줄 누군가가 꼭 필요하다는 것을 알게 됐다. 재스민과 나이가 비슷한 메리가 큰 방을 가지고 있고 수다를 떨면서 가까이 지낼 누군가와 함께 있는 것을 좋아하기 때문에 둘이 방을 쓰기로 했다. 재스민은 메리의 방을 둘러보더니 구석에 가서 몸을 웅크렸다. 그 구석이 분명 재스민이 가장 편안함을 느끼는 곳인 듯했다. 그곳은 약간 그늘졌지만 따뜻했다. 후에 우리는 재스민이 따뜻함은 좋아하지만 너무 빛이 많이 드는 곳은 좋아하지 않는다는 것과 웅크리거나 숨어 있기를 좋아한다는 것을 알게 됐다(때때로 재스민은 얼굴을 침대보나 두건으로 가리고 다녔다). 코워커들은 재스민을 위한 침대를 어떻게 만들지, 또 침대를 어디에 둘지 의논했다. 그들은 침대를 '숨는 곳'처럼 보이도록 만들었다. '잠자는 집'의 벽은 푹신푹신하게 해서 따뜻하게 만들고 침대 위에 커튼을 달아 너무 많은 빛이 들어오지 않도록 했다. 재스민은 자기의 잠자는 집을 아주 좋아해서 기어 들어가 만지고 낄낄거리며 웃다가 그 안에서 웅크리고 있었다. 마침내 재스민은 잠이 들더니 오랫동안 잤다. 그리고 나중에는 재스민도 더 이상 잠자는 집을 필요로 하지 않게 되었다. 메리와 재스민이 좀 더 나이를 먹었을 때 둘은 각자 따로 방을 쓰기로 결정했다. 그러나 두 사람은 좋은 친구로 남았고 재스민의 수면 문제도 잘 치유되었다.

유기농 음식과 식이요법

음식은 환경만큼이나 우리의 감성에 영향을 미친다. 우리는 아이들과 청소년들에게 생명역동농법으로 재배한 유기농산물로 건강한 음식을 만들어준다. 새로운 맛과 냄새, 씹는 느낌은 다양한 경험이 된다. 캠프힐에서 맛있는 음식의 주요 성분 중 하나는 바로 '사랑'이라는 마법의 양념이다. 음식을 만들 때 각각의 아이들이 좋아하는 것과 싫어하는 것, 취향, 특성 등을 고려하여 모두를 만족시킬 수 있는 음식을 만든다면 요리 재료가 완벽하게 준비되어 있지 않더라도 분명 맛이 있을 것이다.

야채를 먹게 된 조셉

조셉이 처음 캠프힐에 왔을 때 즐겨 먹은 것은 감자칩, 소시지, 완두콩죽, 으깬 감자 요리, 구운 콩, 생선 튀김과 오렌지 주스뿐이었다. 조셉은 급성 소화불량과 장 트러블에 시달리고 있었으며, 그로 인해 화를 잘 내고 참을성 없는 성격을 보였다. 우리는 조셉의 소화불량 문제를 해결하려면 식습관을 개선할 필요가 있다고 생각했다. 우리는 조셉에게 물을 많이 마시게 하고 야채와 과일도 많이 섭취하게 했다. 1년 후 조셉은 다양한 음식을 먹기 시작했다. 어떻게 이것이 가능했을까? 우리는 조셉에게 매일 먹는 즐거움을 갖도록 해주었다. 다른 친구나 코워커들과 테이블에 앉아 있을 때 조셉은 다른 사람들이 다양한 음식을 먹고 있다는 것을 깨닫기 시작했다. 옆에 앉아 있던 코워커들은 오이나 오렌지를 먹으면서 얼마나 맛있는지 모르겠다고 말하거나 스튜나 푸딩 냄새가 너무 좋다는 식의 말을 계속 했다. 또 조셉에게 권해보기도 했다. "조셉, 먹어볼래?" 이런 상황이 계속되자 조셉은 당근과 양상추를 조금씩 맛보게 되었다. 조셉은 여전히 자신이 아주 좋아하는 감자와 소시지를 먹고 있지만 지금은 다양한 야채와 과일도 먹곤 한다. 이런 식습관은 소화를 도울 뿐 아니라 보다 편안함을 느낄 수 있게 한다. 조셉은 신경질을 내거나 흥분하며 짜증을 내는 일이 점차 줄어들고 있다.

안정감을 주는 하루의 리듬

캠프힐 가정 생활은 건강한 리듬을 창조하는 일이다. 매일의 리듬이 그날의 일과와 목적, 활력을 가져다준다. 학생들은 매일 음악소리에 잠을 깨고 일어난 후에는 아침식사 준비를 돕는다. 빨리 일어나는 아이도 있고 늦게 일어나는 아이도 있다. 아이들은 각자 자신만의 리듬을 갖고 있다. 매일 세상의 아침을 맞이하는 일이 어떤 아이들에게는 즐거운 일이지만 어떤 아이들에게는 고역일 수도 있다. 어떤 학생에게는 몇 번의 노크면 충분하지만 어떤 학생에게는 훨씬 더 많은 노크를 해야 할 수도 있다. 아침식사 후 아이들은 설거지를 도운 후에 등교를 한다. 점심식사 시간에 돌아온 학생들은 오후 3시에 시작하는 오후 수업 전까지 자유 시간을 즐긴다. 오후 5시 30분에 저녁식사를 하고 각자에게 주어진 일상적인 과제를 한 후에 학생들은 저녁 활동을 하러 간다. 수영을 하거나 친구들과 농구를 하기도 한다. 또 나머지는 그냥 집에서 쉬거나 산책을 하고 가족이나 친구들과 전화 통화를 하기도 한다. 오후 8시가 되면 어린아이들은 취침 준비를 하고 청소년들은 조용히 담소를 나누다가 조금 늦게 잠자리에 든다. 밤이 깊어 조명이 어두워지면 아이들은 각자 자기를 돌봐주는 사람들과 개별적인 시간을 가진다. 우리는 학생들의 취침 방법에도 관심을 기울인다. 잠자리에 들기 전에 이야기를 나누거나 사적인 대화를 하는 시간을 갖는데, 이를 우리는 '안정의 시간settling time'이라고 부른다.

잠들기 싫어하는 로지

로지가 가장 흥분할 때는 저녁 시간이다. 하루 종일 그녀는 활기에 차 있다가 저녁이 되면 극도의 과잉행동을 보인다. 이리저리 뛰어다니면서 낄낄거리고 손뼉을 치며 쉴 새 없이 떠들어댄다. 로지는 또한 밤을 무서워한다. 자는 것은 죽는 것과 같다고 여겨 한번 잠이 들면 결코 깨어나지 못할 거라고 생각한다. 로지가 긴장을 풀고 잠들게 하기 위해 그녀를 돌보는 코워커는 최소한 두세 시간 동안 그녀와 함께 있어주는데, 주로 함께 산책을 하고 로지가 하는 모든 이야기를 들어준다. 로지에게는 다양한 이야깃거리가 없기 때문에 코워커는 같은 이야기를 반복해서 듣고 또 듣는다. 45분 정도 산책을 하고 나면 로지가 지치기 시작해 안으로 들어간다. 라벤더 향기가 나는 목욕을 하면서 긴장을 푼 후 비스킷과 따뜻한 음료를 마신다. 커피나 차는 흥분을 증가시키기 때문에 마시지 않는다. 그러고 나면 로지는 서서히 차분해진다. 로지는 항상 손발이 차가워 코워커는 로지가 잠옷을 입고 난 후에 손발을 부드럽게 마사지해주고, 로지가 침대에 누우면 좋아하는 이야기를 들려주고 자장가를 부르며 기도를 해준다. 밤이 지나면 아침이 오니 로지도 잠자고 난 후 다음 날 아침 돌아오게 해달라는 기도이다.

생활의 리듬을 만드는 일상생활과 연중행사

가정 내 일상생활의 리듬은 호흡과 같다. 이른 아침의 평온함에서 낮 동안의 활기 그리고 저녁 시간의 고요함까지. 이 같은 리듬에는 다양성과 융통성이 존재하는데 가정공동체 교육의 핵심적인 특징이다. 어떤 아이들은 매일 밤 똑같은 이야기를 반복해 물어 어른들을 당황하게 한다. 그러나 그런 행동은 아이에게 안정감과 확신, 예측 가능한 믿음을 주는 것이다. 만일 이러한 특성에 유의하지 않으면 아이는 일상의 일과에 갇혀서 빠져나오지 못하게 되고 활기를 잃어버릴 수도 있다. 또 삶에서 융통성을 갖게 하기 위해서는 일상적인 일과나 습관화된 패턴을 깨뜨릴 필요도 있다. 예를 들면 학교에 갈 때 다양한 길을 이용하게 한다거나 한 번쯤은 이웃집에 가서 식사를 하고 오도록 하는 것이다. 어떤 아이에게는 자유로운 일과 속에서 생활하도록 하는 것이 필요하고, 어떤 아이에게는 정해진 일과가 필요할 수 있다. 이러한 조화로운 균형을 찾으려면 아이의 특성에 따라 하루를 전체적으로 바라봐야 한다.

정돈하기 좋아하는 제롬

제롬은 반복적인 일과와 깔끔하게 정리정돈하는 것을 매우 좋아한다. 제롬이 일생을 통해 가장 좋아하는 친구는 바로 손목시계다. 제롬의 책들은 높이와 두께별로 꼼꼼하게 정리되어 있고, 손잡이가 있거나 라벨이 붙어 있는 것이 탁자 위에 놓여 있을 땐 모두 오른쪽이나 왼쪽으로 돌려져 있다. 제롬에게 부엌은 냄비, 접시, 주전자, 나이프와 포크들이 질서 정연하게 정돈되어 장엄한 심포니를 연주하는 거대한 무대다. 제롬은 가끔 거실의 소파를 일렬로 정리하는데, 정사각형 카펫에 이런 배열은 부조화스럽기 때문에 사람들이 다시 원래 위치로 돌려놓곤 한다. 제롬은 자신이 해놓은 정돈을 거부하면 불같이 화를 내면서 폭언과 욕설을 내뱉는다. 제롬을 돕기 위해 우리는 모두가 함께 웃을 수 있는 다양한 게임을 만들어냈다. 웃음소리가 경직된 분위기를 깨고 모두에게 평정을 되찾게 했다. 예를 들어 우리는 탁자 위에서 소금, 후추 등의 양념병으로 체스게임을 하곤 한다. 제롬은 특히 이 게임을 좋아한다. 우리가 '어질러놓으면' 그는 자신의 차례를 기다렸다가 다시 정돈한다.

우리의 전인교육은 아이들이 지나치게 외향적이거나 내성적이지 않고 너무 적극적이거나 소극적이지 않은 내적인 균형을 발달시키도록 지원하는 것이 목적이다. 여기서 내적 균형이란 소극적이기보다는 적극적인 상태로 해석되지만, 이는 각각의 아이들에 따라 다르다. 아이들이 개별적으로 건강한 균형을 찾고 세상에 기여하는 사람이 될 수 있도록 지지해주는 것이 중요하다.

일주일 안에도 규칙적인 리듬이 있다. 어느 날은 부모님이 찾아와 자녀를 데리고 나가서 하루를 보내기도 하고 사회사업가가 와서 둘러보기도 하며 그 외 다양한 사람들이 불쑥 찾아와 한두 시간씩 머물다 가기도 한다. 정신없는 주중의 날들이 지나고 주말이 되면 학생들은 외출을 하거나 각자 관심 있는 활동을 하며 지낸다. 일요일이 되면 몇몇 학생들은 캠프힐에서 열리는 초교파적인 의식에 참여하기도 한다. 학기가 끝날 무렵 학생들과 코워커들은 함께 다양한 축제를 연다. 학생들은 음식을 만들거나 집을 정돈하고 꾸미는 등 축제 준비에 동참할 기회를 갖는다. 축제는 일상적인 활동이나 일과와는 다른 방법으로 함께하게 되기에, 이런 순간은 학생들의 기억에 오래도록 남고 그들의 삶 안에서 절기와 과정의 의미를 일깨운다.

새 학기는 미카엘축일(9월 29일)에 아이들과 함께 채소를 수확하는 가을 축제로 시작된다. 추수감사 식사를 하면서 우리는 대지의 선물과 우리 각자의 건강에 감사한다. 대림절 동안에는 연극, 성찬식, 저녁 모임 등을 하면서 서서히 크리스마스를 준비한다. 이렇게 함께 축제를 즐기면서 한 해가 저물어가는 시기에 온정과 관심을 나누는 것이다. 학생들은 연극에 참여하면서 두각을 나타내거나 뜻밖의 재능을 발휘하기도 한다. 봄이 다가오면 우리는 부활절을 축하하며 부활 달걀을 만들고 성금요일[1]에는 꽃씨를 심으며 따뜻한 태양으로부터 오는 새로운 삶의 기운을 느낀다. 그리고 여름의 기나긴 나날 중에 6월 24일 성요한의날을 기념하며 거대한 불 주변에 모두 모여 미래를 향한 희망과 소망을 불꽃과 함께 날려 보낸다.

---

[1] 부활절 직전의 금요일로 그리스도의 수난과 죽음을 기리는 날-옮긴이

아이와 양육자가 함께 만드는 공동체

마이어는 한 집단의 응집력을 기르기 위해서는 리듬감 있는 상호작용이 중요하다고 강조했다(Maier, 2004). 그의 의견에 따르면 리듬감은 사람들의 상호 유대감뿐 아니라 내적인 통일성을 기르기 위한 강한 힘이 된다고 한다. 삶은 낮부터 밤까지의 변화에 대해 심장 박동과 같은 규칙성을 지닌 다양한 자연적 리듬으로 구성된다. 마이어는 리듬감이 인간의 소통과 발달에 중요한 요소라고 주장한다. 한 아동과 효과적으로 상호작용하기 위해 노력하는 양육자는 그 아이와 같은 수준으로 춤을 추기 위해 아이의 스텝에 함께 빠져야 한다. 그런 후 아이와 양육자는 서로 공유된 리듬감을 확립하고 유지하기 위한 방법을 모색하게 된다. 이러한 연대성의 인식은 양육자가 상호작용의 속도를 조절하고 나아가 '아이에게' 말하는 것이 아니라 '아이와 함께' 말하고 상호작용하는 능력을 키우도록 해준다. 캠프힐 생활에서는 이를 촉진하기 위한 다양한 방법들이 존재한다. 예를 들어 원반 던지기, 공 주고받기, 함께 뛰기, 포크댄스 추기와 같은 놀이들이다. 이 밖에 우리가 함께하는 활동으로는 동물 돌보기, 모형 비행기 만들기, 눈 오는 날 이글루 만들기 같은 것도 있다.

개인적인 관계에서 리듬감이 갖는 힘을 이해한다면 단순한 세심함에서 벗어나 아이에게 해줄 것에 대한 유목적적인 약속으로 나아갈 필요가 있다. 우리는 단지 아이들이 말하는 것과 참여하는 다양한 활동만이 아니라 다가감과 물러남의 명확한 순환과 관련된 '상호작용'의 중요성을 인식해야 한다. 그리고 의미 있는 관계가 성립되면 각각의 리듬을 유지해야 하기 때문에 함께 생활하면서 그들의 리듬감을 파악한다.

생활 규칙은 문화적인 면에서 반복적이고 가치 있는 관습을 강화하는 리듬감의 제도화된 형태라 할 수 있다. 이는 구성원들에게 공동체의식을 심어준다 (Maier, 2004). 생활 규칙이 어른들의 강요가 아니라 아이들 스스로 지키는 것이 된다면 공동체 안에서 더욱 특별한 의미를 지니게 될 것이다. 식사하기 전에 같은 노래를 부르더라도 그것이 자발적으로 내면화된 것인지, 어른들의 요구에 부응하기 위한 것인지에 따라 하나가 되는 체험이 될 수도, 따분한 일이 될 수도 있다.

아이의 정신적 요구에 귀 기울이기

캠프힐 학교의 근본정신은 일상생활에서 정신적 차원의 중요성을 인식하는 데 중점을 둔다. 아동 양육 분야에 속한 이러한 일은 아동의 신체적 · 감성적 · 지적 · 사회적 요구만큼이나 아이들의 정신적 요구에 관심을 가질 책임이 있다(Jackson, 2003). 우리가 진정으로 아동을 전인적인 존재로 바라본다면 정신적인 영역을 배제할 수 없을 것이다. 넓은 의미에서 정신적 건강이란 한 인간으로서 그리고 유일한 한 개인으로서 자신의 건강함을 느끼는 것이라 규정할 수 있다. 신체적 · 지적 건강과 함께 정신적 건강도 고려하여 아이들을 돌보는 것이 우리의 분명한 책임이다. 모든 양육자들은 인간의 내면에 존재하는 아동의 정신성에 대해 인지하고 반응해야 할 윤리적 책임을 지니고, 이러한 정신적 영역을 인식하고 이해하며 이에 대해 다룰 준비를 해야 한다(Jackson & Monteux, 2003). 상처받기 쉬운 아이들, 특히 정서적인 문제를 가진 아이들을 애정과 관심이 결여된 불안정한 보육 환경에서 자라게 하는 것은 아이에게 또 다른 형태의 학대이다. 이런 환경에서는 의미 있는 관계가 성립될 수 없으며 아동의 정신적 성장의 기회를 심각하게 훼손한다.

아동의 정신적 문제에 대해 논할 때 경우에 따라 아이들에게 특정 구성원의 종교적 신념이 강요될 소지가 있어 지속적인 논란이 되어왔다. 그러나 정신성에 관한 아이들의 의문에 응답하는 것은 보육교사가 자신의 종교적 신념을 아이에게 강요하거나, 혹은 아이들이 묻기 전에 먼저 이 문제에 대해 이야기를 꺼내는 것과는 전혀 다른 문제라는 지적이 있다(Friesen, 2000). 만약에 코워커가 잘못을 지적받는 것이 두려워 아이들에게 정신적인 조언을 두려워한다면 이는 적절치 못한 일이다. 코워커와 아동 사이에 신뢰와 상호의존적인 관계가 형성되면 삶의 내면을 서로 공유하고 자신들의 삶에서 가치 있고 중요하다고 생각하는 것을 자연스럽게 나누게 된다. 프리센의 견해에 따르면 이 원칙은 정신적 돌봄의 중심이다. 정신적 돌봄과 지원은 기술을 습득해 적용하는 행위가 아니다. 서로간의 나눔과 배움을 통해 이루어지는 것이다. 이는 삶에 대한 가치와 의미에 관한 질문을 통해 이루어질 수 있다(Swinton, 2001).

장애아동과 코워커의 관계

캠프힐 특수교육의 기초가 되는 것은 관계의 상호작용과 상호의존성이다. 우리는 모든 아이들의 내면적 깊이와 존재를 인식하여 발전과 치유의 단계로 이끌기 위해 노력한다. 가정공동체는 이런 노력이 실현되고 아동의 긍정적인 자질을 이해하고 양육하는 공간이다. 우리는 매일 각 아동의 잠재력을 끌어내기 위해 시도하고 그들이 가정 생활에 기여할 수 있도록 돕는다. 우리에게 오는 많은 아이들이 정서 및 행동의 어려움을 갖고 있기 때문에 쉬운 일은 아니다. 가정공동체의 코워커들은 언제나 아이들이 직면한 문제를 생각하고 그들의 독립심 향상을 위해 지원하고 장려하는 방법을 찾아야 하는 도전에 직면한다. 걱정이 많은 아이라면 그 아이가 자신의 힘든 감정에 하루 종일 잘 대처할 수 있도록 도와주어야 한다. 또 어떤 아이는 코트를 입는 방법이나 편안하게 잠자리에 드는 방법을 배워야 한다. 우리는 이처럼 모든 아이들에게 일관성 있고 의미 있는 경험을 제공하는 것을 목표로 한다.

아이들과 함께하지 않을 때라도 가정 내 모든 그룹의 상태와 '리듬'을 의식하고 있는 것이 중요하다. 아이가 왜 긴장하는지, 한 아이가 왜 다른 아이들을 자극하는지, 아니면 어떤 아이가 다른 아이들에게 긍정적인 영향을 미치는지를 알 필요가 있다. 집단생활에서 한 아이의 사생활을 존중하는 올바른 방법을 찾는 것도 중요하다. 우리는 모든 사적인 문제들을 아동의 가족처럼 가능한 한 섬세하게 다루기 위해 노력한다.

우리는 코워커와 아이의 관계가 가진 상호적 특성을 중요하게 여긴다. 우리는 아이들과 삶의 여정을 함께하는 중이다. 아이들을 돌보는 계획이나 아이들을 위한 목표를 세울 때도 그들로부터 배우려는 태도를 갖지 않는다면 특수교육을 제대로 실행할 수 없다. 개인적으로나 혹은 매주 있는 하우스 이브닝house evening(일주일에 한 번 같은 집에 거주하는 코워커들의 저녁 회의)을 통해 일상적인 일들을 돌아보며 각자가 가진 편견을 깨닫는 기회를 갖는다. 아이들의 강점을 강조하고 그들의 어려움뿐 아니라 흥미와 관심, 재능을 찾아냄으로써 그들을 온전한 한 인간으로 만나는 방법을 배운다. 우리의 목표는 그들이 온전함과 균형감을 가지고 살아가도록 돕는 것이다. 여기서 말하는 균형감이란 장애를 자신의 일부로 받아들이는 것까지 포함된다.

어려움을 가진 아이를 대할 때 그들이 세상에 가지고 온 특별함을 함께 찾고 발견하려 노력하는 것이 도움이 된다. 우리는 이러한 과제를 가지고 한 주를 보내고 나서 각자의 생각과 경험을 공유한다. 한 아이를 '자신의 꿈속으로' 데려가 생각하고 함께 놀고 쉬고 상호작용하는 모습을 마음속에 그린다면 불가능해 보였던 문제의 '해결책'이 마치 마술처럼 나타나는 것도 종종 경험하게 될 것이다. 마음속에서 "만세!"를 외치는 순간이 바로 이런 경우일 것이다.

로저가 마음을 열기까지

로저는 보호시설로 보내지기 직전에 마지막 방법으로 우리에게 왔다. 캠프힐로 오는 다른 아이들의 전형적인 사례와는 사뭇 달랐다. 양육 가정을 여기저기 옮겨 다녔고 학교도 여러 군데 다녔다. 로저는 억눌린 채 살아왔으며 과거 경험 때문에 누군가가 자신을 껴안거나 어깨를 쓰다듬는 것조차 허락하지 않았다. 로저는 상벌 시스템, 별표 차트, 감독 체계 등 행동 수정을 위한 전략[2]들에 익숙해 있었다. 이런 것들이 그에게 가르쳐준 것은 아주 단순했다. 사랑을 받기 위해서는 얌전하게 행동해야 한다는 것이었다. 그러나 이는 먼저 사랑받기를 원하는 사람에게는 소용없는 방법임이 드러났다. 가정에서 우리의 과제는 로저가 어떤 행동을 하든 그를 사랑하는 것이었다. 그는 우리의 접근을 극단적으로 피하며

---

2 조건에 의해 상과 벌을 주어 긍정적인 행동 변화를 유도하는 전략-옮긴이

우리를 시험했다. 하지만 우리는 잘 견뎌냈으며 서서히 관계를 형성하고 신뢰를 얻기 시작했다. 로저는 점점 우리를 웃으면서 대하고 눈맞춤을 하기 시작했으며, 마침내 우리가 다가가는 것을 허락했다.

코워커를 비롯해 가정에서 일하는 사람들은 각각의 아이와 만날 수 있는 특정 공간을 만드는 것이 필요하다. 이것은 물리적인 공간이 아니다. 아이들과의 만남에서 중요한 것은 설명이나 예단보다는 이해와 신뢰다. 인간은 창조적이고 끊임없이 변화하는 존재이기 때문에 우리는 각각의 다양한 사람들을 어떻게 새롭게 만나야 하는지를 계속 배워가야 한다.

부모님과의 협력

가정공동체는 아동의 가족과 친구들이 포함된 폭넓은 환경이다. 캠프힐 학교로 아이를 보내는 결정은 아동과 가족의 삶에 아주 중요한 결정이다. 이 단계가 가족들의 삶에 커다란 영향을 미치고 아이에게 중요한 삶의 전환점이 되기 때문에, 우리는 가능하면 순조롭게 변화가 진행되도록 최대한 부모님과 협력한다. 가족이 방문했을 때 우리는 집 안과 아이의 침실을 둘러보게 하고 아이와 함께 살게 될 다른 아이들을 만나게 해준다. 다른 아이들에게는 처음 이곳에 왔을 때 어떻게 느꼈는지를 상기시킴으로써 새로 들어온 사람들을 돕게 한다. 이곳에 방문했을 때 부모님들은 궁금한 것을 질문할 수 있다. 예를 들어 저녁에 언제 전화를 하면 되는지, 주말에는 무엇을 하는지 등을 모두 물어볼 수 있다. 그리고 이때 아이의 건강과 같은 중요한 정보는 물론 아이가 아침마다 목욕을 한다는 등의 단순한 정보까지 우리에게 전달해준다. 아이들 역시 많은 질문을 한다. 질문에 대답하면서 우리는 많은 아이들이 이런 질문을 통해 좀 더 편안함을 느낀다는 것을 깨닫기도 한다. 친부모와 함께 살지 않는 아이들의 경우 사회사업가나 양부모가 방문하기도 한다.

아이들과 함께 생활하면서 가족들의 개별적인 요구를 이해하고 그 요구에 반응하는 것은 특히 중요하다. 아이의 삶에 결정적인 안정감을 주는 것은 바로 가족이란 사실을 잊어서는 안 된다. 아이가 가장 잘하는 것을 알고 있는 이들도 가족이고, 우리가 아이의 행동에 대해 어찌할 바를 모를 때 이를 설명할 유용한 단서를 제공해줄 이들도 바로 가족이다. 아이들은 정기적으로 부모님에게 전화 연락을 하고 부모님은 원할 때마다 방문할 수 있다. 캠프힐에서 생활하는 아이들 중 집에서 통학하거나 애버딘 근처에 사는 경우가 점차 증가하면서 많은 아이들이 2주에 한 번씩은 집으로 간다. 부모님들은 아이를 데려가기 위해 정기적으로 캠프힐에 온다. 이때 우리는 부모님과 의견을 나누고 협력하며 일할 수 있는 기회를 얻게 된다.

코워커에 대한 지원

매일 누군가를 돌본다는 것은 헌신과 사랑, 한결같음, 인내, 신뢰를 요구하는 일이다. 따라서 이 일을 하는 사람은 누구나 다른 사람의 도움이 필요하다. 우리 자신의 요구와 아이들의 요구 사이에 차이가 있음을 아는 것이 중요하다.

우리는 아이들에 대한 관점을 너무 쉽게 고정해버린다. "그애는 저녁을 먹으러 왔어야 해" 또는 "그애는 설거지를 도우러 올 거야"라고 스스로에게 말하고 있음을 자각할 때마다 우리는 그런 고정된 관점이 아이들을 감정적으로 대응하게 할 위험이 있음을 깨닫는다. 그 순간 우리의 감성은 이미 주관적이고 고정관념에 사로잡혀 있다. 이럴 때 아이들은 그들의 자율성과 자유를 존중하지 않는 우리의 사려 깊지 못한 태도에 상처를 받는다. 다른 사람을 정확하게 알기 위해서는 먼저 자신을 알기 위해 열심히 노력해야 한다. 우리는 자신의 신념과 감성, 사고, 동기와 꿈을 분명하게 알고 이해함으로써 함께 생활하는 어린이와 청소년들을 도울 수 있다. 나 자신을 알지 못한다면 어떤 만남에서나 항상 자신과 대립하는 자아의 갈등을 경험하게 된다. 다른 사람의 삶과 차이를 만드는 부분은 우리가 무엇을 하는가보다는 우리가 누구인가와 더 깊이 관련이 있다.

코워커는 감정의 평정심과 사려 깊은 실천 방법을 개발하기 위한 자신만의 방법을 모색할 때 일관되고 철저한 관리가 중요함을 인식해야 한다. 이 과정을 통해 코워커는 자신의 행동과 감성을 비춰보고 스스로에 대해 더 배워야 함을 깨닫는다. 공동체 생활은 공식적인 피드백은 물론 비공식적인 조언과 건설적인 비평을 들을 수 있는 많은 기회를 제공한다. 복도에서나 식탁에서 혹은 길에서 만난 동료들이 도움을 줄 수도 있다. 이렇게 서로를 돕는 방식은 우리의 진정한 잠재성을 실현하는 데 도움이 된다.

여정은 계속된다

많은 아동과 청소년들이 우리와 삶의 한 부분을 함께하기 위해 캠프힐에 온다. 몇몇은 짧은 기간 동안 머무르고 몇몇은 오랜 시간 머무른다. 어떤 아이들은 다른 캠프힐 공동체로 옮겨가기도 하고 어떤 아이들은 상급학교로 가며 어떤 아이들은 이 마을 안이나 혹은 마을 밖으로 자기 집을 구해 나가기도 한다. 로저와 같은 몇몇 아이들은 잠시 동안 다른 보호시설로 옮겨가기도 했다. 5년 후에 로저는 여자친구와 함께 우리를 방문했다. 로저는 행복해 보였고 직장을 구했으며 공부도 하고 있었다. 로저는 캠프힐에서 보낸 시간에 대해 고맙다는 인사를 하기 위해 온 것이었다. 그는 한때 자신이 '바보 같은 아이'였다고 말했다. 해를 거듭할수록 캠프힐을 떠난 사람들의 방문이 늘고 있다. 몇몇 사람들은 찾아오지 않더라도 정기적으로 조언을 구하기 위해 전화를 한다. 우리는 우리가 돌보는 사람들과 자유로운 관계로 발전하기 위해 항상 노력한다. 그들이 캠프힐을 떠난 후에도 그 노력은 지속된다. 아이들이 어디로 가든 이곳에 연락하고 싶을 땐 언제라도 할 수 있다는 것을 우리는 일러준다. 그러나 그들은 또한 더 넓은 세상으로 나아갈 필요가 있다. 그것이 그들이 온 이유(세상 속에서 독립적으로 살아가는 힘을 얻기 위해)이고 그들이 스스로의 여정을 계속하는 한 우리는 그들을 믿어야만 한다.

3장
캠프힐 학교 교육과정 들여다보기

폴라 모레인 Paula Moraine, 브리짓 한센 Birgit Hansen, 테리 해리슨 Terri Harrison

학년이 시작될 때는 개별화교육계획이 작성되는데, 여기에는 학생들의 요구가 중점적으로 반영된다. 개별화교육계획에는 장기 목표가 담기고 이를 토대로 단기 학습목표가 설정된다. 아동을 위한 적절한 치료가 필요하다고 확인되면 이를 아이들의 학교 일과에 포함시킨다. 교육은 하루 중 언제라도 일어날 수 있다.

발도르프 교육

모든 교육은 아동에게 무엇이 필요한가에 주안점을 둔다. 캠프힐 루돌프 슈타이너 학교의 특별한 교육방식은 1919년 루돌프 슈타이너가 독일 슈투트가르트에 최초로 건립한 발도르프 학교Waldorf School의 교육 철학에 근거한다. 이 학교는 학습에 어려움이 있는 장애아동의 교육을 위한 특별학급을 편성하면서 빠르게 확장됐으며 인지학적 특수교육의 시초가 되었다.

  캠프힐 학교에서 제시하는 특수교육적 접근은 발도르프 교육의 이론과 원칙, 실제에 기반을 두고 있다. 특수교육의 철학은 슈타이너의 수많은 교육서에 담긴 학습의 이상과 신념을 기초로 한다. 슈타이너는 인간이란 사고, 감성, 의지를 구성하는 신체, 영혼, 정신의 삼원성으로 표현될 수 있다고 지적했다. 발도르프 교육은 머리, 가슴, 사지를 조화롭게 하는 교육방식이라는 측면에서도 삼원성으로 표현된다. 우리는 모든 수업의 교수와 학습 활동에서 사고, 감성, 의지의 균형을 이루기 위해 노력한다.

발도르프 교육의 철학적 기저를 이루는 슈타이너의 일반인간학에서는 인간이 7년을 주기로 중요한 발달의 전환점을 맞는다고 본다. 첫 7년 동안(태어나서 7세까지) 아이들은 주로 활동과 모방을 통해 학습한다. 이 시기의 아이들은 자연스럽게 모방하려는 경향이 있고 모방을 통해 막대한 양의 학습을 소화한다. 이 시기 아이들이 가진 모방의 힘은 대단하다! 다음의 7년 주기(7세부터 14세까지)에 아이들은 생생한 상상력과 애정을 가진 권위자를 통해 배운다. 이 시기에는 교사와 새로운 신뢰관계를 형성하는 것이 중요하다. 가능하면 어디서든 교사는 초등교육 과정 8년 동안 같은 학급을 맡아 학습을 위한 안정된 토대로서 교사·학생 간의 관계를 돈독히 하는 것이 좋다. 바로 다음 시기(14세부터 21세까지)는 각각의 지식에 대하여 더욱 독립적이고 사실적·과학적인 접근을 중요하게 여기는 시기다. 이 시기 아이들은 개별적인 능력에 따라 논리적이고 구조화된 경험을 통해 성인기로 나아갈 준비를 한다. 그렇기 때문에 14세에서 21세까지는 실제적인 방법을 통해 많은 학습이 이루어진다. 이 시기의 아이들은 성인기에 필요한 기술과 능력을 갖출 수 있도록 도와주어야 한다.

특수교육의 원칙이 어떻게 실행되는가는 가장 중요하게 고려되어야 할 사항이다. 학교 전체가 하루, 한 주, 한 달, 한 해의 리듬을 유지해야 한다. 안정된 리듬은 학교생활에 대한 지속성, 예측가능성, 편안함을 알게 해준다. 반복적인 일과는 하루의 각 시간들에 대한 개념을 형성시키는 데 유용하다. 이를테면 학교에서 아침 시간에 일어나는 연속적인 일과는 시간 개념을 인식하게 한다. 주요 도구교과[1]를 배우는 주기 집중수업main lesson은 대략 한 달에 한 번씩 바뀌는 리듬이다. 연간 교육과정의 주제들을 첫 번째 주기 집중수업 시간에 전달하고 매일 아침 두 시간 동안 연속으로 주기 집중수업을 한다. 주기 집중수업은 자체의 구성과 리듬을 갖고 있으며 발도르프 교육과정이 제시하는 항목을 따른다. 주기 집중수업은 늘 주요 교과를 하나로 묶어서 진행한다. 이 수업을 마치면 특별한 기술을 형성하는 수업[2]으로 넘어간다.

학년이 시작될 때는 개별화교육계획Individual Educational Plan(IEP)이 작성되는데, 여기에는 학생들의 요구가 중점적으로 반영된다. 개별화교육계획에는 장기 목표가 담기고 이를 토대로 단기 학습목표가 설정된다. 아동을 위한 적절한 치료therapy가 필요하다고 확인되면 이를 아이들의 학교 일과에 포함시킨다. 교육은 하루 중 언제라도 일어날 수 있다.

발도르프 교육과정은 아동이 학습이나 의사소통에 어려움이 있다 할지라도 아동의 주요 발달 단계와 요구에 적절한 내용을 제공하도록 조정될 수 있다. 또한 교수법teaching도 각 나라의 기준에 따른다. 아이들이 최선의 결과를 얻을 수 있도록 사려 깊은 조화와 균형이 필요하다. 각 아동의 개별적 학습 요구에 부응하는 것은 캠프힐 학교에서 실천하는 강력한 교육정신의 일부이다.

---

1 읽기, 쓰기, 셈하기, 역사, 지리학, 동물학, 식물학 등-옮긴이
2 미술, 수공예, 체육, 오이리트미, 외국어 등-옮긴이

유아기 · 아동기의 놀이와 학습

유아기 프로그램은 자연, 놀이, 음악, 이야기로 이루어진다. 우리는 유아기 환경에 교육과 보육의 양면이 모두 필요하다는 것을 깨달았다. 교육과정은 이를 반영해야 하고 7세 이전의 아동 발달에 적합한 것이어야 한다. 놀이는 상상력을 증대시키고 아이들의 집중력을 발달 · 심화시키며 세상에 대한 이해력을 강화하고 창의성 · 사회 적응력 및 내적 융통성을 갖게 한다. 어린 아동의 학습 요구를 충족시키기 위해서는 의사소통, 모방, 상상 그리고 즐거운 경험을 누릴 수 있는 기회를 마련해야 한다. 숲속에서 산책하는 동안에, 노래하는 동안에, 상상놀이를 하는 동안에 이 중요한 학습목표가 실현된다. 아이들은 사회적 환경에 참여하고 의사소통하고 지시를 따르고 가치 있는 활동을 모방하면서 배운다. 이 과정은 언어, 유희, 공예, 인형극, 계절축제, 음악 그리고 의미 있는 일상의 과제를 이용한 활동들로 이루어진다. 어린아이들은 이와 같은 비非침해적인 조기 중재 프로그램non-invasive early intervention programme[3]에서 많은 것을 얻을 수 있다. 이 학습의 목적은 아이들이 학령기로 진입할 수 있도록 서서히 준비시키는 것이다.

　유아기가 1학년과 다른 점은 다양한 학교 규정에서 보다 자유롭다는 것이다. 공식적인 학습의 시작으로 하루 일과에 대한 체계적인 방식이 소개되더라도 여전히 놀이와 활동을 통해 배우도록 한다. 모든 학교 일과에는 두뇌와 신경체계 내의 학습 중추를 자극하는 활동이 들어 있다. 몸 전체의 활동 및 리듬

---

[3] 교사나 성인이 유아들의 활동에 지나치게 개입하지 않고 자연스러운 활동 안에서 이루어지는 중재 프로그램-옮긴이

을 수반하는 움직임은 흥분의 균형, 평형, 좌우 편측성 및 우월성을 자극하는 데 매우 중요하다. 모든 감각(시각, 후각, 미각, 열감각, 청각, 촉각)이 부드럽게 자극된다. 학생들은 공간적인 방향성(위/아래, 앞/뒤, 오른쪽/왼쪽)의 모든 범위를 체험하게 된다. 이러한 공간적 방향성은 시나 노래에 숨겨져 있거나 게임에 포함된 동작과도 관련된다. 각각의 주기 집중수업에 이 활동과 연습을 공식적으로 실시하는 리듬활동 시간이 있지만, 이러한 활동은 학교생활 중에서 다양한 방법으로 이루어질 수 있다. 주기 집중수업 시간 이외에 정규 교과수업으로는 음악, 시, 예술, 공예 수업이 있다. 초기 학령기에는 이 활동의 대부분이 감각 통합 및 다양한 상황에서의 의사소통 기술 습득의 기회가 된다.

주기 집중수업은 학생들이 한 학급에서 함께 배우도록 하며 개인의 능력에 상관없이 일정한 연령의 모든 아동들을 위한 적절한 교육과정 내용과 활동을 제공한다. 주기집중 외의 수업에서는 학생들의 능력에 따라 개별 교수 혹은 소집단 교수가 이루어지도록 학급이 분리된다.

1학년

발도르프 교육과정의 모든 학년에는 이야기를 들려주는 시간이 있다. 1학년의 이야기 수업에서는 주로 자연과 동화에 관련된 이야기를 들려준다. 그림 형제의 작품과 같이 상상력을 자극하는 전형적인 동화나 교사들이 자연에서의 체험을 바탕으로 창작한 이야기들이다. 며칠에 걸쳐 이루어지는 이 수업에서 학생들에게 이야기의 일부를 실연해보게 한다. 그렇게 함으로써 학생들을 이야기 안으로 몰입시킬 수 있다.

수학 시간에는 수의 특성, 숫자 세기, 수의 배열 그리고 더하기·빼기·곱하기 · 나누기의 사칙연산을 소개하기 시작한다. 리듬에 맞추어 수를 세고 움직이는 활동은 1학년 학생들에게 새로운 수학적 개념을 학습하고 기억하게 하는 데 아주 훌륭한 방법이다.

1학년의 읽기와 쓰기는 직선과 곡선이라는 조금은 뜻밖의 주제를 통해 시작된다. 우선 아이들은 직선과 곡선을 배우고 그리는 단계를 거쳐 문자를 익히며 문자로부터 단어를 익힌다. 마지막 단계에서는 각자가 그리거나 쓴 것을 읽는다. 1학년에서 읽기는 각자가 쓴 것을 읽는 것이며 쓰기는 그리기에서 비롯되는 것이다. 바꾸어 말하면 어떤 행동을 먼저 하고 나서 그것을 이해하도록 한다. 이러한 기본적인 학습 구성은 아동의 연령에 관계없이 반복된다.

2학년

2학년에는 1학년 때의 학습목표가 대부분 지속되며 특히 수학과 읽기 · 쓰기의 목표가 심화되고 강화된다. 이 시기의 낱말놀이, 어구 · 음성에 대한 이해는 이후의 읽기 · 쓰기 기술의 기초가 된다. 수학에서는 자릿수, 수의 수직적 배열 및 곱셈표multiplication table[4] 암기를 포함해 사칙연산도 계속하여 배운다. 2학년은 의사소통 및 간단한 작업을 통해 학습을 하는 시기이기 때문에 학생들은 점점 더 오랫동안 함께 앉아서 이야기를 듣고 소집단 프로젝트와 활동에 참여하는 시간을 늘린다.

2학년 교육과정에서는 인간이라는 존재와 자연 속 동물의 세계가 어떻게 다른지에 대해 언급한다. 아이들은 이솝 우화만 듣게 되는 것이 아니라 성인聖人

---

[4] 우리나라의 구구단과는 차이가 있으며 10×10, 12×12까지 있다.-옮긴이

들의 전설적인 이야기도 접하게 된다. 이는 2학년 시기에 나타나는 사회성 기술을 발달시키기 위한 교육과정이다. 교사들은 학급 내에서 아이들 간에 우정의 모양새가 변화하는 것을 인식하게 되는데, 이는 또래관계에 대한 학생들의 관심이 증가함을 보여주는 것이다. 아이들은 어떤 날은 '성인'처럼 행동했다가 다음 날에는 서로에게 관심을 보이지 않으면서 '견원지간'처럼 싸우기도 한다. 이러한 사회적 극단성은 성장 과정의 필연적인 과정으로 대부분 주기 집중수업에서 배양되는 상상력을 통해 구체적으로 발현된다.

3학년

3학년은 사회적으로나 실제 학업에서 매우 큰 진전을 보이는 시기다. 3학년 교육과정은 모든 것이 실제 작업을 토대로 구성된다. 수학에는 시간, 무게, 부피 등 '모든 것을 측정하는' 교육과정이 들어간다. 또 히브리인들의 구약성서 이야기도 듣게 되는데, 아이들은 인간이 권위 있는 대상과의 관계를 어떻게 설정하고 자신을 변화시켜가는지 그리고 어떻게 개인이 삶에 대한 책임감을 갖게 되는지에 대해 상상의 그림을 만들어가며 이야기에 참여한다. 집짓기, 옷 만들기, 농사짓기 등의 주기 집중수업 시간을 통해 아이들은 지상에서의 삶에 익숙해지고 편안함을 느끼게 되며 자연을 이용하는 법을 배운다. 이때의 실제 활동으로 아이들은 동물 농장에서 일하거나 밭에서 농작물을 기르는 등 바깥 체험을 한다. 그리고 교실에서는 이 시기에 비로소 책걸상이 배치됨으로써 공식적인 학습 환경이 만들어진다. 학교 일과 중 학업 부분은 학생 개개인의 능력과 학습 요구에 맞추어 더욱더 개별화되고 구조화된다.

4학년

4학년이 되면 학생들은 사회적인 독립과 개인적인 우정을 발달시키기 시작한다. 학생들에게는 스스로 책임질 수 있고 학급 안에서 공유할 수 있는 개별화된 프로젝트가 주어진다. 이 프로젝트는 학생 개개인의 특별한 강점과 관심에 맞춰 제공되며, 교육과정 내의 주요 교과수업 내용과 연관된다. 신에 대한 드높은 이상과 인간의 소망 사이의 이중성을 강조하는 북유럽 신화도 교육과정에 포함된다. 이 시기에 동물학도 배우는데 여기서는 자연계와 동물계에 대한 내용을 다룬다. 지리는 학생들이 살고 있는 지역에 대해 조사하는 활동에서 시작해 학교 주변으로 그리고 점차 더 넓은 지역으로 확장해간다. 읽기 또한 일부 학생들을 위한 기초적인 읽기 학습learning to read에서 학습을 위한 읽기 reading to learn 수준으로까지 진전한다. 말하기는 주요 교과수업에서 들은 이야기를 자신의 말로 다시 표현하도록 하는 방법을 통해 공부한다. 수학에서는 분수가 처음 등장하여 전체와 부분의 관계로 존재하는 개념을 이해하도록 한다.

중학교의 전인교육

중학교는 5학년부터 8학년 과정으로 대략 10~11세에서 13~14세까지의 연령에 해당한다. 십대 초반의 학생들은 대개 적극적이고 활기가 넘친다. 이 시기 동안 아이들은 충만한 호기심을 갖고 '탐색·탐구'하기를 갈망하며 '나를 찾으려' 노력한다. 신입생들은 열 살 혹은 열한 살쯤에 입학한다. 이들 중 일부는 일반학교에서 그럭저럭 잘 적응하며 지내온 학생들이다. 하지만 안타깝게도

적지 않은 학생이 일반학교에서 자신들의 요구를 적절하게 인정받지 못한 채 네댓 개의 학교를 전전하다가 비로소 캠프힐 학교로 온다. 이들은 집에서 통학하기도 하고 학교 기숙사에서 생활하기도 한다. 교사들은 가능한 한 자신의 학급을 계속 유지하지만 학급의 규모가 커지면 새로운 학생들을 위한 별도의 적응 과정을 두기도 한다. 사회적 또래집단이 더욱 중요시되는 시기이기 때문에 이 시기의 과정은 도전적이면서도 건강한 경험이 될 수 있다.

중학교 내내 음악과 예술 및 실제적인 활동들이 모두 수업에서 없어서는 안 될 중요한 역할을 한다. 이는 실제로 통합적인 방법으로 공부할 수 있는 기회가 된다. 모든 학생들이 비슷한 나이임에도 불구하고 다양한 수준의 능력을 가지고 있는데, 이는 각자가 또래와의 상호작용을 통해 자신의 강점에 대해 깨닫고 이해하는 기회가 된다. 이러한 사회적인 측면은 많은 학생들, 특히 자폐 범주성 장애를 가진 학생에게는 엄청난 도전이지만 교실이라는 사회적 '둥지'는 그런 학생들도 배우고 성장할 수 있는 안전한 공간이 된다.

사회 조직의 질이 교실에서 보내는 시간의 양에 달려 있는 것이 아니라는 사실을 인식해야 한다. 캠프힐의 야외 환경은 교실 바깥에서 훌륭한 학습이 이루어질 수 있도록 조성되어 있다. 많은 학생이 단지 평온한 산책 정도만으로도 좋은 영향을 받는다. 물론 어떤 학생들은 좀 더 구조화된 야외 수업에서 도움을 얻기도 한다.

매 수업시간(사실상 매학기)의 일과와 구조는 반복적인 방법으로 관용과 균형, 일관성과 지속성의 발전을 목표로 한다. 이것은 슈타이너-발도르프 교육의 중요한 원칙 가운데 하나다. 하루의 시작은 주기 집중수업으로 열게 되는데, 이 수업에서는 한 가지 주제가 3~4주 동안 이어진다. 역사, 과학, 문학, 지리학 등이 그 주제가 된다. 몇 주 동안 한 가지 주제를 탐구함으로써 예술적이고 실제적인 방법 안에서 각 과목을 위한 시간과 공간을 갖도록 한다. 이는 학생들의 각 주제에 대한 이해를 심화시키고 배운 것을 자신에게 그리고 세상에 충분히 적용할 수 있게 해준다. 모든 학생들은 자신의 능력과 상관없이 주기 집중수업 시간 동안 동일한 조건으로 그 주제를 경험할 수 있다.

각 주제에 대한 활동 시간은 다양한 교수방법에 따라 달라진다. 예를 들어 지리학 수업에서 어떤 학생은 연수정煙水晶에 관한 에세이를 쓴다. 어떤 학생은 모형을 만들고 어떤 학생은 언덕 그림을 그리며 또 다른 학생은 예전부터 토론해왔던 개념을 직접 경험하기 위해 언덕을 오를 수도 있다. 즉 모든 학생들은 같은 주제를 자신의 능력에 따라 다르게 공부한다.

5학년

대부분의 유럽 국가에서 5학년은 중등학교의 첫 해로서 전환의 시기이자 새로운 시작의 시기다. 열한 살의 학생들이 학급이나 교사가 바뀌지 않은 상태에서도 내적으로 변화하는 모습을 종종 발견하게 되는데, 이 나이는 자신의 주변에 대해 큰 호기심과 관심을 나타내는 생기 있고 적극적인 때이다. 이 시기 학생들은 대부분 건강하고 생동감이 넘치며 움직임과 신체적 활동을 좋아한다.

5학년 교육과정에서는 자기 고장의 지리를 소개함으로써 아이들의 관심을 촉발시키는데, 더욱 구조화되고 형식을 갖춘다. 동식물의 생활과 관련된 대지의 구성 그리고 인구의 생활방식에 대한 탐구도 이루어진다. 이런 주제는 다른 지역의 산업과 지리학적으로 중요한 곳을 현장학습하는 기회로도 발전한다. 식물학은 또 하나의 중요한 주제로서 1년 중에 일곱 번의 주기 집중수업이 제공된다. 5학년 학생들은 '실생활'에서 배우는 것을 아주 좋아하고 혼자 힘으로 알고 싶다는 욕구를 표현하기도 한다. 따라서 방문과 야외 활동은 지리학 및 식물학과 같은 주제를 내면화하는 데 매우 중요하다. 역사 수업에서는 고대 인도와 바빌로니아, 이집트, 그리스 문명을 통해 인간의 진보를 배운다.

많은 부모님들이 장애를 가진 자녀가 어떻게 고대사를 배우는지 궁금해한다. 이는 당연한 질문이다. 장애아동들에게 고대 역사는 현대의 세계와 연결시키는 것은 고사하고 우리가 받아들이는 것과는 꽤 동떨어져 있을 수도 있다. 따라서 실제적이고 참여적인 활동을 통해 역사를 배우도록 한다. 예를 들어 어떤 학급에서 수학 시간에 트로이 목마에 대한 이야기를 했다면 아이들은 두 명의 아이가 숨기에 충분할 정도로 큰 말을 만든다. 여기에는 실제적인 모든 활동(디자인, 자르기, 망치질, 색칠하기)이 포함된다. 동시에 그 프로젝트를 통해 풍부한 감각적 경험이 제공된다.

6학년

복도에서 6학년 학생들을 만날 때 우리는 깜짝 놀라게 되는데, 작년에 열한 살이었던 학생들이 모두 '튼튼한' 열두 살 학생이 되어 우아하고 생기발랄해져 있기 때문이다. 또 교실에서는 학생들이 혼자 힘으로 무엇인가를 찾고자 하는 욕구와 사실에 대한 커다란 열망을 가지고 있음을 느끼게 된다. 학생들은 더 이상 교사의 말을 의심 없이 무조건 받아들이지 않는다. 12세 학생들은 갑자기 시끄러운 음악과 크고 색이 강한 포스터를 좋아하기 시작한다. 그들은 '사실에 대한 열망'뿐 아니라 강하고 자극적인 느낌도 갈망한다. 6학년 교육과정은 이러한 학생들의 요구를 반영하여 이와 관련된 과학적 주제들, 즉 소리 · 빛 · 색채와 관련된 과학(예를 들어 음향학이나 광학)을 소개한다. 이제 정확한 관찰을 위해서는 연습이 필요하게 된다. 왜냐하면 이 주제들에서 요구되는 것은 현상을 관찰하여 법칙으로 표현하는 것이기 때문이다.

그 밖의 다른 과목에서도 사고의 명확성에 대한 요구가 강조된다. 기하학을 예로 들어보자. 조정력과 운동기능이 부족한 학생은 자와 컴퍼스를 가지고 정확하게 도형을 그릴 수는 없지만 움직임을 통해 기하학적 패턴을 체험할 수 있다. 실제로 교사는 기하학 수업시간에 배우는 다양한 모양들을 춤으로 표현해낼 수도 있다.

6학년 역사 수업에서는 로마와 중세를 다룬다. 역사는 학생들 자신의 삶과 경험의 일부가 된다. 슈타이너는 이 연령대의 학생들에게 역사를 가르칠 때 구경꾼이 아니라 참여자의 눈으로 바라볼 수 있도록 가르치라고 강조한다. 우리가 새롭게 발견한 관측 기술은 로마인과 당시 사회가 증명한 것과 유사한 의식의 단계를 보여준다. 정밀하고 명확한 법규의 필요성 또한 마찬가지다. 이외에도 우리의 문화에는 로마 시대로부터 이어져 내려온 많은 특징들이 내재되어있다.

7학년

복도를 따라 더 가면 우리는 7학년의 시끌벅적한 소리를 듣게 된다. 그들은 크리스토퍼 콜럼버스에 대한 연극을 준비하고 있다. 13세는 감성적이고 생기 있는 연령으로, 내적 탐색 및 감성의 깊이가 외향적이고 무언가를 끊임없이 알고 싶어하는 본성에 의해 균형이 잡혀가는 시기다. 이 시기 청소년들은 르네상스 시대의 위대한 탐험가와 과학자들에 대해 갈망과 동경뿐 아니라 그들의 노고를 확인할 준비까지 되어 있다. 7학년 학생들과 함께하는 것은 산타마리아호[5]에서 1년을 보내는 것과 같은 일이다. 물리학 수업시간에 역학에 대해 공부하며 경험했던 원치, 도르래, 나무판으로 '배'를 만든다. 그 배 안은 탄수화물, 단백질, 괴혈병을 방지하는 비타민 등이 적절한 균형을 이룬 영양가 높은 음식들로 '꽉 채워져' 있다. 영양학, 건강, 위생과 관련하여 그들에게 구체적으로 어떤 지식이 필요한지는 주기 집중수업을 통해 명확해진다.

컴퍼스나 6분원 그리고 그 외 선원들이 사용하는 도구들에 대해서는 천문학 수업에서 논의된다. 즉 이 연극을 준비하는 데 7학년에서 공부한 모든 과목이 포함되는 것이다. 이것은 매일 교실에 붙어 있는 것을 힘들어하던 예민한 학생조차 스스로 학교 프로그램에 참여하게 만든다. 그 아이가 리플렛을 만들고 무대 장치를 색칠하거나 배 모양의 과자를 구울 수도 있다. 자아 탐색을 위한 새로운 욕구가 다른 사람의 감정과 느낌은 물론 학생 자신의 이해를 심화시키는 연극 수업을 통해 가능해진다.

8학년

중학교에서의 마지막 해는 사춘기라는 '거품'이 청소년기에 대한 혼란으로 바뀌는 중요한 전환점이다. 청소년들은 내적으로 커다란 변화를 겪게 되는데 그들은 이러한 변화를 이해하기도 힘들고 표현하는 데도 어려움을 느낀다. 역사 수업에서는 변화의 시기, 예를 들어 미국과 프랑스혁명 등에 관해 다룬다. 이 시기의 청소년들은 자유와 평등에 대한 요구에 쉽게 일치감을 느낀다. 그리고

---

5 콜럼버스가 신대륙 발견에 사용한 배-옮긴이

그 후에는 그런 변화에 따른 깨달음을 통해 책임감도 알아가게 될 것이다.

물리학 수업은 공기와 물의 역학에 초점을 둔다. 학생들은 다양한 종류의 펌프와 증기기관에 대해 배우고 그것을 함께 만들어본다. 그렇게 함으로써 이러한 기계를 최초로 만든 발명가와 그들의 노력 그리고 이러한 혁신이 사회에 어떤 영향을 미쳤는지 이해할 기회를 갖는다. 과학 수업에서는 내적·외적 변화라는 주제를 다룬다. 해부학에서는 특히 골격과 근육의 구조에 초점을 둔다. 지리학 수업에서는 세계 전체와 국가 간의 산업교류 및 무역, 문화적 교류에 대해 배운다.

많은 청소년들이 자의식을 느끼고 예민해지며 좀 더 내성적이 되어가는 이 시기에 지리학은 타인에 대한 인식 확장을 통해 세계 전체와 연결되어 있음을 느끼게 함으로써 치유효과를 가져올 수 있다. 이런 교육은 저녁식사 시간에 식탁 위에 어떤 음식이 놓여 있는지 살펴보는 것에서부터 시작할 수도 있다. 얼마나 많은 생산품이 다른 나라에서 여기까지 왔는가? 그곳은 어떤 나라인가? 기후는 어떠한가? 그 나라 사람들의 생활방식에 대해 무엇을 알고 있는가? 그들은 어떤 조건 하에서 일하고 있는가? 배움과 설명의 가능성은 끝이 없다.

8학년 학생들은 대부분 14세의 아이들이다. 어떤 아이에게는 이 무렵이 암울한 시기가 될 수도 있고 어떤 아이에게는 롤러코스터를 타는 것 같은 느낌일 수도 있다. 이 시기에는 예술 수업이 더욱 중요해진다. 학생들은 학교생활 내내 데생, 수채화, 모형 만들기를 한다. 이는 다른 수업과 함께 이루어지기도 하며 그렇게 함으로써 한 가지 주제를 심화하고 향상시킨다. 8학년 학생들은 목탄화와 검은색만을 사용한 '흑백' 그림을 그린다. 이것은 청소년기가 다가와 외부 세계가 어둡고 불공평해 보일 때 강한 치유효과를 준다. 즉 교육과정은 치료의 수단이 될 수 있다. 그러나 교육은 머리(사고), 가슴(감성), 사지(의지)가 건강하게 균형을 이루고 학생들이 스스로의 잠재력을 인식하기 위해 노력하는 존재임을 배울 때 진정한 치유가 될 수 있다.

   5학년부터 12학년까지의 학생들은 매일 다음과 같은 시를 낭송하며 하루 일과를 시작한다.

이 세상을 바라본다
태양이 빛나고
별이 반짝이고
돌이 펼쳐져 있다
식물은 활발하게 자라고
동물은 느끼며 생동한다
인간은 영혼이 불어넣어져
정신이 사는 집이 된다

영혼 속을 바라보니
그것이 내 안에 살고 있다
신의 정신이 살아 움직인다
태양과 영혼의 빛 속에서
우주공간 저 바깥에서
깊은 영혼 바로 이 안에서

당신을 향하여, 오, 신의 정신이여

간구하건대,

배우고 일하기 위한

강인함과 축복과 기술이

내 안의 깊은 곳에서 자라게 하소서[6]

이 시는 외부 세계와 내적 영혼의 세계 사이에서 아이들이 스스로의 잠재력을 실현하는 문제에 대해 말하고 있다.

고등학교의 심화 학습과 직업 준비

발도르프 교육과정의 치유 가능성은 고등학교에서도 지속된다. 청소년들은 14세에 마지막 단계인 고등학교에 들어가게 되고 중학교 담임교사와 작별한다. 새로운 선생님과의 관계는 중학교 때와는 조금 차이가 있다. 중학교 시절 담임교사의 애정 어린 지도와 달리 고등학교 교사는 각 교과목의 권위에 더 중점을 둔다. 유아기에서 학령기 초반에는 '선함goodness'의 원칙에 열중하고 초등학교 과정인 8학년까지는 '아름다움beauty'의 원칙이 적용된다면 이제 9학년부터 졸업 시기까지 이들을 이끄는 원칙은 '진실truth'이다. 9학년 이상 교사들은 학생이 자연의 법칙과 진화론 및 문화의 발전 그리고 자신을 둘러싼 주변 세계

---

6 루돌프 슈타이너의 '고학년을 위한 시'-옮긴이

와 인간 존재의 복잡한 상호관계를 형성하는 근원적인 진실에 대한 열정을 품도록 도울 필요가 있다. 고등학교 과정 내내 진실을 발견하기 위한 열정을 발전시키며 또한 학생 자신의 이상과 개인적 가치를 세우는 일을 돕는다. 열의를 가진 교육은 자의식과 청소년기의 '고통'을 주위 세상에 가치를 불어넣는 경외심으로 끌어올린다.

담임교사는 학생 스스로 품행과 관심, 성취감, 희망, 두려움 등을 숙고하도록 도와줌으로써 학생들의 발전을 이끄는 '학급 후견인'이 된다. 고등 과정 교사의 과제는 학생의 모든 삶에 적극적인 관심을 가지고 관여함으로써 학생들이 사고, 감성, 의지에 독립심을 갖도록 촉진하는 것이다.

머리, 가슴, 사지에 대한 교육의 성과는 고등 과정에서 확연히 드러난다. 14세에서 18세의 청소년들은 풍부한 경험 중심 학습의 성과로 사유에 대한 새로운 방식을 발달시킨다. 청소년들은 이제 세상에 대한 이해를 확장시킬 준비가 된다. 어린 시절 교육은 물론 모방과 상상력을 통해서도 도덕적 판단의 씨앗이 성숙했고 그 후 교육 과정에서 창의성, 경험학습, 예술적 상상력 배양 훈련을 통해 세상에 대한 애정과 흥미가 길러졌다. 고등학교 이전부터 시작된 사고, 감성, 의지의 배양은 고등학교 시기에 이르면 건전한 도덕적 판단과 강한 개인적 가치, 개인적인 이상으로 열매를 맺는다. 고등학교 과정은 학생들이 주변 세계에 적극적으로 참여하고 타인에 대한 연민과 공감을 발달시킴으로써 자기 자신을 발견하는 데 목적이 있다. 청소년기에는 창조적으로 사고하고 균형감 있고 깊이 있는 감성을 발달시키며 자신의 이상과 창의성 그리고 자신을 둘러싼 세상에 대한 애정을 실현하도록 해야 한다.

장애를 가진 학생들은 청소년기에 접어들고 자신의 개별성을 더욱 강하게 경험하기 시작하면서 개인적인 한계와 배움의 장벽, 개인의 잠재력 향상 과정에 놓인 장애물을 인식하게 된다. 이 시기는 개인적인 위기가 될 수도 있다. 특수교육과 더불어 상급 학년 교육과정은 이러한 의문과 두려움, 자기 의심에 대한 치유적 반응으로 작용한다. 학생들은 이러한 어려운 시기를 통과하며 스스로를 가치 있게 여기는 강하고 자신감 있는 청소년으로 성장하며 자신이 세상에 기여할 수 있다는 생각을 갖게 된다.

9학년

9학년은 14~15세에 해당한다. 상급 학년으로 올라가는 큰 변화에 비해 과목은 그리 차이가 없다. 9학년의 교과목은 학생들의 논리적 사고력과 판단력을 길러주는 것이 목표다. 학생들은 상호 관련성 있는 전체로서 세계를 받아들이고 연속체로서 인간의 역사를 바라보기 시작한다. 미술사 시간에는 시대별 예술 발전의 역사를 배운다. 학생들은 인류가 발전해옴에 따른 양식의 변화뿐 아니라 예술 목적의 변화까지 공부한다. 또한 협동학습 및 개별연구 등을 통해 각 주제를 관찰하고 실제적으로 참여하여 토론하고 이해하는 방법을 배운다. 이 과정의 마지막에 학생들은 인류 역사를 전체적으로 개관할 수 있게 된다. 많은 학생들은 이 과목의 주기 집중수업을 통해 개인의 취향과 의견을 인식하고 표현하는 방법을 배운다. 의사소통의 도구로서, 내적 경험의 외부적 표현으로서, 그리고 상상력에 형태를 부여하는 수단으로서 예술의 힘에 대해 경험한다.

풍부한 예술 수업이 9학년에서 배우는 많은 과학적 주제를 통해 균형을 이루게 된다. 6, 7, 8학년에서 배운 관찰과 추론, 가정에 대한 기술은 9학년의 물리학, 화학, 인체생물학을 통해 더욱 발전된다. 두 번의 물리학 주기 집중수업은 증기기관과 전화의 발명에 대해 소개함으로써 역사 과목과 연결시킨다. 물리적 과정에 대한 이해 및 모형 제작과 과학적 법칙에 대한 실험을 통해 학생들은 이 발명품들이 사회에 끼친 영향을 이해하게 된다. 그것을 만들어낸 사람들의 이상과 통찰력 그리고 변화를 일으키는 데 필요한 열정을 알아가게 된다. 학생들은 또한 인간이 자연을 이용하고 변화시키는 힘을 보며 인간이 세상에 대해 가지고 있는 책임을 이해하기 시작한다. 이 수업을 통해 모든 학생들은 '어떻게 이것이 작동하는가'의 질문을 할 기회를 갖고, 기계가 물리적 법칙과 인간의 창의성에 따라 만들어진 정교한 도구임을 이해하게 된다.

9학년 교육과정에서는 과학과 예술을 중요하게 다루는데, 인문학이 이 과정의 배경을 제공해준다. 지리학에서 학생들은 지구의 광물 구조와 지구의 힘, 산이 만들어지는 과정과 지각판의 움직임을 조사한다. 그리고 힘의 변화가 하나의 주제가 된다. 또 학생들은 지구 전체를 연구함으로써 명실상부한 '세계관'을 형성하기 시작한다. 따라서 9학년 학생들은 주변 세계에 대한 주의 깊은 관찰을 위해 자신의 감각을 사용하고 판단과 이해를 위해 새로운 사고의 힘을 이용한다. 또한 인간의 창조력과 파괴력에 대해서도 배운다. 이는 조화와 비교의 균형을 찾기 위한 교육으로, 흑백 명암 기법을 강조한 예술 작품에서처럼 도덕적·윤리적 문제들을 상기시킨다.

상급 과정 학생들은 읽기, 쓰기, 수리, 언어, 의사소통, 운동 및 감각통합에 대한 공부를 계속한다. 14세나 14세가 넘어서도 언어와 수학에 관한 교수법과 학습 진단·평가 기준은 국가 지침에 의해 제공된다. 숙제 및 자율학습 또한 상급 과정에서는 중요하다. 몇몇 학생들은 개인적으로 관심 있는 주제 또는 주기 집중수업과 관련된 주제를 연구한다. 결과는 문서화하거나 혹은 구두로 프레젠테이션한다. 학생들은 혼자 힘으로 생각하거나 다른 학생들과 협력하는 문제 해결 활동에 도전하게 된다.

    정보통신기술도 상급 학년의 교육과정에서 중요한 부분을 차지한다. 정보통신기술은 학습을 지원해주고 특수화된 소프트웨어와 기계장치의 이용으로 다양한 교과목에 접근하도록 도와준다. 인터넷은 학생들의 조사와 의사소통에 이용된다. 언어와 의사소통의 학습은 다른 과목 및 일상생활과 통합되어 제공된다. 이는 사회성 기술 발달과 말, 기호, 상징을 이용할 수 있는 의미 있고 적절한 상황을 제공해주기 위한 것이다. 마찬가지로 운동 및 감각 수업은 기술 훈련 및 공예 수업과 연관된다.

10학년

15세에서 16세의 청소년들은 계속해서 사고 기능을 발달시키고 사춘기 초기에 나타나는 정서적 혼란 속에서 좀 더 균형을 갖게 된다. 10학년의 목표는 학생들이 내적 평정을 찾고 스스로 자기 조절을 하도록 도우며 균형감을 키워주는 것이다. 이 시기의 교육과정에는 대부분 정확성과 세심함이 요구된다. 학생들이 새로운 기술을 사용하기 시작하고 점차 신체와 감성, 사고의 주인이 되어가는 시기이기 때문이다. 인체생물학에서 학생들은 호흡과 순환 과정에 특히 주의를 기울이면서 인간 신체의 주요 기관에 대해 배운다. 인간의 규칙적인 순환을 인식하고 인간의 모든 순환작용에 균형과 조화가 중요함을 깨닫는다. 그들은 또 심장과 호흡 등의 생리학 연구를 통해 감성의 특성을 탐구하며 건강과 질병에 관한 중요한 측면들을 발견한다. 가장 중요한 것은 생명의 신비 그 자체이며 인간의 형태와 기능, 작용의 아름다움과 경이로움을 통해 인간존중의 가치를 배우는 것이다.

자신을 둘러싼 주변 세계에 대한 존중과 책임감은 지리학에서도 탐구된다. 10학년에서는 전 세계가 대상이 되는데, 학생들은 공기와 물의 특성과 활동에 대해 조사함으로써 리듬감 있고 상호 의존적인 순환체계에 대해 배운다. 해류, 물과 공기의 순환, 지구의 대기층에 관한 내용이 주기 집중수업의 주요 주제가 된다. 다시 한 번 학생들은 인간이 환경에 미치는 영향과 우리가 살고 있는 세계에 대한 책임에 대해 생각할 기회를 갖는다. 화학 수업에서는 산과 알칼리의 속성에 대한 연구를 통해 자연 속에서의 양극성을 알고 나아가 자신의 내적 삶에서의 양극성을 탐구해간다.

10학년의 교육과정 내내 학생들은 통찰력을 바탕으로 자신의 사고를 적용하고 선택, 결정하는 방법을 배운다. 학생들이 자신의 사고와 문제 해결 기술을 적용해볼 수 있는 실제 학급 프로젝트가 10학년에서 시작된다. 여기서는 학생 자신의 사고와 문제 해결 기술을 적용하는 능력이 요구되며 동시에 팀으로 작업하면서 사회성을 배우게 된다. 학교 작업장에서의 공예 작업 역시 학생들이 실제 기술과 개인적·사회적 기술을 발달시키기 위한 중요한 기회이다(11장 '공예' 참조). 많은 학생들이 10학년에서 배운 실제 학업을 통해 타인에 대한 이해와 함께 스스로를 가치 있게 여기는 방법을 배운다.

11학년

학생들이 학교를 떠나게 되는 16세가 되면 캠프힐에 남아서 학교교육을 계속 받을 것인지, 캠프힐을 떠날 것인지에 대해 신중히 결정해야 한다. 부모와 사회사업가, 교육심리학자 및 캠프힐의 스태프들은 학생이 다양한 선택을 검토하고 결정을 내릴 수 있도록 조력한다. 만약 학생이 캠프힐에 남기로 결정하면 공식적인 학교교육의 마지막 2년은 직업 중심의 경험을 더 할 수 있도록 배려된다. 그들의 삶에 중요한 영향을 미치게 될 이 결정의 과정은 두려움일 수도 있으나 한편으로는 스스로의 역량을 강화하는 일이기도 하다. 학생들은 이 시점에 이르러 독립성을 키우기 위해 한 걸음 더 나아가며 더욱 성숙해지고 책임감을 갖게 된다. 결과적으로 11학년의 분위기는 10학년 때와는 사뭇 다르며 성숙함과 자신감이 분명하게 나타나기 시작한다.

이 시기의 많은 학생들은 자신의 정체성과 삶의 목표에 대해 의문을 품기 시작하는데, 이는 1년간의 주기 집중수업 주제를 통해 탐색된다. 볼프람 폰 에센바흐가 쓴 중세의 서적 《파르치발*Parzival*》[7]이 11학년의 주요 주제 중 하나다. 이는 젊은 기사가 자신의 정체성과 운명을 찾아가는 이야기로, 자신의 나약함을 극복하기 위해 노력하고 잘못된 선택의 결과에 대해 용감하게 맞선다는 내용이다. 이 이야기에서 파르치발은 자신의 잘못을 정정한 뒤 공감과 연민을 찾고 타인의 고통을 치유해준다. 이 이야기는 문학뿐 아니라 예술 작품과 드라마로도 연구된다. 또한 11학년의 역사 수업에서 중세 시기를 연구하는 데 배경이 되어주기도 한다.

11학년에 발생학을 배우면서 인체생물학 공부는 크게 발전한다. 이 과목을 통해 학생들은 자신의 정체성과 운명에 대한 의문들을 탐구해갈 수 있다. 물리학 수업에서는 무선과학기술로 관심을 돌려 라디오 발명에서 인공위성 기술

---

[7] 1200~1210년에 발표-옮긴이

까지 다루며 그것이 쓰이는 휴대폰, 컴퓨터공학, 텔레비전에 관해서도 공부한다. 과학 수업을 통해 학생들은 단세포의 형태와 기능에서부터 시작하여 우주로까지 범위를 넓혀 이해를 시도하며 소우주와 대우주를 발견해간다.

11학년에도 계속 공예 작업장에서 일을 하며 이와 별개로 직업 체험을 위해 작업장에 배치되기 시작한다. 직업 체험을 위한 작업장은 캠프힐 학교 안에 있다. 주로 부엌이나 세탁장, 생필품을 만드는 작업장이며 혹은 다른 지역의 캠프힐 공동체에서 일할 수도 있다. 마을의 상점, 농장, 빵집 등에서 노인들과 함께 일하기도 한다. 11학년의 끝으로 가면서 소수 학생들은 지역공동체의 작업장에서 일할 준비를 하거나 지역의 상점에서 일할 기회를 얻기도 한다(어떤 학생들은 애버딘 대학에서 시간제 학과 과정 중 하나에 출석하기로 결정되기도 한다).

11학년의 모든 학생들은 직업 연수나 프로젝트, 실제적인 수업을 통해 독립적인 기술을 향상시킬 기회를 갖는다. 읽기, 쓰기, 셈하기, 의사소통 및 운동 능력과 같은 기본적인 기술 교육은 일관되게 계속되며 소집단 또는 개별적인 방법으로 제공된다. 몇몇 학생에게는 이 기본 기술이 생활 기술과 독립적으로 살아가는 기술을 배우는 데 꼭 필요하다. 그 외 다른 학생들은 국가 자격증을 따기 위한 일을 선택하기도 한다.

12학년

학교 교육에서 성인기 교육 및 직업 세계로의 전환은 청소년기 누구에게나 흥미롭거나 혹은 두려운 일이며, 특히 장애를 가진 청소년들에게는 더욱 그렇다. 12년간의 발도르프 교육은 학생들에게 탄력성과 독립성, 자신감 그리고 세계 안에서 자신의 위치를 알게 함으로써 삶에 대한 목적의식을 갖도록 준비시킨다. 12학년은 11학년과 마찬가지로 주기 집중수업 시간에 전체 학급 수업을 하고 나머지 시간에는 직업 체험, 대학 진학, 기본 기술 및 생활 기술 수업을 받는다. 12학년의 학생들은 개별적으로 학습하려는 경향이 있다. 따라서 주기 집중수업은 조사와 경험 공유를 통해 나머지 학과 수업을 재구성하는 시간이 된다.

12학년의 주기 집중수업 주제는 세계와 세계의 현상, 세계사를 통한 인간성의 발달을 종합적으로 이해하며 전체 교육과정을 통합하는 것이다. 시대별로 인간의 발달과 사회 및 문화의 발달을 강조하는 주요 주제를 다루며 인류의 전체 역사에 대해 공부한다. 12학년의 미술사 수업에서는 건축의 발달을 중점적으로 배운다. 동물학 주기 집중수업에서는 동물의 세계에 대한 개관과 자연에서 인간의 위치를 알려주는 동물 해부학 및 인체 해부학을 모두 다룬다. '사회적 책임'은 사회적·경제적 지형도뿐 아니라 기술이 사회와 환경에 미치는 영향과 관련해서도 중요한 주제다.

졸업식 날은 캠프힐 슈타이너 학교 모든 학생의 삶에 매우 중요한 날이다. 학생들은 12학년의 많은 시간을 가족과 친구, 이전의 교사들, 하우스 코디네이터 및 수년간 함께 지내온 그 외 다른 사람들을 초대하는 이벤트를 준비하며 보낸다. 졸업 연극이나 다양한 예술 활동 발표를 준비하는데, 이는 마지막으로 학급 프로젝트에 함께 참여할 기회이다. 학생들이 학령기 내내 각자 얻게 된 자신감과 사회적 인식, 솔선 및 창의성에 대한 예술적 표현이기도 하다. 학생들은 졸업 기념 선물로 학교의 모든 사람들이 함께 만든 그림, 시, 개인적 추억이 담긴 문집을 받는다. 이것은 앞으로 고이 간직될 기념선물이다. 졸업은 과거의 업적과 미래의 희망에 대한 하나의 축제다. 개인의 성과에 대한 기념이

자 청소년들이 맞을 성인기 삶에 모든 이들이 애정과 희망을 보내주는 시간이기도 하다. 졸업은 학생들의 삶에 하나의 종지부를 찍음과 동시에 새로운 삶의 시작을 알리는 일이다. 우리는 캠프힐 슈타이너 학교를 떠나는 젊은이들이 인류에 대한 애정 어린 관심과 무엇보다도 세계에 중요한 공헌을 하는 한 인간으로서 스스로에 대해 신념을 보여주기를 기대한다.

4장
캠프힐에서 사회로

로렌스 알프레드 Laurence Alfred

캠프힐의 교육 목적은 학생들이 한 인간으로서 자신의 잠재력을 최대로 성장시켜 '세계 시민'이 될 수 있도록 준비를 도와주는 것이다. 우리는 학생들에게 제공하는 모든 것이 그들의 내면적인 힘을 길러주어 그들이 자신 있게 미래를 맞이하게 할 수 있으리란 신념을 품고 있다.

장애아동의 전환은 더 어렵다

아이가 학교를 졸업해야 하는 시기가 다가오면 부모님들은 걱정과 당황스러움을 느낀다. 아이에게 다가올 삶이 현재와는 다를 것이기 때문이다. 학생들은 종종 "학창시절이 네 인생에서 가장 행복한 시기다"라는 말을 듣는다. 부모들 역시 같은 말을 들으며 자랐다. 학교를 떠날 시기가 다가오면 모든 부모는 아이의 학창시절을 돌아보게 된다. 몇 년 동안 매일 반복되던 아이의 일과가 졸업과 동시에 사라질 것이다.

장애학생들의 경우를 생각해보자. 이 아이들에게는 유치원에서 초등학교로, 초등학교에서 상급 학년으로, 그리고 졸업으로 이어지는 전환transition이 그리 쉬운 일이 아니다. 부모님들은 여러모로 미숙하고 어린 자녀가 학교를 떠나는 것을 불안해한다. 사실상 이런 걱정은 자녀가 장애를 가졌다는 말을 듣거나 알게 되는 시점부터 시작된다. 그리고 그들은 같은 고민을 가진 다른 부모들로부터 많은 이야기를 들었다. 자녀에게 특수교육을 받게 하기 위해 체제와 맞서 싸워야 하는 삶에 대해서 말이다.

많은 학생들이 캠프힐 학교에 오기 전에 학교를 한 번 이상 옮긴 경험이 있다. 정치적 혹은 경제적인 이유로 지역의 일반학교에 통합되었던 그 아이들은 '체제의 피해자'이다.

원활한 환경 변화를 위해

캠프힐 학교의 생활과 졸업 이후 사이에 가능한 한 원활한 환경 변화가 이루어지도록 관련자들은 함께 노력해야 한다. 또 전환 시기의 학생들을 지원하는 특수교육을 제공해야 한다. 이것이 전환 교육의 목적이다. 캠프힐의 교육 목적은 학생들이 한 인간으로서 자신의 잠재력을 최대로 성장시켜 '세계 시민'이 될 수 있도록 준비를 도와주는 것이다. 우리는 학생들에게 제공되는 모든 것이 그들의 내면적인 힘을 길러주어 그들이 자신 있게 미래를 맞이하게 할 수 있으리란 신념을 품고 있다. 학생들의 졸업 이후와 학생의 미래에 대해 생각하는 것은 언제라도 결코 이르지 않다. 부모님들은 이 문제에 대해 생각할 시간이 필요하다. 학생이 언제 떠날지 혹은 어디로 가야 할지를 결정하는 것은 학교가 아니지만, 그럼에도 우리는 어려운 입장에 처하게 된다. 결정을 내리는 이들은 학생 자신과 부모 그리고 지역 사회복지 서비스 당국이다.

우리의 경험상 졸업 후 정착까지의 과정은 매우 어려운 문제다. 그 이유는 다음과 같다.

- 16~18세 학생들은 아직 자신의 미래를 결정할 수 있을 만큼 성숙하지 않다.
- 부모님들은 아이가 캠프힐 학교라는 '안전한' 환경에서 벗어나 '낯선' 환경으로 가야 한다는 사실을 받아들이기 힘들어한다.
- 자녀를 캠프힐에 보내기까지 매우 힘들었음을 기억하는 부모님들은 이미 지쳐 있다.
- 이전에 사회복지사가 캠프힐 입소를 주선했던 학생들은 '위기 관리crisis management' 시스템에서 우선순위가 뒤로 밀리게 된다.
- 학생들의 다양한 특성을 충족시켜주는 질 높은 프로그램이 졸업 이후에는 많지 않다.
- 사회통합정책은 진정한 열린 논의에 반하여 이루어지고 있다. 학생들은 정치적 주사위에 의해 대부분 지역사회의 몇몇 주거 지원 형태에 배치된다.
- 졸업 후의 진로는 때로 그 학생에게 얼마나 잘 맞을지보다는 경제적인 측면을 반영해 결정된다.

따라서 우리는 전환 과정에서 학생들을 이끌어주어야 한다는 책임감을 느낀다.

캠프힐을 떠나는 절차

일반학교로의 전학

우리는 학생들을 일정 기간 동안 맡았다가 국가기관이나 다른 시설로 다시 보내는 것에 대해 지방 당국과 오랫동안 논의한 적이 있다. 이는 어린 아동일수록 자기 행동이 덜 형성되어 교육적 개입이 수월하므로 캠프힐에서 제공해줄 수 있는 것이 더 많다는 신념 때문이었다. 그래서 일정 기간 동안 아이들을 맡아 통합학교로 돌아가기 전 적합한 특수교육 프로그램을 받게 한다는 생각이었다. 동시에 가족 지원을 위한 체계도 마련해 아이가 다시 가정에 돌아갔을 때 마음 놓고 활동할 수 있는 안전한 환경을 만들어주려 했다. 지난 반년 동안 우리는 5세, 6세 아동 두 명을 받아들인 후 이 아이들이 얼마나 성공적으로 일반학교로 재통합되는지를 지켜보았다.

개개인의 필요를 고려할 때도 캠프힐 학교에서 일반학교로의 직접적인 전학은 매우 성공적이다. 또한 점진적인 전환 과정이라면 더 바람직할 것이다. 이와 같은 전환 과정은 비록 장애학생을 위해 설립된 학교가 아니지만 캠프힐과 동일한 교육과정을 제공하는 애버딘 발도르프 학교를 통해 이루어질 수도 있다.

퇴학

학교가 특정 학생의 요구를 충족해주지 못하는 상황이 벌어질 때도 있다. 이와 같은 상황 속에서 전문가들은 대개 학생의 사정을 잘 알고 이해한다. 학생을 퇴학시키는 등의 결정은 다양한 검토 후에 이루어지며 가능한 한 정학을 우선으로 한다. 캠프힐 학교에서는 관련자들이 퇴학에 대한 방침을 함께 협의한다. 퇴학 방침은 다음과 같다.

학생을 관리하는 것이 힘들거나 갑자기 문제가 생겼을 때 최선의 방법을 결정하기 위한 긴급 검토가 사흘 이내에 이루어진다. 그러나 이는 예를 들어 학생이 자신 혹은 타인에게 위협을 가하는 등의 매우 극단적인 상황일 때다.

졸업

캠프힐에 다니는 모든 학생들은 공인된 특정 특수교육적 요구를 충족시키기 위해 필요한 서비스 개요와, 진단평가 결과를 기록한 요구 목록 기록Records of Needs을 갖고 있다. 그리고 14세 즈음에는 미래 요구 평가Future Needs Assessment를 실시한다. 미래 요구 평가는 요구 목록 기록에 대한 공식적인 재검토로, 학교를 졸업한 후에 선택할 수 있는 배치의 범위를 논의하는 것이다. 이것이 캠프힐에서 다음 환경으로의 전환을 준비하는 공식적인 첫 단계다. 그전에는 사회복지 당국이 관여하지 않았을 수 있지만 이 시점에서는 학생이 1986년 재정된 장애인법Disabled Persons Act에 규정된 '장애인disabled person'인지 아닌지 판단하기 위해 지방 당국의 사회복지사가 과정에 참여한다. 그리고 참여한 공무원은 우선적으로 그 학생이 지원 고용[1]에 더 적절한지, 대학에 가는 것이 적절한지 평가한다.

이 모임 후 학생의 미래에 대한 계획을 모은다. 이 계획은 최소한 1년에 한

---

1 취업 현장에서 직접 도움을 주는 장애인 서비스 체계-옮긴이

번씩 재검토되어야 한다. 이 단계에서 학생이 자신의 미래에 대해 의견을 가질 권리가 있다는 것을 기억해야 한다. 그런데 이 의견은 그 학생을 가장 잘 안다고 믿는 사람들과 일치하지 않을 수도 있다. 때로 캠프힐에서 학생의 의견을 심각하게 받아들이지 않는 함정에 빠지곤 하는데, 이는 학생들이 문제행동을 통해 자신의 의견을 표현하기 때문이다.

학생과 관련된 모든 이들이 일찍부터 계획 과정을 시작하면 전환은 보다 원활하게 이루어진다. 그러면 학생은 졸업 후에 적절한 지원과 준비된 상황 안에 있을 수 있다.

학교를 졸업하는 연령이 16세로 정해져 있기 때문에 학기를 마치면 생일이 되기 전이라도 캠프힐 학교를 떠날 수 있다. 16세가 넘으면 지방 당국은 학생이 원하지 않을 경우 출석을 강요할 수 없다. 학생이 계속 캠프힐에 다니기를 원해야만 그 후로 계속 학교에 남게 되며, 이미 언급한 대로 이때 학생의 의견을 고려하지 않는다면 문제가 발생할 수 있다.

18세, 때로는 19세까지도 학업을 지속하고자 하는 학생에게 교육부에서는 경제적인 지원을 해준다. 학생이 학교를 떠난다면 대신 사회복지기금social work funding에서 지원을 할 것이다. 그러면 학생들은 아동기 서비스에서 성인기 서비스로 넘어가게 되는데, 이는 우리가 모르는 다양한 정치적·경제적 영향에 의해 당국에서 유도한 서비스일 가능성이 크다. 그리고 이때부터는 보육 관리 부서care management가 청소년과 그의 가족을 담당한다. 부족한 보조금과 가족의 고통, 학교 졸업 이후에 대한 부적절한 대책, 효과적인 계획 및 지원 서비스의 부족으로 그들의 미래는 암울하게 얼룩질 수 있다. 청소년 본인과 가족이 원하는 것보다는 지역 당국의 이익을 채우는 쪽으로 믿을 수 없이 강력한 압박을 받아 흘러가게 된다. 우리의 많은 학생들은 결국 집으로 돌아가 긴장된 가족관계 속에서 생활하거나 혹은 보호시설로 보내진다.

졸업하는 학생들을 위한 준비

몇몇 학생들은 10학년 초에 학교를 졸업할 연령이 되기도 하지만 대부분의 학생들은 16세가 되는 10학년 말이 의무교육이 끝나는 시기다. 부모, 지역 당국 담당자 그리고 캠프힐 코워커들은 이 시기의 학생들에게 이제 일반 공교육은 끝났고 스스로 자신의 미래를 결정해야 한다는 사실을 인식하게끔 돕는다. 이런 과정은 공식적으로는 미래 요구 평가에 의해, 비공식적으로는 교사·부모·친구들에 의해 이미 그전에 시작된다.

  학생이 11학년에 남게 되면 주거 환경은 달라진다. 다양한 연령의 아이들로 구성된 가정공동체에서 나와 성인 프로그램으로 들어가 비슷한 나이의 그룹으로 이동하는 것이다. 그룹 내 하우스 페어런츠와 코워커의 역할도 마치 친구처럼 변화하게 된다. 그들은 이 시기의 학생이 스스로 책임감을 갖도록 장려해주고 가까이 지내고 싶은 코워커를 찾도록 도와준다. 또래집단 내에서도 인간관계의 균형과 성숙함이 개발되도록 돕는다. 이러한 지도는 원만한 가족 구성원들의 책임 하에 이루어져야 한다. 이 시기에는 자신의 문제를 긍정적인 방법으로 수용할 수 있도록 돕는 것에 중점을 두어야 하고 그리하여 성인으로 접어드는 18세의 청소년들이 자신의 미래에 대해 보다 현실적으로 접근할 수 있게 해주어야 한다.

11학년과 12학년의 2년 동안에는 공식적인 학교 교육이 서서히 감소하고 직업 기술, 사회성 기술 및 독립생활 기술이 더욱 강조된다. 그러나 여전히 연령에 따라 학년과 학급이 분리된다. 이 기간 동안에는 공예 작업장에서 보내는 시간이 상당히 많아진다. 작업장에서 일하는 목적은 다양한 재료와 연장, 작업 과정에 대한 경험을 얻는 것 외에도 캠프힐 공동체를 위해 가치 있고 실용적인 물건을 생산하는 데 필요한 동기를 부여받고 훈련·숙달하도록 하는 것이다.

팀에서 일하는 것에 익숙해지는 것도 중요하다. 이 시기 학생들이 다양한 야외 프로젝트에 참여하는 것은 협동적이고 창의적인 태도를 기르는 데 도움이 된다. 그들은 원예, 조경, 일반적인 경작 및 유지에 대해서뿐 아니라 운동장 혹은 야외 파티 도구와 같은 특정 사항들을 조사하고 계획을 세우고 구성하는 데에도 참여한다. 이는 모두 학생들이 다양한 유형의 일을 체험하도록 하기 위한 것이다. 또 무엇을 하고 싶은지도 중요하지만 학교를 졸업한 후 무엇을 할 수 있을지를 주의 깊게 생각해보도록 하는 과정이기도 하다.

12학년이 되면 기본적으로 일주일에 한 번 기술 습득을 위한 연수를 위해 수업을 빼준다. 12학년의 교육과정에는 예술적 활동과 신체적 활동 및 생활 기술에 대한 개별적 교수가 들어간다. 그룹 활동은 축소되고 하루 중 대부분을 개별적인 작업장에서 보낸다. 청소년들은 점점 독립심을 키우도록 격려받는다. 이들은 각자의 능력에 따라 작업 환경에 배치되고 세탁장, 정원, 부엌, 직조공장, 목공예 작업장과 같은 자립생활을 위한 작업장에서 일하게 된다. 연장된 기간 동안 학생들은 적당한 때에 지역사회 장인들에게 가서 직업 체험을 한다. 이러한 체험을 통해 자신이 가진 능력과 한계에 대해 실질적으로 인식할 수 있다. 물론 사회에서 적절한 일자리를 찾는 데도 도움이 된다. 그리고 12학년 말에 부모님과 친구들, 과거의 선생님들, 치료 전문가, 하우스 페어런츠를 초대해 졸업식을 연다.

매년 프로그램에 대한 연간 평가를 시행한다. 이때 학생들의 미래 거취에 대해 논의한다. 각 학생들을 위한 모든 가능성을 검토하고, 계획에 동의하면 합의된 일정을 점검한다. 캠프힐 공동체에서 생활하고 일을 계속하는 것이 적절하다고 여겨지면 캠프힐을 떠나지 않을 수도 있다. 자신의 요구를 충족시켜줄 수 있는 공동체에 지원서를 내면 된다. 18세가 되면 다른 생활방식과 직업의 체험을 위해 캠프힐 환경에서 벗어나 약간의 시간을 가질 필요도 있지만, 이러한 모든 계획 단계에서 당사자의 의견을 듣는 것이 가장 중요하다.

캠프힐 학교에 1년 더 남아 있겠다고 결심하는 학생도 있다. 그러나 전환을 해야 하는 해에 학교에 남아 있으려면 공식적인 지원서가 필요하다. 그리고 이들을 위해서는 개인에게 적합하게 구조화된 교육과정이 필요한데, 생활 기술 훈련이나 공예 작업 혹은 직업 경험 등이 포함된다. 이는 청소년들이 다음 배치로의 전환을 기다리는 동안 그들의 기술을 심화할 기회를 제공한다. 이를 통해 전환에 대한 걱정 없이 12학년의 나머지 학업을 계속할 수 있다. 졸업하는 학생이나 학교에 남는 학생 모두에게 전환은 어려운 경험이 될 수 있다. 따라서 전환의 해transition year 도입은 많은 청소년들에게 도움이 된다.

다음 사례는 우리 학교를 졸업한 많은 이들의 경험을 적나라하면서도 안타깝게 보여준다.

스튜어트의 졸업 후

나는 2004년 7월에 캠프힐 학교를 졸업했다. 최소한 여섯 번에 걸친 재평가 회의에서 캠프힐을 떠나면 어디에서 살지, 무엇을 하고 싶은지에 대해 이야기를 나누었다. 나는 사실 그런 이야기를 하고 싶지 않았다. 너무 걱정스러웠기 때문이다. 6개월 전에 캠프힐 루돌프 슈타이너 학교를 졸업했고 여전히 두려웠지만 나는 애버딘에 살면서 일하기로 결정했다.

베나허에 사는 것도 생각해보았지만 애버딘에 일하러 갈 수 없기 때문에 좋은 생각이 아니라고 결론지었다. 또 타이 코메인을 생각하고 한번 가보기도 했지만 그곳에 살고 싶은지 확신이 없어 역시 가지 않기로 했다. 결국 나는 애버딘에서 사는 게 가장 낫겠다고 결론 내렸다. 담당 사회복지사가 애버딘에 있는 사회복지사에게 내가 살 아파트를 찾아보라고 했다. 그러나 그 사회복지사는 나의 재평가 회의에 두 번밖에 오지 않았고 뉴턴 디에 있는 내 작업장에도 한 번밖에는 오지 않았다. 그리고 캠프힐을 떠난 후에는 한 번도 그녀를 본 적도, 그녀에 대해 들은 적도 없다.

나는 7월에 캠프힐을 떠나 휴일에 종종 가던 웩스퍼드 보육센터에 머물렀다. 애버딘에 아파트를 얻기 전까지 잠시 동안 지내려 한 것이다. 그러나 애버딘에 아파트를 얻어 나가는 일은 결국 이루어지지 않았다. 나는 웩스퍼드 하우스로 가서 거기서 두 번의 첫 휴일을 맞았다. 그리고 8월 중순에 웩스퍼드 하우스에 아파트를 장만했다. 첫날 밤에는 누군가 함께 있었고 그 이후로는 혼자 지냈다. 그 뒤로 나는 줄곧 혼자였다. 처음엔 매우 두려웠다. 실수를 하지 않으려고 노력했다. 문을 잠그는 것은 습관이 되었다. 나는 베이컨 샌드위치, 소시지, 프렌치 토스트 같은 음식을 만들어 먹을 수 있다. 가끔 파스타도 만든다. 어떤 사람이 요리하는 걸 도와준다. 아침식사는 전날 밤 먹고 남은 것을 먹기도 하고, (하우스에 있는 것 중에서) 비스킷이나 감자칩, 커피 혹은 시리얼 등으로 때우기도 한다. 유니트² 부엌에 있는 것들은 먹어도 된다고 했다. 점심은 대개 유니트에서 먹고 때로는 저녁도 거기서 먹는다. 안 그러면 아파트에서 식사를 한다. 아파트에서 유니트까지는 7분밖에 걸리지 않는다.

여기에 살기 시작한 날 하루 종일 나는 국민보험National Insurance을 타기 위해 인터뷰를 해야 했다. 그걸로 얼마의 돈을 받을 수 있게 되었다. 인터뷰는 오래 걸렸다. 그들이 나에 관한 모든 것을 철저하게 알아내려고 했기 때문이다. 왜 그런지는 모르겠다. 나는 직업 센터에서 일자리를 찾았다. 일을 하지 않았다면 텔레비전 보는 것 외에는 할 일이 없었을 것이다.

토요일에 근처 상점의 창문 닦는 일을 돕고 그걸로 용돈을 조금 번다. 상점에서 돈 세는 일도 하고 있다. 이 마을은 작기 때문에 마을의 모든 사람들이 나를 알고 있다. 일요일에도 상점에서 일을 한다. 상점에서 나는 대개 앉아 있다. 상점을 정신없게 해서는 안 되기 때문이다. 우리는 손님이 들어오기 전까지 그냥 기다려야 한다. 토요일에는 15파운드를 받고 일요일에는 12파운드를 받는다.

대학에서 일자리를 찾을 수는 없었다. 대부분 지루한 시간이지만 나는 계속 노력하려 한다. 캠프힐을 떠난 뒤로는 계속 힘들다. 금요일과 토요일 밤에는 술집에서 디스코 파티가 열리지만 나는 그곳에 출입할 수 없다. 유니트의 한 직원을 통해 알게 된 소년들이 내게 술과 담배를 사다 달라고 조르는데 나는 사주지 않았다. 어느 날 밤 그들이 내 아파트로 와서 마리화나를 건넸다. 그들이 나를 다른 사람으로 만들었다. 그들은 또 보드카도 가지고 왔다. 나는 마리화나를 피우고 보드카를 조금 마셨다. 끔찍한 느낌이었다. 그들은 웃었다. 나는 매

---

2 사회복지시설에서 제공하는 주방시설이 갖추어진 구역-옮긴이

우 어지러웠으며 결국 병이 났다. 그 아이들은 대략 열 명 정도 되었다.

만약 나중에 뉴턴 디 마을로 가게 된다면 나는 독립생활 기술을 잘 써보고 싶다. 그럼 조금은 신뢰를 얻을 수 있을 것이다. 평생 그곳에 갈 계획은 없지만 말이다. 뉴턴 디에 있을 때 한 상점에서 일을 했다. 시작은 좋았다. 정돈하는 것, 사람들의 지시를 듣는 것, 무게를 재고 일하는 것을 배웠다. 선반을 닦고 물건을 채워 넣는 것도 배웠다. 그곳은 일하면서 경험을 쌓기에 좋은 곳이었다. 또 다른 작은 슈퍼마켓에서도 일했는데 거기서 물건을 몇 가지 훔쳤다가 해고됐다. 그들은 그렇게 해야만 했을 것이다. 지금은 내가 뭔가 배웠기를 바란다. 뉴턴 디에서는 물건을 훔쳤지만 캠프힐에 살 때 그래선 안 된다는 것을 알았다. 지금은 정말 잘 알고 있다. 문제를 일으켜 경찰에게 체포되고 교도소에 갇히고 싶지는 않다. 그렇게 된다면 정말 슬플 것이다.

결론

캠프힐의 학생들 중에는 다른 곳으로 비교적 쉽게 옮겨가는 경우도 있지만 대부분은 그렇지 못하다. 부모님과 학생들은 전환 계획이 순조롭게 진행되는 것처럼 보이는 경우에도 굉장한 상실감을 느낄 수 있다.

자녀가 더 이상 캠프힐에서와 같은 질 높은 보육을 보장받지 못함을 걱정하고 마음 아파하는 부모님들에게 전문가들은 종종 다음과 같은 의견을 말한다. "그는 이제 성인이고, 자신이 씻기를 원하는지 아침식사를 원하는지 자유롭게 결정할 수 있습니다. 그는 자신이 어떤 저녁 활동에 참여하기를 원하는지 그렇지 않은지, 자기 방에 혼자 앉아 있기를 원하는지 그렇지 않은지 스스로 결정할 수 있습니다."

학교는 캠프힐을 떠나기 전 학생과 부모님들의 내적 준비를 도울 필요가 있다. 그렇지만 모든 학생들과 그 가족들은 언젠가 학교를 떠나야 한다는 현실을 직면해야 한다. '보호시설'로 가는 졸업생을 보면 의존적이고 자신없게 만드는 상황들에 대해 어느 정도 독립심을 연습해볼 수 있는 안전한 공동체를 떠나 그런 보호시설로 들어가는 것 같아 안타깝다. 물론 대부분 학교를 잘 떠나고 그것은 소수의 예일 뿐이다. 그런데 내 경험에 의하면 그런 경우는 대개 부모님의 지원과 관여가 지나쳐서 나온 결과다. 이는 우리가 살고 있는 이 사회의 폐단을 보여준다. 우리와 함께 살기를 원하는 장애인들을 대하는 우리 사회의 실상은 어떤가? 장애인은 계속해서 정치적·경제적 우선순위 목록의 바닥 혹은 그 근처에 남아 있을 것이고 그들이 경험하는 삶의 질이 그러한 사실을 드러내는 증거가 될 것이다.

몇 년 전 장애 관련 전문가와 대학교수, 정책 입안자들을 위한 컨퍼런스에서 한 강연자가 청중에게 이런 질문을 던졌다.

"여러분은 공동체의 이상 안에서 통합과 보육을 지원하는 사람들입니다. 여러분 가운데 직업적인 부분 밖에서 장애인들과 함께하는 사람이 얼마나 있습니까?"

매우 적은 수의 사람들이 손을 들었다. 그 강연자는 말했다.

"이것이 모든 것을 말해줍니다."

2부

캠프힐의 치료교육

5장

놀이치료

카렌 에런 Kahren Ehlen

캠프힐 학교에서 25년 이상 치료사로 근무하고 아동 중심의 놀이치료 방법을 적용하면서 나는 자신의 잠재력을 성취하기 위해 노력하는 아동들의 회복력과 투지를 목격하고 함께하는 행운을 누렸다. 이러한 '실현'의 과정은 아이들이 자신의 운명을 알아차리고 이를 받아들이며 내적 궁금증을 해결하고 자신만의 독특한 정체성을 인식하는 데 필수적이다.

내적인 혼란을 치유하는 과정

우리 학교에서 실시하는 놀이치료는 학습장애 및 정서·사회성 문제를 가진 아동과 청소년 치료에 중요한 역할을 한다. 놀이는 전체 유기체, 특히 인간 영혼의 건강을 회복하는 창조적 과정이다. 놀이는 인간의 회복력과 안녕을 촉진하며 유년기에서부터 청소년기를 거쳐 성인기·노년기에 이르기까지 생애 전반의 모든 시점에서 매우 중요하다. 놀이의 창조적 활기는 우리 안에 있는 영원한 유년기의 힘을 표현하는 것이다. 놀이는 실제 삶의 메타포를 제공한다. 아이들은 '마치 ~인 것처럼'의 비유 상황을 놀이를 통해 경험하게 된다. 아동은 놀이로 자신의 삶에서 일어나는 사건들을 재연할 수 있다.

놀이는 아이들이 자신의 경험을 인식하고 이해하도록 하는 자연스러운 매개체가 된다. 놀이는 존재에 대한 다양한 방식을 탐구하게 할 뿐 아니라 정체성을 확립하며 자존감을 수립할 수 있는 기회를 제공한다. 또한 아동이 스스로 기술을 발달시키고 자신의 신체를 관리하며 삶의 전반에 필요한 사회적 기술을 연습할 수 있도록 한다. 놀이, 상상의 세계 그리고 상징을 통해 아이들은 '작은 연극 연출가'가 되어 무대 위에서 그들의 삶의 서사시를 연기하는 배우들을 구성한다. 놀이보다도 공부나 일이 중요하다고 여기는 사람이 아직 많지만, 놀이는 아동의 건강 발달에 중요한 영향을 끼치며 청소년기와 성인기에 누리는 삶의 안녕을 위해서도 중요하다는 것이 입증되어왔다. 캠프힐 학교에서는 놀이를 모든 연령에서 개인의 발달과 건강에 꼭 필요한 것으로 여긴다.

캠프힐 공동체에서는 가정과 교실에서의 놀이를 일상생활의 한 부분으로 인식하고 장려한다. 놀이는 아동이 의미 있는 관계를 맺고 타인과의 소통을 촉진하며 언어의 사용과 운동 능력을 발달시키는 치료 활동의 중요한 부분이다. 수업에서의 놀이는 각 학생들에게 제공되는 교수방법과 접목하여 이루어질 수 있다. 이는 그들의 개별적인 요구를 충족시키기 위한 것이다. 그 밖에 학급 연극이나 가정에서의 취미 및 여가 활동 혹은 다른 창조적인 공예 작업 등과 같이 좀 더 형식을 갖춘 예술적 요소로 발전할 수도 있다. 계절에 따른 절기 행사나 축제 준비 역시 이에 포함된다.

하루 종일 몸 전체를 움직이며 놀이 활동에 충분히 참여하는 것은 수면이나 식사, 이동상의 문제에 치료적 수단이 된다. 이는 아이의 건강과 안녕에 전반적인 균형을 촉진한다. 많은 장애아동들은 자신의 신체를 관리하고 신체 이미지를 발달시키며 몸의 움직임을 충분히 조절하는 것에 어려움이 있다. 놀이를 통해 아이들은 신체적 협응기술을 연습하고 반복함으로써 독립성을 기를 수 있다.

아동의 안녕을 위한 놀이의 중요성은 1999년 유엔 아동권리협약에 제시되어 있다(UN Charter, 1999).

5항: 모든 아동은 휴식을 취할 권리, 놀 권리, 다양한 활동에 참여할 권리를 지닌다.

국가보육기준National Care Standards에는 16세 이하 아동 및 청소년의 교육 및 보육에 대해 다음과 같이 기술되어 있다.

기준 5.3: 교육과 보육을 하는 사람들은 아동과 청소년들이 휴식 시간에 즐길 수 있는 체계적인 놀이나 자유놀이 및 여가와 오락 활동을 제공해야 한다.

가정에서의 아동 및 청소년 보육 기준은 다음과 같다.

기준 15.1(일상생활): 가정에서는 아이들이 개인의 재능과 관심, 취미를 개발시킬 수 있는 활동에 참여하도록 장려하고 지원해야 한다. 이 활동들은 개인 혹은 집단 내 다양한 청소년들의 요구와 능력, 흥미를 반영해야 한다.

아동 및 청소년을 위한 공식적인 개인치료수업에는 놀이에 대한 다양한 접근법이 존재한다. 어떤 것은 치료사 주도적인 방법이고 어떤 것은 아동 주도적인 방법이다. 각 아동에 대한 개별적인 치료 계획은 학교 의료진과 아동이 사는 가정의 코워커, 학교와 치료 환경에서 아동과 관련된 다른 많은 코워커들이 참여한 다학문적인 팀multidisciplinary team이 아동의 요구를 평가한 후 수립한다. 놀이치료부로 넘어간 후에는 각 학생에게 가장 적절한 방법을 알아내기 위한 좀 더 자세한 평가를 실시하고 구체적인 치료 계획을 세운다. 또 놀이치료부의 치료사는 다양한 환경에서 각 아동의 치료 활동을 실행하고 유지하기 위해 코워커들을 지원하는 역할도 한다. 즉 삼중의 접근이 이루어지는 것이다.

놀이치료의 방법

캠프힐 학교에서 놀이치료는 대화로 의사소통이 가능하거나 놀이를 통해 언어에 대한 기본적인 이해를 표현할 수 있는 아동에게 실시한다. 놀이치료는 아동 중심의 놀이가 첫 번째 수단이고, 언어가 두 번째 수단이 된다. 놀이는 아동과 치료사 간의 역동적인 과정으로, 아동은 그 과정 속에서 의식적이든 그렇지 않든 간에 자기 자신의 속도를 찾고 자신의 목표에 따라 나아가며 과거와 현재의 경험에 관한 문제들을 다룬다. 놀이치료 시에는 아동에게 신뢰감을 주고 안전한 환경을 만듦으로써 아이와 치료사 간의 치료적 협력 관계를 형성할 수 있다. 이러한 관계는 아동의 내적 성장과 변화를 이끌며 정체성과 자존감을 발달시킨다. 놀이치료 과정은 내적인 혼란을 감소시키고 특정 사건, 즉 학대나 상실의 경험 혹은 그 외 다른 문제들에 대한 아동의 생각을 변화시킨다. 이러한 문제들을 자신의 탓으로 돌리는 내적 비난의 상태에서 벗어나게 하는 것이다. 이러한 과정은 더 나은 자아상self-image을 갖게 하고 자신이 가진 힘을 깨닫게 하여 아동이 일상생활 속에서 현실적 요구들을 바로 볼 수 있게 한다.

윌스트 웨스트(1966)는 장애를 가진 아동에 대한 아동 중심 치료의 가치에 대해 의구심을 표현한 바 있는데, 우리의 경험으로는 치료의 효과가 드러나기까지 오랜 시간이 걸린다 해도 분명 치료는 유익하다. 장애아동의 경우 일반아동들보다 더 많은 놀이치료가 필요하다. 왜냐하면 많은 장애아동들이 다양한 유형의 방임이나 신체적 · 정서적 혹은 성적 학대를 겪어왔고 살아오면서 자신의 장애로 인해 종종 실패를 경험해왔기 때문이다. 심각한 정서적 문제가 있거나 사회성에 문제가 있는 많은 장애아동들은 응집력이 부족한 가족 속에서 성장하면서 반복적인 거절과 단절, 배척 등을 경험했거나 다양한 양육자들과 함께하는 임시적인 보육 환경에서 생활해온 경우가 많다. 이 모든 것들이 성장에 걸림돌이 된다.

놀이치료에서 아동은 수용받는 느낌을 주고 무조건적인 긍정적 관심을 보여주며 공감이 가능하고 자신을 비추어볼 기회를 제공해주는 사람과 신뢰감 있는 관계를 형성함으로써 성장해간다. 이는 강한 자기 인식과 아동 스스로 자신의 잠재력을 자각할 수 있는 능력을 촉진시킨다. 그러나 치료사가 수용적인 성격을 보이고 비판적이지 않다고 해서 전적으로 허용적이라는 뜻은 아니며, 분명한 경계가 있어야 한다. 이것이 아동이 완고하고 방어적인 습관에서 벗어나 점차 사고와 감정, 기분을 새로운 방식으로 표현할 수 있도록 돕는다.

치료사는 놀이 중에 공격성과 파괴성이 잠재되어 있음을 보게 된다. 그러나 놀이치료 기술을 잘 적용함으로써 아이들이 이 공격성과 파괴성 그리고 그 밖의 강렬한 감정들을 창조적이고 상상력이 풍부한 방법으로 표현하게 할 수 있다. 이로써 아동은 일상 속에서 느끼는 충동적이고 강렬한 감정을 조절하는 경험을 하게 된다.

청소년의 경우에는 다양한 유형의 공예, 보드게임 혹은 드라마와 역할극, 옷 만들기나 다양한 일상적 장난감들이 필요할 수 있다. 그러나 어쨌든 우리 경험으로 볼 때 아동과 청소년 모두에게 놀이치료는 유익하다. 많은 청소년들은 복잡한 문제에 부딪혔을 때 카운슬링을 통해 직접적으로 그 문제를 다룰 준비가 되어 있지 않다. 청소년들에게 놀이는 언어로 명료하게 말할 수 없는 것들을 표현할 기회를 준다. 놀이치료 환경 역시 그들에게 자신이 수용할 수 있는 의사소통 수단을 선택할 수 있게 해준다.

치료사는 아동이 내적 공간을 창조할 수 있도록 의식적으로 노력할 필요가 있고, 지속적으로 열려 있어야 하며, 쉽게 판단하지 말아야 하고, 또한 수용적이어야 한다. 치료사의 사려 깊은 설명을 통해 아동은 높은 수준의 감정 이해 능력을 발달시킬 수 있다. 이러한 것을 일관성 있게 제공하기 위해 치료사는 지속적인 훈련을 받아야 한다. 인지학은 치료사들에게 수용력과 평온함, 열린 마음과 분명한 생각, 적극적인 참여와 긍정적인 객관성을 길러주는 훈련을 제공한다. 치료사는 자신의 일에 꾸준히 전념할 수 있도록 스스로 자기 안에 일에 대한 내적 공간을 만드는 것이 매우 중요하다. 또 관찰 능력과 숙고 능력은 그들의 직업에서 없어서는 안 될 중요한 자질이다.

특수교사, 특히 치료사는 자신의 습관과 태도가 아이들의 '생활공간'에 영향을 미칠 수 있다는 것을 알아야 한다. 치료실에서 치료사는 둥지nest를 만들기 위해 노력하는데, 이는 아동의 신체에 직접적으로 작용하며 아동의 건강에 영향을 미친다. 치료사는 아동의 감성과 행동에 걸친 치료로 아동의 호흡과 수면, 깨어남의 리듬이 조화를 이룰 수 있도록 돕는다. 이 과정을 통해 아동은 새로운 생활습관을 갖고 특이행동이나 수면장애에서 벗어날 수 있다. 치료사의 역할은 거울과 같다. 거울에 비추어 봄으로써 아동의 내적인 삶은 좀 더 평화롭고 조화로워질 수 있다. '언어적 기술'과 '귀 기울이기'를 통해 치료사는 아동과 진실되고 깊이 있으며 감정이입적인 소통을 한다. 그리고 '적절한 말'을 '적절한 때'에 함으로써 이전에는 혼란과 혼동뿐이던 곳에 질서를 만들어준다.

아동의 전체성을 인식하기 위해서는 인간에 대한 이해가 필요하다. 그것이 아이의 치료 과정을 보다 수월하게 만들어준다. 인간은 신체와 영혼, 정신으로 이루어졌으며 인간 정신의 본질은 영원하고 그 내부에 유일하며 신성한 기운이 있다는 인식이 필요하다. 그런데 신체 내부에 정서적·신체적 변화가 생긴다면 신체와 영혼은 장애나 질병에 영향을 받을 수 있다.

놀이치료는 짧게 할 수도, 길게 할 수도 있다. 우리 학생 중 일부는 본격적인 놀이치료를 시작하기 전 놀이와 의사소통의 기술을 찾아내기 위해 좀 더 규칙적인 놀이 시간을 가져야 한다. 놀이치료는 매주 정기적으로 50분 정도 가족이나 주 양육자, 아동의 삶에 긍정적인 지원을 하는 중요한 성인들과 함께 진행하는 것이 효과적이다. 심각한 정서적 문제를 지닌 아이의 경우 일주일에 두 번 이상 좀 더 집중적인 치료가 필요하다. 상황이 아주 안 좋은 경우에는 아동의 건강과 병리학적 행동을 변화시키기 위해 6~8주에 걸쳐 매 수업시간에 놀이치료를 진행하기도 한다. 대부분의 학생들은 일주일에 한 번 놀이치료 수업을 받고 평가 과정을 거친다. 그 후 장기 치료 처방이 내려질 수 있다.

놀이 수업에서는 아동에 대한 모든 것을 기록한다. 치료사는 아동의 그림이나 기타 창작물을 보관한다. 아동의 치료와 관련해 비밀을 지켜야 하고, 아동의 건강이나 안전 문제로 치료 내용을 공개해야 할 때는 가능한 한 아동과 의논한다. 어떤 정보라도 치료가 진행되는 과정의 보고가 필요하다면 그것 또한 아동과 의논해야 한다. 그렇게 하는 것은 아동과의 관계에서 신뢰를 유지하기 위한 것이기도 하지만 치료사의 직업적·윤리적·법적 의무이기도 하다.

아동과 상호성 공유하기

우리는 휴엇과 닌드에 의해 개발된 '집중적인 상호작용 방법'을 놀이치료에 접목시켜왔다(Hewett & Nind, 2000). 이는 말을 배우기 전의 아이나 상징언어 체계를 완전히 이해하지 못한 아동과 청소년들에 대한 캠프힐 학교의 교수법을 보완해주었다. 우리가 전에 개발한 말 배우기 전 아이들을 위한 놀이치료는 아동 중심의 상호작용을 강조하는 전통적인 방법을 따랐다.

치료사와 아동이 서로 상호성을 공유한다. 또한 즐거운 활동이 반복되기를 바라면서 서로가 함께 중심이 되도록 한다. 유아와 주 양육자 사이에 전형적으로 나타나는 일련의 상호작용적인 놀이를 이용한다. 이는 반드시 성취해야 하는 특별한 과제 중심이 아니며, 각 아동이 스스로 만들어낸 언어를 사용함으로써 서로 공감하고 의사소통을 하는 과정이다.

아동을 위해, 그리고 아동이 자신의 의사소통 방법을 서서히 발전시키도록 돕기 위해서는 치료사의 태도가 매우 중요하다. 이 방법은 치료사가 아동에게 새로운 기회를 제공하고, 이해할 수 있고 성취 가능한 상호작용을 하게 함으로써 아동을 받아들이는 방법이다. 집중적인 상호작용은 목표 중심이 아닌 과정 중심의 놀이치료이고 치료사에게는 치료 대상 아동과 '눈높이를 맞추는' 능력과 높은 수준의 직관력이 요구된다. 이러한 상호관계 및 의사소통 방식은 사회성과 즐거움이 가득한 경험을 발달시켜주며, 아동이 이러한 경험을 계속하기를 원하도록 이끈다. 이는 또한 더욱 재미있는 상호작용을 촉진시킨다. 이러한 특별한 방법은 중도장애가 있는 학생들, 특히 직접적인 방법을 이해하기는 어렵지만 자신만의 방식과 속도로 반응하고 관계를 맺는 자폐 범주성 장애아동에게 성공적으로 적용되어왔다.

아동의 발달에 따라

발달 놀이developmental play에서 치료사는 아동과 상호작용하고 공유할 대상에 대한 치료적 관계를 확립하기 위해 처음에는 감각적 자극을 최소화하는 평온하고 조화로운 환경을 제공한다. 그리고 아동이 이를 잘 수행하고 그것이 지속되면 치료사는 아동의 발달 단계와 기술 수준에 적합한 놀이 도구를 제한적으로 소개한다.

발달 영역은 아동의 능력과 선호하는 감각을 중심으로 선택한다. 그 후 적절한 도구를 선택하고 게임을 준비한다. 몸의 자세와 대근육 협응, 시각과 소근육 협응, 듣기와 말하기, 사회적 행동과 놀이 등에 초점을 맞추고 반복과 즐거운 게임을 통해 조금씩 진전시킨다.

아이들이 더 오랜 시간 집중하도록 아이들의 흥미를 유지시키고 능력을 향상시키려면 인내와 열정, 열린 마음, 수용적인 접근방법이 필요하다. 치료사는 학생들이 매 수업을 처음 경험해보는 것처럼 느끼도록 구성할 수 있는 창의성과 융통성을 갖춰야 한다. 치료사의 열정과 노력을 통해 아이들은 치료수업에서 하는 개별적인 활동에서 자신만의 속도를 찾게 된다. 이러한 경험이 아동으로 하여금 활동에 더 적극적으로 참여하도록 자극한다.

치료사는 이러한 방법의 집중적인 놀이 활동 과정을 소개하고 아동이 이전의 능력 수준보다 더 나은 성취를 했을 때 아동의 발달 과정에 맞추어 좀 더 높은 수준으로 놀이를 이끈다. 놀이 수준의 단계로는 탐색 및 감각놀이에서부터 신체에 대한 인식과 방향 인식 게임, 공동 놀이, 차례 지키기, 모방놀이 및 상징놀이가 있다. 놀이의 종류는 아동의 능력 정도에 따라 정한다.

각 단계에는 일정한 시간이 필요하며 아동이 활동의 의미를 이해하고 기술을 습득하기 위해서는 반복이 중요하다. 이와 같은 특별한 방법으로 도움을 받는 아동은 주로 신체 발달과 정서 발달, 사회성 발달 중 어느 한 부분이 심하게 지체되었거나 다양한 치료 및 특수교육 프로그램이 필요한 아동들이다.

모든 치료사들은 치료의 도구로 놀이치료와 치유력이 있는 경험을 이용한다. 아동 발달에 대한 지식은 모든 치료 과정의 기초가 된다. 가정과 학급의 모든 코워커들은 이러한 실제를 이해하고 아이들이 치료 활동을 창의적인 놀이로 즐기도록 배려하는 것이 중요하다. 놀이치료 부서는 가정의 코워커들과 학급에서 일하는 코워커들에게 상담과 조언을 함으로써 놀이치료 프로그램을 아동의 일상 속으로 확장시킬 수 있다. 치료사들은 수업시간에 학생의 진보에 대한 점검과 평가를 하고 다음 단계를 언제 어떻게 소개할지를 중점적으로 살핀다. 일상 속에서 치료적 놀이는 다음과 같은 의미를 지닌다.

- 아이들이 자신의 신체를 시간과 공간 내에서 체험하도록 한다.
- 자신의 신체에 대한 인식과 자아상을 발달시킨다.
- 자신의 활동 안에 완전하게 참여하도록 촉진한다.

- 자신의 안정적인 감각을 더욱 의식하게 한다.
- 자신과 관련된 타인에 대한 사회적 인식을 증가시킨다.
- 세상에 대한 적극적인 관심과 참여를 장려한다.
- 개인적인 보살핌, 독립, 타인과의 상호작용적 놀이에 필요한 기술과 행동을 숙달하게 한다.

결론

캠프힐 학교에서 25년 이상 치료사로 근무하고 아동 중심의 놀이치료 방법을 적용하면서 나는 자신의 잠재력을 성취하기 위해 노력하는 아동들의 회복력과 투지를 목격하고 함께하는 행운을 누렸다. 이러한 '실현'의 과정은 아이들이 자신의 운명을 알아차리고 이를 받아들이며 내적 궁금증을 해결하고 자신만의 독특한 정체성을 인식하는 데 필수적이다.

로저스(1994)에 의하면 아동 중심 혹은 인간 중심 치료의 핵심 조건은 치료교육 및 사회치료의 인지학적 측면에 맞춰진다. 아동 중심 혹은 인간 중심 치료에는 '인간상人間像'에 대한 인식이 존재한다. 타인을 돕기 위한 첫 번째 단계가 치료사 자신이 스스로의 변화를 추구하는 것임은 두 말할 필요 없을 것이다. 치료사와 특수교사가 개개인의 필요를 지원하고 인식함에 따라 개인 발달에 최적의 조건을 제공하고 개개인의 발달 속도에 맞게끔 치료를 진행한다면 학생들은 다른 사람이 원하는 모습이 아닌 그들 자신이 원하는 진정한 자신이 될 수 있다.

6장
음악치료

콜린 탄저 Colin Tanser

'치료로서의 음악'과 '음악치료' 사이에는 뚜렷한 차이가 있다. 학교 의사가 아동에 따라 처방을 해주며, 악기나 노래 등을 통해 아이의 불안이나 불균형한 상태를 다룬다. 음악치료사는 아이들이 필요로 하는 요구를 충족시키기 위해 아이들과 함께 혹은 아이들을 위해 작곡하거나 즉흥연주를 한다. 여기에는 음악의 다양한 측면, 즉 가락·음조·음정·리듬·박자·화성·음질이 특별한 방식으로 융합되어 있다.

음악이 함께하는 공동체 생활

캠프힐 학교의 중앙을 지나며 복도를 따라 걷다 보면 종종 라이에lyre[1] 연주 소리가 들린다. 좀 더 가까이 다가가면 연주자 그룹 주변으로 청소년들이 지나가면서 혹은 앉아 쉬면서 듣고 있는 것을 볼 수 있다. 캠프힐 학교에서는 항상 이렇게 함께 모여 연주하는 것으로 수업을 시작하는데, 이는 아이들이 자신감을 가지고 감수성을 키워나갈 수 있게 한다. 특수교육팀은 특수교육의 원리에 대한 기본적인 지식을 갖고 있으며 학생들에게 '한 방향으로 나아가는' 일체감을 제공해준다. 그들은 또한 지식과 실천을 공유하는 다학문적 전문가 집단이다.

---

[1] 작은 하프 모양의 현악기로 발도르프 학교나 캠프힐 학교에서 학생들의 연주 및 치료를 위해 사용된다. '리라'라고 부르기도 한다.-옮긴이

캠프힐의 모든 치료와 교육은 기존 특수학교의 교육이나 방법을 그대로 모방하기보다는 나름의 독특한 배경과 철학을 가지고 발전해온 특별한 접근방법에서 시작된다.

각각의 캠프힐 학교는 주변 경관이 아름답고 평화로우며 그곳에 사는 아이들과 코워커들은 가족같이 정다운 환경에서 삶을 함께한다. 풍부한 문화생활과 건강에 좋은 음식 그리고 최상의 삶의 조건이 갖추어져 있다. 텔레비전이나 아주 큰 소리의 레코드 음악 등 감각을 강하게 자극하는 것들은 스트레스를 최소화하고 평온함을 지키기 위해 제한된다. 이 속에서 개별 혹은 집단으로 음악치료가 실시되는데, 이러한 환경은 주변에 온기를 가져다준다. 우리는 파괴적인 소음이나 숨 막힐 듯 격정적인 대중문화와 전쟁을 벌이진 않는다. 대신 아이가 부드러움에 대한 감성과 고요함에도 귀를 열 수 있도록 하고, 그러고 나서 필요하다면 좀 더 강한 소리가 나는 밖으로 나갈 수 있도록 한다. 이런 장소에서 사람은 치유될 수 있다.

캠프힐 공동체 내에서는 아이들과 관련된 공식적인 미팅을 제의하기도 쉽고 비공식적인 미팅은 항상 이루어진다. 이러한 방법으로 자주 접촉하는 것은 매우 긍정적인 효과가 있다. 어떤 아이들은 일정 기간만 캠프힐 학교에 머물지만 그 경험은 그들의 삶에 중요한 영향을 준다. 또 어떤 아이들은 10년이나 그 이상 캠프힐에 머물기도 하는데, 이는 아이의 인생에 음악이 어떤 영향을 주는지 관찰하고 검토할 수 있는 좋은 기회가 된다.

치료로서의 음악은 장애아동을 위한 치료 수단으로서 특별한 영역으로 활용된다. 아이들의 하루는 각각의 아이들을 위해 만들어진 '일어나!'라는 노래를 불러주거나 리코더를 연주하면서 시작된다.

혹은 좀 더 부드러운 다음과 같은 노래도 있다.

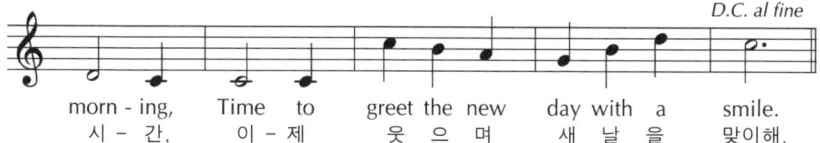

물론 아이들을 집단으로 깨울 때는 좀 더 일반적인 기상 음악을 이용한다. 그리고 음악으로 가득한 하루가 시작된다. 기상 노래, 조회, 식사 전 노래, 계절 노래, 학급 노래, 친목 노래와 댄스, 특별한 행사 노래가 있다. 하루를 마치고 잠자리에 들 때도 아이들은 다음과 같은 평화로운 라이어 선율을 듣는다.

Colin Tanser

6장 음악치료 **135**

치료로서의 음악은 아주 광범위하며 캠프힐 학교에서는 생활 전반에 음악이 늘 가까이 있다. 복도에서 라이어를 연주하던 사람들도 그 일부다.

그러나 '치료로서의 음악music as therapy'과 '음악치료music therapy' 사이에는 뚜렷한 차이가 있다. 학교 의사가 아동에 따라 처방을 해주며, 악기나 노래 등을 통해 아이의 불안이나 불균형한 상태를 다룬다. 음악치료사는 아이들이 필요로 하는 요구를 충족시키기 위해 아이들과 함께 혹은 아이들을 위해 작곡하거나 즉흥연주를 한다. 여기에는 음악의 다양한 측면, 즉 가락·음조·음정·리듬·박자·화성·음질이 특별한 방식으로 융합되어 있다.

'복도에서의 음악'은 유익한 점이 많다. 음악치료사는 이를 잘 수행하기 위해, 그리고 그들이 무엇을 연주하고 무엇을 위해 연주하는지를 깨닫게 하기 위해 오랜 시간 힘을 기울인다. 만약 음악이 아동에게 도움을 줄 길을 가르쳐준다면 치료사는 그 길을 지원하고 인도하는 존재가 되어야 한다. 아동의 장애 혹은 혼돈 상태를 건강한 상태로 만들기 위해서는 지속적인 연습이 필요하다. 학생들은 내면적으로 자신감과 안정감을 가져야 한다. 감정을 음악적으로 표현하되 마음의 안정을 가져다주도록 절제된 방법으로 해야 한다. 창작하는 것을 배울 뿐 아니라 인내를 가지고 억제하는 것도 배운다. 또한 필요하다면 어디서든 다른 사람에게 지지와 신뢰를 보내는 등 타인에게 민감해지는 것도 배우게 된다.

지금부터 음악치료에 대해 설명하려 한다. 악기나 도구, 실례, 전략의 적용이 아동의 개별 특성에 따라 다르고 또한 그 당시 함께하는 사람에 따라 다를 수 있다는 것을 반드시 명심해야 한다.

라이어로 하는 음악치료

정서장애 소년의 사례

정서장애가 있는 작은 소년이 음악실로 들어온다. 그는 울고 소리 지르는 것을 반복하고 있다. 소년은 음악실에 온 것이 처음이며 자신이 왜 여기에 있는지 알지 못한다. 그리고 할 수 있는 한 크게 소리를 지른다. 그때 갑자기 음악소리가 들려온다. 라이어에서 느리고 위엄 있는 세 개의 화음이 울린다. 소년은 소리 지르는 것을 멈추고 한결 가라앉은 모습으로 음악을 듣는다. 라이어 소리는 바뀌어 익숙한 소리가 되어간다. 경쾌한 멜로디가 한동안 계속되면서 점점 커진다. 소년은 이제 조용하게 음악 속으로 빠져든다. 그는 앉아서 열심히 들으며 다음에 어떤 일이 일어날지 기다리고 있다….

사운드 빔, 전자 키보드의 시대에 모든 음악적 요소들은 점차 기교에 치우쳐 순수함을 잃어가고 있다. 그래서 음악치료는 오늘날의 악기보다는 고대사나 신화와 관련된 오래된 악기를 이용한다.

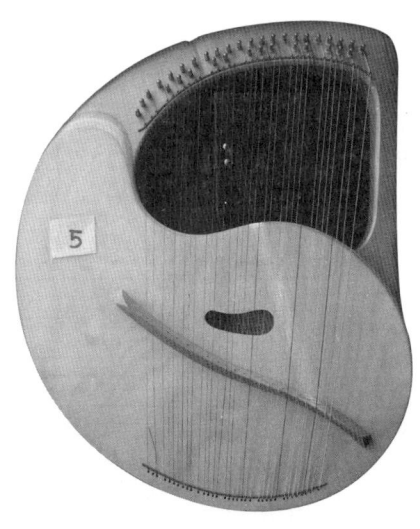

라이어 _ 캠프힐 학교에서 학생들의 연주 및 치료를 위해 사용되는 작은 하프 모양의 현악기

캠프힐에서는 여전히 라이어 소리를 들을 수 있다. 연주를 위한 일반적인 라이어는 40개 이상의 철제 현이 크고 얇은 공명 통을 가로질러 촘촘히 매달려 있다. 이 현들은 수평으로 분리되어 있고 양손의 손가락을 수직으로 세워 연주한다.

캠프힐 학교에서 라이어를 많이 이용하는 데는 여러 이유가 있다. 라이어를 제대로 연주하면 그 음색은 삶에 대한 건강한 이미지를 전달해준다. 라이어는 순간적으로 소리가 난다. 피아노나 하프처럼 두드리거나 뜯어서 소리를 내지 않는다. 라이어는 연주 후에 소리가 점점 퍼지는데, 이 소리는 맑으면서도 따뜻하다고 묘사된다. 음은 서서히 잦아들고 완전히 사라질 때까지 계속해서 듣는 사람의 주의를 끈다.

게다가 라이어는 변화무쌍한 반응에 적응하는 유동성도 지니고 있다. 라이어 연주는 듣는 사람들을 자유롭게 해준다. 라이어는 아이들과 함께 즉흥연주를 하거나 음악적 교감을 하기에 이상적인 악기다. 아이들은 금지나 억압의 두려움 없이 라이어를 즐길 수 있다는 걸 알게 된다.

강박적인 아이에게는 매번 조용히 반복하여 가르치는 것이 그들을 편안하게 해주고 변화를 가져올 수 있다. 이는 잘 알려진 캠프힐의 특수교육 원칙이다. 라이어는 연주하는 사람이 거의 침묵에 가깝게 '점점 약하게diminuendo' 연주할 수 있는 몇 안 되는 악기 중 하나다. 음악에 집착을 보이는 아이도 있는데, 예를 들어 같은 음과 리듬을 반복하는 것이다. 라이어 연주자는 더욱더 조용하게 연주하여 아이의 긴장을 풀어주고 아이의 반응을 부드럽게 만들 수 있다.

음악치료사는 어떻게 수업을 준비할까? 그 중 한 가지는 바로 '악기 조율'이다. 이는 악기를 다루는 데 있어 가장 중요한 문제이다. 매일 그리고 하루 종일 라이어는 '잘 조율되어' 있어야 한다. 치료사는 치료수업이 시작되기 전에 미리 조율을 해놓아야 한다. 잘 조율된 악기는 음악 감상 능력과 집중력을 향상시켜주고 내적인 평화를 가져다준다. 연주자는 조율을 통해 내적·외적 준비를 한다.

음악치료실의 시설과 악기

치료실과 바깥 풍경

치료실의 커다란 창문을 통해 피터는 넓은 하늘과 동물들이 뛰어노는 초원을 둘러싼 키 큰 나무들을 바라볼 수 있다. 피터는 잘 조율된 작은 라이어 줄을 손가락으로 튕기며 노래를 부른다.

　보아라… 저 새를 보아라!

같은 풍경을 바라보던 어린 아동들은 때때로 생기발랄함을 보여주면서 편안하게 노래를 시작한다.

다음은 7세 소녀가 스스로 만들어 부른 짧은 노래다. 이 소녀는 심한 아토피를 앓고 있어 방이 늘 깨끗해야 하고 날씨 변화에 민감하다.

비가 와도 걱정 없어요
우리에겐 우산이 있어요
웅덩이 속으로 들어갈 수 있어요
첨벙, 첨벙, 첨벙, 첨벙,
웅덩이 속으로 가요
우리는 오늘 하나가 되어요

이제 태양이 밝게 빛나고
새와 나비들이
바람을 쐬어요
바람이 조금 불지만
우리는 아무 걱정이 없어요
왜냐하면 우린 코트를 입었고
우린 덮여 있으니까요
우리의… 옷으로

방은 정겹다. 바닥에는 양탄자가 깔려 있고 조용하다. 창문에 달린 커튼은 상당히 크고 그 자체로 열린 느낌이 든다. 음악실은 악기 판매점의 진열장처럼 보이지는 않는다. 필요할 때마다 악기를 가져오고 쓰고 난 후에는 치워놓기 때문이다. 이러한 환경은 신체, 마음, 영혼 그리고 정신의 성장을 위해 건강한 환경을 제공하고자 하는 캠프힐 학교의 정책을 반영한다.

'집은 마음이 머무는 곳'이다. 그러나 음악의 심장은 자신만의 집을 만들 수 있다. 그건 어디서든 가능하다. 캠프힐의 복도는 이미 음악의 집이 되었고 크고 작은 많은 방들도 다양한 아이들이 음악의 집을 지을 수 있는 곳이다.

혼자 있는 소녀의 사례

지금은 학교를 졸업할 나이가 된 소녀는 예전에 학교 교실에 들어가 있는 것을 힘들어했다. 소녀는 혼자 시간을 보낼 공간이 필요했고, 운동장 바깥에 혼자 앉아 있을 만한 도피처를 발견했다. 어느 날 복도에서 연주하던 사람들이 밖으로 나가 소녀에게 천천히 다가갔다. 이전에 음악실에서 실시한 치료 활동에 망설이듯 몇 시간 참여한 게 다였던 소녀가 연주가 끝나자 차분한 마음으로 모든 사람들에게 감사하다고 말했다. 혼자 밖에 앉아 있던, 음악적으로 '불협화음dissonant'이었던 소녀가 '하모니harmony'를 향해 움직인 것이다. 음악의 3요소 멜로디, 하모니, 리듬이 소녀를 움직였고 우리의 중심에서 강한 영향을 미치고 감정을 반영하는 음조tone와 관계를 맺게 했다.

현악기는 우리의 감정과 기분을 편안하고 안정감 있게 만들어준다. 예를 들어 베토벤 교향곡 7번 제2악장이나 쇼팽 전주곡 E단조는 강렬하고 격정적인 하모니와는 대조적으로 매우 정적인 멜로디를 유지함으로써 더욱 인상적인 효과를 낸다. 그래서 오른손에 경련을 보이는 소년 토니에게 테너 크로타tenor chrotta를 연주하게 했다. 이를 통해 토니는 오른손을 의식적으로 조절하는 데 향상을 보였을 뿐만 아니라 안정적으로 호흡하고 편안함을 느끼게 됐다. 라이어를 연주하면서 감동적인 하모니 안으로 빨려 들어갔던 경험이 동기부여가 되었다.

음악의 3요소 중 멜로디는 관악기에서 잘 표현된다. 치료에 사용되는 플롯, 피리, 트럼펫, 리코더 등은 모두 아이들을 깨어나게 하고 인상적인 소리를 만들어낸다. 캠프힐에서 가장 어린 아이들은 특히 5음계 피리로 연주되는 음악에 잘 반응한다. 그들은 자신만의 박자를 가지고 단순한 음을 자신감 있게 따라 할 수 있으며 나중에는 쉽게 기억되는 멜로디를 따라 부른다. 적절한 기도windway가 있는 손으로 만든 대나무 피리는 소리에 민감한 아이들을 위해 적절한 음과 소리를 내준다. 좀 더 접근하기 쉬운 악기를 필요로 하는 아이들에게는 갈대 피리가 좋다. 갈대 피리는 아이들 스스로 쉽게 연주할 수 있으며 음

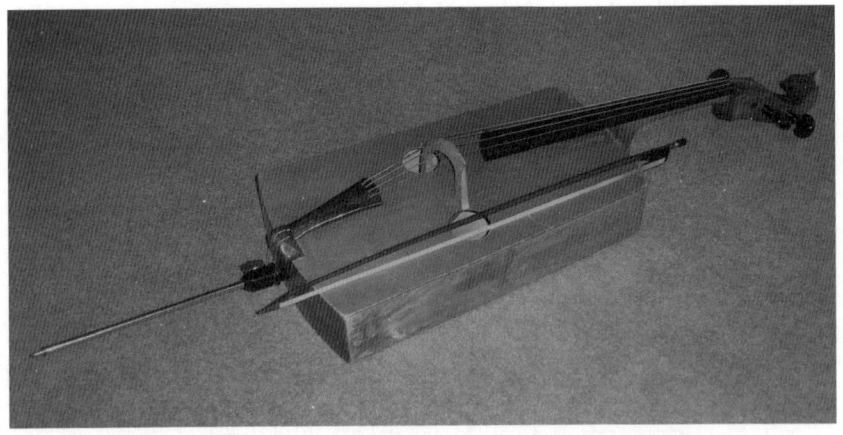

테너 크로타_ 유럽, 특히 웨일즈에서 연주되던 고대 현악기로 현을 활로 켜서 연주한다.

악적 교감을 촉진시킨다. 집중하는 데 어려움이 있거나 감각적 자극에 쉽게 산만해지는 아이들에게는 강한 멜로디가 있는 음악이 좋다. 멜로디는 혼란스러운 생각을 정리하는 데 도움이 된다.

음악의 3요소 중 리듬은 오늘날 기계적인 음으로 흘러가는 경향이 있어 우리는 가볍고 너무 크지 않은 소리를 내는 타악기를 주로 쓴다. 크고 작은 글로켄슈필glockenspiel[2]은 즉흥곡을 연주하거나 음악적으로 교감을 나누기에 이상적인 악기다. 차임chime은 다루기 쉬운 악기로, 특히 '코로이 핸드 차임choroi hand chime'은 악기를 어디에 두는지 혹은 어떻게 움직이는지에 따라 음에 커다란 변화가 있다. 악기를 연주한 후에 소리가 점점 더 커지게 하는 것도 가능하다.

타악기는 사람의 의지에 작용하기 때문에 아동이 자신의 의지에 충만해 멋대로 행동하려는 것을 자제시키는 데 도움이 된다. 또한 의미 있는 활동에 참여하도록 유도할 수 있다. 활기 넘치는 7세 아동들의 아침을 상상해보자. 그들은 작은 방에서 트라이앵글 소리에 맞춰 뛰어논다. 갑자기 소리가 멈추면 아이들도 뛰어놀던 것을 중단한다. 원의 형태로 둥글게 모여 서게 하고 종을 치면서 한 발자국씩 뒤로 물러서도록 신호를 보낸다. 트라이앵글 소리는 점점 커지고 박자가 점점 짧아지다가 종을 두 번 친다. 뒤로 걷는 것이 지칠 때까지 트라이앵글과 종이 번갈아 연주된다. 그런 후 아이들은 조용히 자리에 앉아 라이어 연주를 듣는다. 마지막으로 5음계 피리가 연주될 때 아이들은 집중한다. 그들은 이제 손동작을 통해 멜로디의 높낮이를 따라 하고 있다.

---

2 금속판을 실로폰처럼 배열하여 두 개의 채로 두드리는 악기로 맑고 은은한 소리를 낸다.-옮긴이

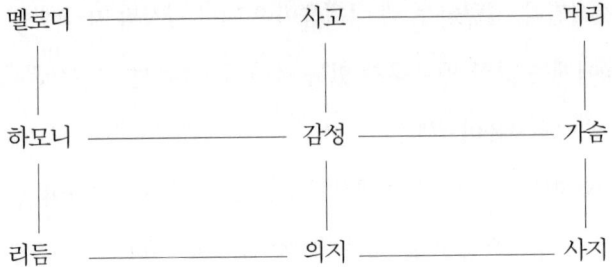

이 부분을 마무리하면서, 치료에서 피아노와 전자악기를 사용하는 것에 대해 언급하고자 한다. 피아노의 장점은 멜로디, 하모니, 리듬이 통합되어 하나의 악기 안에 완전한 인간상을 담을 수 있다는 것이다.

일부 예민한 아이들에게 피아노는 소리의 크기(치료 기간에 피아노는 펠트 천을 내려 소리가 크지 않게 한다)와 처음에 악기를 두드리는 것의 어려움 때문에 사용하기 힘들 수 있다. 그러나 고학년의 몇몇 학생들은 피아노의 힘 있고 손으로 기민하게 연주하는 방식을 즐긴다. 그들은 복잡한 건반의 위치도 잘 알고 연주한다. 전자악기와 앰프(확성기) 시설은 치료에 별 도움이 되지 않는다. 사람이나 일반 악기가 만들어내는 진정으로 살아 있는 소리를 방해하며 잘못된 감각을 가져다줄 수 있기 때문이다. 치료의 목적은 듣기의 질을 향상시키는 것이다. 이는 창문을 통해 어두운 방을 바라보는 것과 같다. 완전히 적응되기까지는 그리 오랜 시간이 걸리지 않는다.

치료의 실례와 전략

제인을 위해 만든 음악실 둥지

제인은 신경질적이고 예민한 7세 아동으로 학교생활에 적응하지 못하고 있었다. 제인이 어디에 관심을 가질 수 있었을까? 바로 음악소리였다. 제인이 찾아낼 수만 있다면 말이다. 우리는 제인이 음악을 가까이할 필요가 있다고 판단했다. 제인은 집에서 '둥지에서 떨어진 아기 새'라고 불렸다. 아동연구그룹Child Study Group에서는 음악이 제인의 발달에 도움이 될 거라는 희망을 가졌다. 첫 단계는 새로운 둥지를 만드는 것이었다. 음악실의 한 구석에 칸막이와 쿠션을 가져다 놓았다. 이곳은 바로 제인을 위한 청취의 공간이 되었다. 다음 단계로 적극적인 참여를 유도했다. 제인은 다양한 작은 악기들을 만지고 연주해보고 싶어하는 듯했다. 하지만 그것이 쉽지는 않았다. 그래서 쉬는 시간을 가진 후 음악실 중앙에 있는 의자에 새로운 둥지를 만들어놓고 제인이 가장 좋아하는 악기로 확인된 5음계 피리로 '새의 노래bird song'를 연주해주었다. 그러자 제인은 서서히 음악실 안으로 들어와 천천히 의자를 향해 다가왔다.

제인의 관심을 유지하기 위해 명확하고 가는 음색을 가진 설터리psaltery로 간단한 리듬의 변화가 있는 곡을 연주했다.

(약약강: 약간 들뜬 듯이)

(강약: 꿈꾸듯, 나른하게)

(매우 활기차고 흥겹게!)

(확신에 차서 자신있게. 처음으로 돌아가기)

기타 연주와 함께 조심스럽게 '마술 가방Magic Bag' 노래로 넘어갔다.

마침내 제인은 가방에서 손바닥만한 작은 악기를 꺼냈다. 치료 회기가 거듭될수록 제인은 자신감을 얻었다. 제인이 가방에서 무엇을 꺼내든 항상 그에 맞는 노래와 활동이 준비되어 있었다.

제인은 말을 하지 않았지만 오페라 가수 뺨치는 아름다운 비브라토 발성을

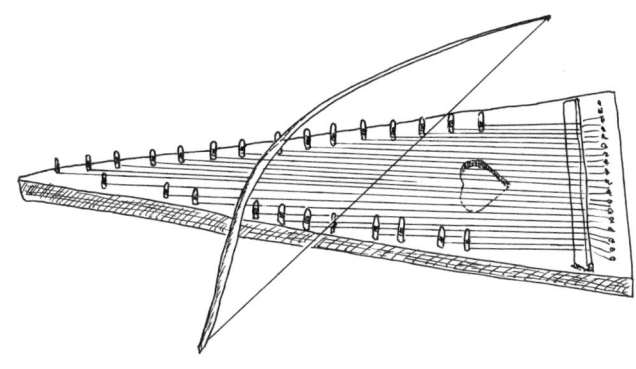

설터리_ 14~15세기에 널리 쓰인 현악기

갖고 있었다. 제인이 잘 조율돼 있는 작은 라이어 현을 화음에 맞춰 빠르게 연주하면서 유사한 음색을 만들어내는 것은 매우 흥미로웠다. 치료는 정점에 이르렀다. 여러 번의 시도 후에 제인이 가장 좋아하는 5음계 피리로 곡을 연주할 수 있게 된 것이다. 제인은 정말로 기뻐했다! 십대들에게 이런 활동은 그리 매력적이지 않을 수 있다. 그러나 제인은 앞으로도 음악소리가 들릴 때면 언제고 그곳으로 달려갈 것이다. 제인은 포크댄스 수업시간에 아코디언 연주자 옆에 서 있거나 학교 오픈데이open day에 관악대 쪽으로 다가간다. 제인은 클래식 피아노 음악을 즐겨 들으며 단순한 멜로디의 베이스 부분은 직접 연주하기도 한다. 제인의 발성은 점점 주변의 소리와 조화를 이루어가고 있고 지금은 자신의 음악적 재능을 주변 사람들에게 나누어줄 수 있게 되었다.

음악치료와 미술치료의 연계

제인의 친구 닐은 음악소리에 귀는 기울이지만 제인과는 달리 음악에 쉽게 다가가지 못했다. 닐은 시력이 매우 나쁘고 동작이 느리며 의지가 결여되어 있었다. 또한 자세가 축 늘어져 있고 무거웠다. 그러나 앉아 있을 때는 한시도 가만

종노래

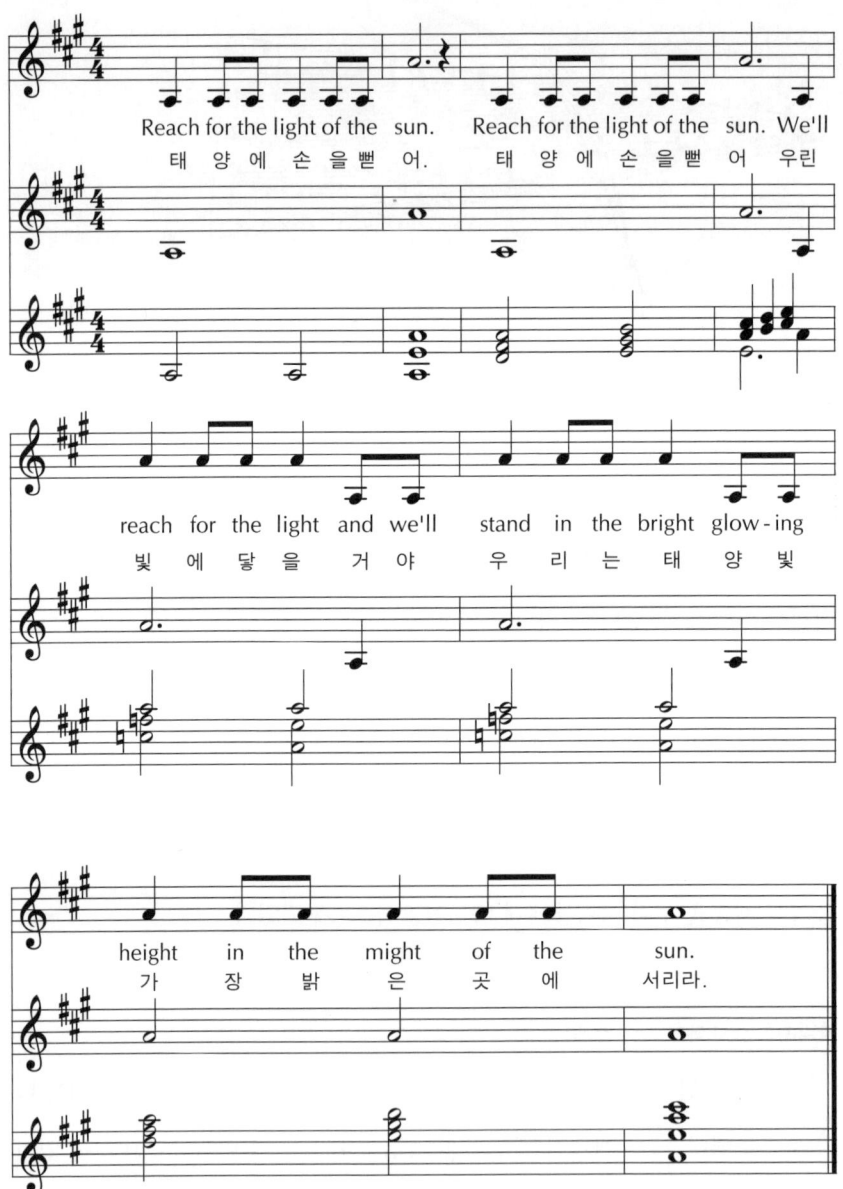

히 있지 못하는 경향이 있었다. 학교 의사와 아동연구그룹은 닐이 스스로 곧은 자세를 유지하도록 하는 것이 중요하다고 생각했다. 그래서 음악시간에 탑tower 꼭대기에 있는 종 치는 역할을 닐이 맡도록 했다. 탑이란 사람이 종을 들고 서 있는 것을 말한다. 닐이 종을 치는 막대기는 특별히 잡기 편하도록 솜을 넣어 만들었다. 종은 반짝반짝 빛나고 윤이 났다. 종은 다른 도구가 아닌 막대기로만 쳐야 했다. 닐에게는 어려운 일이었지만 그래도 상황은 점점 나아졌다! 닐을 격려하기 위한 '종노래Bell Song'가 울려 퍼졌다.

닐의 자세는 점점 나아졌다. 그에 따라 탑의 높이도 점점 높아졌고, 나중에는 탑 역할을 하는 사람이 의자 위에 서 있게 되었다. 닐은 유머감각을 발휘하여 종종 이상한 방향으로 종을 울리기도 했는데, 어쨌든 아주 잘 해냈다. 닐은 학교 주변을 다닐 때 자신의 목소리와 걸음걸이를 '딴-따안-딴' 리듬에 맞추어 걸었다. 음악적으로 이에 가까운 것이 사라반드Sarabande[3]이다. 닐은 이 춤을 통해 운동성이 향상됐다.

사라반드

---

3 스페인을 비롯한 유럽 각지의 궁정에서 추던 3박자의 느린 춤-옮긴이

한번은 치료실에서 닐에게 모리스 댄스Morris Dance[4]를 출 때 다는 종을 달아주고는 가벼운 타악기가 있는 빈 무대 위에서 춤을 추게 했다. 닐의 발이 마룻바닥을 두드렸다. 그의 느낌에 맞추어 즉흥연주가 따라갔다.

그때까지 미술치료사는 닐의 손상된 시력을 향상시키기 위해 붉은색을 사용해왔는데 이제는 평온한 파란색을 사용하려 한다며 우리에게 거칠고 큰 소리가 나는 활동은 그만 하는 것이 좋겠다고 제안했다.

우리는 이를 음악적으로 실행했다. 타악기를 잠시 멈추고 느린 호흡으로 활을 문지르는 테너 크로타를 켜도록 했다. 이는 종이 위에 파란색을 부드럽게 칠하는 것과 비슷한 효과를 주었다.

우리는 이제 학교 주변에서 닐의 이동성이 좀 더 향상되도록 하는 것을 목표로 하고 있다. 사라반드 춤은 닐이 가진 리듬에 비해 너무 빨리 움직이게 하여 '화성의 계절The Season of Mars'이라는 곡을 만들었다. 이 노래는 닐이 발끝으로 박자를 맞출 수 있도록 하고 30개의 소절이 불규칙하게(5-6-4 4-5-6) 나누어져 있다. 앞쪽 악구는 다장조이며 뒤쪽의 악구들은 네 개의 반음이 있다.

---

[4] 영국의 민속무용 중 하나로 춤추는 사람은 발목장식이나 팔찌, 허리띠에 작은 방울을 단다.-옮긴이

화성의 계절

이런 음의 대조는 닐에게 활기를 불어넣었다. 특히 두 부분으로 나누어 돌림노래로 부를 때는 더욱 그랬다. 닐은 미소를 지으며 열정적으로 걸어 다녔다. 미술치료사는 색의 분위기를 강화시키기 위해 라파엘로의 성모상 그림을 프로젝터 화면으로 보여주었고 닐은 노란색으로 작업을 시작했다.

이것은 바로 음악으로도 밝게 표현되었다. 닐이 작은 종을 흔들자 바로 그 순간 짧은 음악이 라이어로 연주되었으며 우리는 '노랑, 노랑, 노랑'을 불렀다!

우리는 소리와 색채의 대조표를 만들었다.

    빨강 – 타악기

    파랑 – 현악기

    노랑 – 종과 라이어

이것은 닐에게 적극적 혹은 소극적으로 활용되곤 했다. 이것은 한층 더 발전했다. 예를 들어 '초록'은 소리와 시각 모두에서 파랑과 노랑의 결합으로 만들어진다. 색과 소리에 대한 인식이 향상되면서 닐은 제인과 함께 색 명암 치료 그룹에 참여할 준비가 되었다. 음악치료실은 적절하게 채색된 커다란 창문이 나 있고 신중하게 배려한 차광과 배치로 큰 스크린에 채색된 빛이 투사되도록 꾸몄다.

빛과 스크린 사이에 서면 동작이 스크린 위에 채색된 그림자로 나타난다. 그 과정을 설명하기는 어렵지만 마치 수채물감으로 그림을 그리는 듯한 효과가 있다. 이는 매우 아름답고 드라마틱해 보인다. 색은 생생하고 날씨의 영향은 받지 않는다. 치료실의 전체 디자인은 미술치료 전문가가 총감독을 맡았다. 스크린 뒤의 동작은 오이리트미와 같지는 않더라도 오이리트미 전문가들이 구사하는 기술로부터 도움을 받을 수 있다. 이는 특별히 작곡된 음악과 함께 실시되는데, 학생들은 어두운 치료실의 촛불 아래에 앉아 연주를 한다. 이 프로그램은 음악, 언어, 색채, 동작을 활용해 실시하도록 계획되며 개별적으로 혹은 집단으로 실행된다. 프로그램을 실시할 때는 학생의 감각에 너무 부담이 되지 않도록 주의하며 감각을 조화롭게 하도록 해야 한다.

　제인과 닐이 치료실에 들어온다. 그들은 일주일에 두 번 아침 수업이 끝나기 전에 함께 치료에 참여한다. 두 아이는 스크린을 향해 조용히 앉는다. 라이어가 연주되기 직전에 제인은 첫 음을 정확하게 노래한다. 제인은 어떻게 첫 음을 정확하게 잡을 수 있게 됐을까? 매 치료수업마다 스크린을 바라보며 예측할 수 없는 하모니를 지속적으로 익힌 것이다. 닐 역시 움직이는 색에 열중한다. 닐은 하품도 하고 느긋해 보이지만 집중하고 있다. 그들에게 이것은 학교에서 보내는 아침시간의 마무리가 된다. 음악치료실에는 조화로움과 공동체 의식이 존재한다. 우리 모두는 이러한 건강하고 치유적인 과정의 한 부분이 될 수 있다. 이것은 캠프힐 환경에서 이루어지는 일련의 삶과 일을 반영해준다.

7장
미술치료

제니 탄저 Jennie Tanser

미술의 과정은 그 자체로 치료적인 요소를 지니며 아동의 요구에 직접적으로 반응하면서 아동을 서서히 변화시키고 발전시킨다. 성장하는 아동의 미술치료는 균형을 잃고 한쪽으로 치우친 아동을 조화롭게 하는 미술 활동으로 불안정한 것을 변형시키고 새로운 상상력을 일깨워줌으로써 아동의 미래에 긍정적인 방향성을 제시한다.

내적 자아표현의 도구

미술 표현은 언어의 필요성을 능가하는 것으로, 창작자의 문화적 배경과 개성에 의해 채색되는 창작자 영혼의 직접적인 표현이다. 미술에는 관찰 가능한 물리적 현상에서 더 나아간 특별한 영역, 즉 정신적 차원까지 드러난다. 치료로서의 미술은 특별한 요구를 지닌 장애아동과 일반적인 발달을 보이는 비장애 아동 사이에 특별한 차이를 두지 않는다. 치료사는 각 아동에 대한 깊은 사랑으로 아동이 자기 존재의 특별함을 인식하고 삶의 의미를 찾으며 자신의 숙명을 받아들이도록 격려한다. 미술치료는 질병과 정신적 외상을 똑바로 직면하게 하기보다는 부드럽고 온화하게 접근하여 간접적으로 다루게 한다. 그래서 내적 불균형과 마음의 혼란 및 불안으로 연결시킨다.

아동이 스스로 자신을 발견하도록 도우면서 우리는 간섭과 중재intervention를 구별할 필요가 있다. 중재는 아동이 자신의 건강한 치유의 힘을 향해 나아가도록 한다. 이러한 치유적인 힘은 아동을 성장·발달시키며 앞으로의 삶에서 자신에 대한 믿음을 유지하도록 하는 내적 독립심을 키워준다.

미술치료는 본래 아동의 개별성을 다루는 것이기 때문에 일반적인 방법이라는 것은 존재하지 않는다. 각각의 치료는 아동의 특성과 조건에 따라 계획되며 색과 형태의 기본 법칙 안에서 예술적인 토대를 지닌다. 따라서 의사의 진단을 근거로 치료의 목적을 명확하게 이해하고 실시한다. 아동의 일상적인 삶과 경험을 존중하면서 아동의 습관과 기질을 주의깊게 관찰함으로써 병의 상황에 대한 정보를 얻을 수 있다. 치료를 할 때는 아동과 치료사의 관계가 가장 중요한 부분이다. 아무리 잘 계획된 치료라 할지라도 치료사가 아동에 대해 따뜻하고 애정 어린 태도를 갖고 있지 않으면 아무런 의미가 없다.

인지학적 미술치료는 의사 마가레트 하우슈카의 연구에서 발전되었다. 그은 이타 베그만과 루돌프 슈타이너가 실시한 상담 연수에서 치료를 위한 미술의 가능성에 대한 강의를 듣고 영감을 얻었다. 이 연구는 독일의 볼Boll에서 시작되어 이후 1963년에 하우슈카의 제자 베라 태버너가 영국에서 미술치료 연수를 실시하며 더욱 발전했다. 사실상 미술치료는 루돌프 슈타이너의 철학과 이념에 기초한 것이다.

미술치료사는 아동의 그림을 지적인 측면에서 분석하는 것이 아니라 그 속에서 특정 예술적 현상을 발견하고자 한다. 색이 어떻게 사용되었는가? 색감이 강하고 짙은가, 혹은 약하고 엷은가? 형태가 분명한가? 아동이 어떤 방법으로 그림을 그리는가? 미술치료사들은 이러한 질문을 통해 아동의 그림을 진단하고 이를 통해 아동에게 어떤 치료가 최선일지 그 실마리를 찾는다. 치료는 아동이 창의성을 개발하고 자신의 모든 잠재력에 대해 깨닫는 내적 균형 상태로 나아가도록 돕는 것이 목적이다.

미술치료는 단지 자신의 주관적인 느낌을 나타내는 자아 표현의 기회를 갖게 하려는 것이 아니다. 아동이 자신의 성향 너머에 있는 본성을 향해 나아갈 수 있게 하고 진정한 내적 자아 표현을 할 수 있게 하려는 것이다. 여기에는 전 생애에 걸쳐 지속적으로 탐구해야 할 가장 알기 어렵고 복잡한 질문 '나는 누구인가'에 대한 답도 포함된다.

이런 과정에서 아동은 자신의 영혼이 가진 능력의 파라미터 안에서 자신만의 속도로 발전하도록 격려를 받는다. 치료는 아동의 '예술적 재능'을 발달시키는 과정이 아니고, 그보다 치료사는 항상 그림을 통해 아동의 '잠재능력'을 찾는다. 그럼으로써 아동의 더 나은 발전을 위한 다음 치료를 계획할 수 있도록 한다. 아동이 무엇을 성취할 수 있는지, 또한 어떤 변화의 조짐이 보이는지를 인식할 수 있어야 한다. 이러한 징후들을 놓친다면 그것은 앞으로의 치료 과정에 대해 아이들이 우리에게 주는 조언의 기회를 잃어버리는 것이다. 영혼은 결코 정적이지 않다. 우리의 사고와 감성 그리고 그러한 내적 인식을 실행에 옮기는 방법은 항상 변화한다. 아동은 끊임없이 '변화하는' 과정에 있다.

문제는 올바른 치료방법을 어떻게 찾느냐 하는 것이다. 아동과 함께하려면 다음과 같은 쟁점들을 생각해봐야 한다. 우선 어느 방향으로 가야 할지가 분명해지기 전에는 단순하게 시작해야 한다. 아동이 자유롭게 자신의 창의성을 발휘하기 시작할 수 있을지를 알기 위해서는 치료사가 신뢰를 쌓아가며 서서히 다가가야 한다. 물론 이것은 아동이 자신의 흥미를 찾아 예술 작업 과정에 자아를 몰입하고 예술 작업이 즐거운 일이라는 것을 발견할 수 있을 때 가능한 일이다. 치료는 몇 주로 늘어날 수 있으며 때때로 중간에 휴지기를 두고 한 달 주기로 계속될 수도 있다.

첫 번째로 다루어야 할 것 중 하나는 균형을 잃은 아동의 호흡 패턴 문제다. 여기에는 여러 가지 방법이 있는데 그 중 하나는 아동에게 반복적인 붓질을 하게 하는 것이다. 종이를 물에 적신 다음 그 위에 천천히 한 방향으로 반복적으로 붓질을 한다. 이때 손목보다는 팔을 움직이도록 조언해줘야 한다. 그래야 가슴이 펴지고 호흡이 조절된다.

젖은 종이에 작업을 하면 물의 성격인 유동성으로 인해 색이 주변으로 자유롭게 번지고, 이는 표현의 가능성에 대해 무한한 다양성을 제공해준다. 색은 그 자체로 고유한 치유의 힘을 지니며 색의 스펙트럼 내의 법칙을 이용한 작업은 치료를 위한 강력한 토대가 된다. 윌리엄 워즈워스[1]는 이를 다음과 같이 아름답게 표현했다.

하늘의 무지개를 보면 내 가슴은 뛰노라.

인간 존재의 중심부인 심장은 가장 순수한 형태에서 자연스러운 색의 조화에 의해 움직인다. 따라서 아이가 무지개 색을 그릴 때 아이는 참된 정신의 울림을 느낄 수 있다. 어떤 아이들은 색에서 분위기를 느끼는 것으로도 충분한 반면 어떤 아이들은 색의 모티브를 나타낸다. 모든 감성은 자연 세계, 즉 바람

---

1 18세기 영국의 낭만파 시인-옮긴이

의 힘·물결치는 파도·떠오르는 태양 안에 자신만의 울림을 지니고 있다. 결과적으로 이러한 변화하는 요소와 1년의 주기에 대해 예술적으로 작업함으로써 아동은 세상이 큰 연관성을 가지고 있음을 인식하고 그 안에서 자신의 공간을 찾기 위해 노력한다.

한 단계 더 나아간 방법으로는 마른 종이 위에 반투명하게 색을 덧칠하는 방법이 있다. 이는 좀 더 나이가 든 고학년 학생들에게 판단력과 통찰력, 변별력을 발달시킬 가능성을 제공해주고 나아가 자아를 강화시킨다. 이 방법을 베일 페인팅veil painting이라고 부르는데, 많은 색을 계속 덧칠해서 층을 만들면 색깔 있는 베일을 포개놓은 듯한 인상을 주기 때문이다.

드로잉은 다양한 방법으로 응용될 수 있다. 관찰 드로잉은 아동이 자신의 주변 환경과 깊은 관계를 맺도록 도와주고, 목탄 드로잉은 청소년들이 감정에 대한 명암의 요소와 명암 사이에 있는 회색빛 톤을 통해 자신의 세계를 평가하게 해준다. 형태 드로잉은 상하·좌우 대칭을 강한 선으로 표현하는데, 균형을 위해 노력하는 것은 마음을 집중하게 해줄 뿐만 아니라 공간 감각과 규칙적인 경향성에 대한 인식을 강화시켜준다.

찰흙을 이용한 치료는 아동에게 힘을 북돋아주고 모양을 만들어내는 작업을 통해 의지의 힘을 길러준다. 이는 땅으로부터 오는 요소를 직접 만지는 작업이다. 아동은 두 손을 사용해야만 하기 때문에 기본과 안정감을 제공받는다. 또한 삼차원의 입체적인 모양을 만들어냄으로써 형태를 구성하는 힘을 개발할 수 있다.

어느 나이의 아동이든 미술치료는 자아존중감을 확립하고 격려해주지만 유아를 대상으로 하는 작업과 연령이 높은 아동을 대상으로 하는 작업에는 분명한 차이가 있다. 예술적 특성을 살린 작업은 아동의 연령에 따라 그 종류가 달라진다. 예를 들어 어린 아동은 우선 순수한 원색으로만 그림을 그려야 한다. 그리고 나서 서서히 이원색을 사용하며 나중에는 보색의 역동적인 효과를 섞어서 그리게 된다. 십대에는 색깔 없이 검은색과 흰색으로만, 그리고 나중에 다시 다양한 색을 사용한다. 이는 발도르프 교육과정과 연관성이 있기는 하나 개별 아동의 요구에 따라 그 지침이 달라질 수 있다.

아주 어린 아동도 비록 처음에는 무의식적이지만 미술치료를 통해 자신의 삶과 운명에 대한 책임감을 발달시키도록 할 수 있다. 아이들이 색을 수용하는 것은 지적 혹은 분석적인 지각에 의해 변색되지 않았기에 성인들보다 더 예민하다. 따라서 색 자체의 치료효과가 매우 뛰어나며 색에 대한 직접적인 경험을 통해 깊은 영혼의 요구를 만족시킬 수 있다. 어린아이는 자신을 완전히 의식하지 않기 때문에 그리기 활동은 큰 기쁨이 된다. 아이들은 그림 그리기를 완성하는 데에 지나치게 집착하지 않는다. 실제로 아이들은 물속에 물감이 풀어지며 마술처럼 색이 변화하는 것을 보며 더 기뻐한다.

그러나 아이가 사춘기에 접어들고 변별력이 발달하기 시작하면 그리기 활동 그 자체보다는 최종 결과를 얻고자 하는 요구가 더 강해진다. 그래서 청소년기 학생들은 그림에 자신의 정체성을 부여하고 자신을 창작하는 사람으로 인식한다. 아이들이 자라면서 내적인 삶과 밖에서 유입되는 느낌, 인상 간의 차이를 더 많이 인식하게 되면서 이런 변화가 찾아온다. 이로써 분리의 과정이 시작되는데, 이는 아이의 균형을 잃게 할 수 있기 때문에 치료를 통해 일관성 있고 강력한 지원을 제공할 필요가 있다. 치료의 핵심은 청소년기 학생이 자신의 장애를 뛰어넘을 수 있도록 돕는 것이다. 그러나 이는 종종 견디기 어려운 일이 될 수 있다.

  언어로 자신을 표현하는 데 어려움이 있는 아동을 색과 이미지, 형태를 통해 치료를 하면 아동은 감정의 해방감을 느낀다. 또한 색을 가지고 하는 치료는 무의식적인 감정 영역을 건드리기 때문에 영혼을 편안하게 이완시켜주거나 혹은 활기 있게 만들어준다. 이를 위해 치료사에게는 언제나 섬세함이 요구된다.

히스테리성 행동경향을 가진 샘

12세의 샘은 강한 히스테리성 행동경향을 가진 예민한 학생이었다. 샘은 변별력과 자신을 보호하는 능력의 부족으로 내적 혼란을 겪고 있었고 외적 요인에 깊이 영향을 받았다. 그 결과 샘은 생각과 감정에 쉽게 압도되곤 했다. 아주 어린 시절에 애정결핍과 신체적 학대를 경험한 그는 훗날 공격 행동을 보이며 심각한 행동장애를 가지게 되었고, 이는 또래집단 내에서도 문제를 일으켰다. 나는 샘이 항상 다른 사람들보다 더 좋은 물건을 갖고 싶어한다는 사실에 주의했다. 그리고 미술치료 시 그것을 염두에 두기로 결정했다. 예를 들어 그는 자기 자전거가 어느 누구의 것보다 기어가 더 많이 달려 있기를 바랐다.

  샘은 이야기를 매우 좋아해서 마치 이야기 속으로 빨려 들어가듯이 어린아이처럼 엄지손가락을 빨며 눈을 크게 뜬 채 열심히 들었다. 샘은 위험한 전투를 하는 영웅 이야기를 들으면 자리에서 벌떡 일어났다. 이때 샘은 자신이 영웅이 되어 있는 것이다. 샘의 이런 반응을 보고 나는 샘의 교육에 이야기를 이용해보기로 했다. 항상 만족하지 못하고 좌절하면서도 모든 것에 최고만을 가지려는 무리한 요구를 하는 샘의 행동을 고쳐보기로 하고 그림 형제의 '어부의 아내' 이야기를 선택해 들려주었다. 어부의 아내가 처음에는 작은 집 하나를 원하다가 점점 크고 으리으리한 집을 원하게 되고 결국은 다시 작은 오두막집으로 되돌아온다는 이야기였다.

내가 다루고자 했던 샘의 또 다른 문제는 자제력 부족이었다. 그래서 늘 하늘, 언덕, 바다, 불가사의한 물고기라는 같은 요소를 등장시켜 그림을 그리도록 했다. 샘은 반복적인 것을 견디기 어려워하는 기질이 있었다. 그러나 치료가 계속될수록 저항은 줄어들었다. "또 언덕을 그려야 해요?"라는 질문은 "이번에는 물고기를 어떤 색으로 칠할까요?"로 바뀌기 시작했다. 치료는 몇 주 동안 계속되었다. 그 과정이 모두 끝났을 때 우리는 그동안 그린 그림을 바닥에 펼쳐놓고 함께 감상했다. 샘은 자신이 그린 많은 그림들을 바라보고 각각의 그림에 대한 에피소드를 지적하며 관련된 이야기를 들려주었다. 샘은 생일을 3주 남겨놓고 나에게 가게에서 살 수 있는 모든 게임보이가 필요하고 모두 가지고 싶다고 말했다. 내가 이 말에 아무런 반응을 보이지 않자 샘은 나를 보며 애매하게 말했다.

"아니, 아마 여섯 개면 될걸요!"

샘이 거의 14세가 되었을 때 또다시 치료를 하게 되었다. 이때는 샘이 사춘기에 접어들 무렵이었고 더 많은 혼란 속에서 이미 자신이 가지고 있던 거칠고 불안한 기질이 더욱 강화되어 있었다. 이 시기에는 동화를 들려주는 것은 적절하지 않았다. 나는 '흉터 있는 얼굴'이라는 아메리카 원주민 신화를 선택했는데, 또래들에게 이해받지 못하고 놀림을 당하는 한 고아 소년이 곰을 제압한 후에 사람들에게 영웅 대접을 받는다는 내용이었다. 흥미롭게도 샘은 곰과 자신을 동일시했고, 대부분의 그림에 '흉터 있는 얼굴' 위로 뒷다리를 높이 든 채서 있는 곰을 그렸다. 또한 요즘 샘은 발가락을 안으로 구부리고 자의식이 강한 청소년의 걸음걸이로 오이리트미를 하고 있다. 이는 곰이 사냥을 하는 방법과 비슷하며, 샘은 이것을 그림으로도 그린다. '흉터 있는 얼굴'은 거부와 용기에 대한 이야기로 젊은이가 반드시 해야 하는 여행과 스스로 용감하게 나아가 결국 승리를 쟁취하기까지 겪어야 하는 엄청난 시련과 고난에 대해 다루고 있다. 이 이야기 속에는 샘과 같은 소년이 반발심을 불러일으키는 극단적인 상황이나 권위 있는 대상에 직접적으로 맞서지 않고 어떻게 목표를 달성할 수 있는지에 대한 좋은 예가 들어 있다.

내가 마지막으로 샘과 미술치료를 함께한 것은 16세 때였다. 샘은 모든 방법에 대해 강하게 저항했고 모든 것에 진저리를 치며 지루해했다. 그리고 모든 사람들에 대해 오해를 했다. 이는 샘 자신에게 고통의 원인이 되었다. 나는 과학적이고 체계적인 것에 초점을 맞추어 샘의 고삐 풀린 정서 문제를 다루도록 도와줘야 할 때라고 생각했다. 프리즘을 통한 스펙트럼 색 관찰이 샘의 관심을 끌었다. 그는 특히 빛과 어둠 사이에서 드러나는 색의 광채에 놀라움을 표현했다. 그러나 색을 그림으로 표현하는 것은 또 다른 문제였다. 샘에게 그림 그리기는 이제 지겨운 일이 되었다. 그래서 나는 샘에게 처음에는 그의 CD 커버 중 선으로 디자인된 것과 연관 지어 형태그림을 그리게 했다. 당시 샘은 치료실에 오면 곧바로 지나치게 과장된 한숨소리와 함께 안락의자에 풀썩 주저앉곤 했다. 노력은 많이 했으나 동기는 매우 낮았다. 그러나 창작자의 집중력을 강화하고 논리적 원리에 기반을 둔 작업인 역동적 형태 그리기는 샘에게 충분히 새로운 경험이 되어 초기에 보였던 지루함에도 불구하고 이후 많은 진전을 보였다.

그리고 얼마 지나지 않아 어느 날 샘이 말했다.

"이 미술치료가 내 인생을 망치고 있어요!"

십대의 드라마는 이제 최고조에 달했다. 나는 이때 바로 치료를 끝내는 것은 샘에게 도움이 되지 않으며 좀 더 긍정적인 방법으로 마무리해야겠다고 결심했다. 그래서 한 남자가 조용하고 엄숙하게 앉아 먼 곳을 바라보고 있는 조각상을 그린 그림 한 점을 찾아냈다. 샘의 반항적인 소용돌이 가운데 어딘가에 이 그림이 잔잔히 울려 퍼지리라 생각했다.

우리는 이 그림을 진흙으로 똑같이 만들었는데, 내가 샘과 함께 작업을 한 이유는 샘의 동기 부족이 샘이 가진 문제의 강력한 요인이 된다고 느꼈기 때문이다. 샘이 여전히 저항을 했기 때문에 함께 작업하는 것이 쉽지 않았다. 하지만 나는 이 과정을 계속하면서 애쓸 가치가 있다고 느꼈다. 왜냐하면 때때로 샘이 등뒤에서 찰흙 작품을 바라보며 "오, 꽤 괜찮아 보이기 시작하네"라고 말하면서 자발적으로 참여하는 모습을 보여주었기 때문이다. 그러나 이 말 뒤에는 곧 "오, 너무 지루해"라는 말이 뒤따랐다. 작품은 서서히 완성되어갔다. 샘은 작품을 하우스 페어런츠에게 보여주고 싶어했다. 그러나 안타깝게도 마지막 순간에 그는 하우스 페어런츠에게 찰흙 작품을 보여주지 않겠다는 부정적인 마음을 먹게 되었다. 이것이 창의성과 성취에 대한 기쁨을 덮어버렸다. 하지만 나는 샘이 겉으로 드러나지 않은 심연에서 자신의 진정한 감수성과 만났고, 이때가 샘이 자아 정체성을 향한 진실된 노력을 한 시기였다고 생각한다.

반사회적 행동장애를 가진 벤

심각한 위기 상황에 놓인 한 아동을 효과적으로 지원할 수 있는 단 하나의 접근방법이 없을 때는 때로 통합적이며 다각적인 치료법이 필요하다. 벤은 공격적이고 성적인 문제행동을 보였다. 이러한 행동은 벤이 청소년기에 접어들면서 새로운 삶의 단계를 통해 자신의 길을 찾아가기 위한 노력이었다. 벤의 치료에는 임상심리학자, 하우스 페어런츠, 코워커, 상담가 및 다양한 치료사들이 참여했다. 그 당시 벤은 지속적인 관리를 받고 있었다. 이러한 노력의 일환으로 1년 동안 일주일에 두 번씩 미술치료가 실시되었다.

처음에 실시한 초기 평가에서 벤에게 가까운 주변 상황에 대한 그림을 그리도록 했다. 여기서 벤은 잘못된 성적 관심을 드러내 보여 '반사회적 행동장애'로 진단됐다. 또한 그는 태아기 알코올 증후군을 가지고 있었는데, 이것이 벤의 조숙한 성적 충동을 조장한 원인이었다. 벤은 자존감이 매우 낮았고 스스로 무가치하다고 생각하고 있었다. 두 번째 그림은 가족을 소재로 했다. 벤은 생후 2년 9개월에 지금의 부모님에게 입양되었다. 벤의 양부모님은 극도로 힘든 시기를 거치면서도 벤을 지극정성으로 보살펴왔다. 벤이 그린 형의 모습에는 형에 대한 경쟁심이 나타나 있었다.

처음에 나는 혼란과 불안이라는 매듭 안에 자신을 묶어두고 지금도 여전히 스스로를 가두고 있는 벤의 자아몰입self-preoccupation 상태를 다루기로 했다. 나의 목표는 자연계의 현상을 정확하고 객관적으로 관찰함으로써 벤의 과도한 감정적 행동에 균형을 찾을 가능성을 알아보고 벤의 내적인 힘을 길러주는 것이었다. 나는 벤이 치료실에 들어오면 창밖의 풍경을 보게 하고 치료실을 떠나기 전에는 변화한 것이 무엇인지 말해보라고 했다. 이러한 방법으로 벤은 서서히 자신의 외부에 있는 아름답고 진실된 것들에 대해 관심을 갖기 시작했다. 그와 연결하여 그림 그리기 수업에서도 역시 정확한 관찰을 통해 그리는 연습이 이어졌다. 그러면서 벤의 관심은 자연 현상에 대한 객관적 지각으로 향하게 되었다.

이것은 주관적인 느낌의 표현보다는 과학적인 접근이 요구되는 색채 실험으로 이어졌다. 이는 벤의 문제를 보여주는 초기의 그림으로 되돌아가게 할 것이라 생각됐다. 서서히 자신감을 갖게 된 벤에게 베일 페인팅을 권했다. 시작하는 데 어려움을 느꼈지만 그것은 넘어야 할 과정이었다. 이 과정은 6개월간 지속되어 그해 말까지 이어졌다. 벤은 조금씩 스스로 결정하고 판단할 수 있게 되었고 복잡하면서도 사려 깊고 명상적이며 집중적인 그림의 형태 속에서 자신에 대한 인식을 하게 되었다. 각각의 그림을 완성하는 데는 몇 주가 걸렸기 때문에 끈기와 노력의 훈련도 되었다. 벤이 부모님을 위한 그림을 구상하려 한 것은 그 자신의 자존감에 매우 중요한 역할을 한 일이었다. 벤에게는 꽤 힘든 해였다. 벤은 새롭고 도전적인 방법으로 자신과 자신의 모든 어려움에 직면했다. 그리고 마침내 균형 있고 책임감 있는 젊은이가 되어 학교를 졸업했다.

결론

이 장에서는 미술치료 과정을 통해 어떻게 아이를 지원할 수 있는지에 대해 두 편의 사례를 제시했다. 잘 계획된 치료는 아동이 치료사와 함께 안전한 길을 따라 여행할 수 있도록 한다. 미술의 과정은 그 자체로 치료적인 요소를 지니며 아동의 요구에 직접적으로 반응하면서 아동을 서서히 변화시키고 발전시킨다. 성장하는 아동의 미술치료는 균형을 잃고 한쪽으로 치우친 아동을 조화롭게 하는 미술 활동으로 불안정한 것을 변형시키고 새로운 상상력을 일깨워줌으로써 아동의 미래에 긍정적인 방향성을 제시한다. 예술에 대한 우리 사회의 이해가 깊어짐에 따라 예술의 치유적인 역할은 더 커질 것이라 생각한다. 이는 사람들이 보다 진실된 자신의 모습을 찾는 데 도움을 줄 것이다. 건강한 방법으로 창조적이 된다는 것은 아이들이 자신의 자아 감각을 확인하고 이렇게 말할 수 있게 되는 것이다.

"창조적이 된다는 것은 나 자신이 되는 것이다."

8장
언어형성치료

도널드 필립스 Donald Phillips

언어형성치료는 언어가 전체로서의 인간을 어떻게 잘 나타내는지를 관찰하는 것에서부터 시작된다. 또한 언어형성치료는 언어를 인간의 내면에 대한 표현수단으로 인식한다. 일반적으로 언어의 단순한 기능적인 측면보다 전체적인 묘사가 더 중요하지만, 기능적 측면을 연습시킴으로써 전체적인 묘사에 영향을 미친다.

언어형성치료란 무엇인가

사람들은 말을 통해 자신의 건강함이나 질병의 상태를 드러낸다. 말하는 소리를 통해 어떻게 호흡하는지, 어떻게 문장을 구성하는지 알 수 있으며 동작과 자세 역시 건강 상태를 드러낸다. 말할 때 몸짓은 필수적인 요소다. 이러한 말하는 과정에 의식적이고 예술적인 관여를 함으로써 건강 상태에 긍정적인 영향을 줄 수 있다(Denjean-von Stryk & von Bonin, 2003). 말은 드러냄과 치유라는 이중적 특성을 가지고 있으며 언어형성therapeutic speech치료[1]는 이를 이용한다.

---

1 캠프힐에서 실행되는 인지학적 관점에 근거를 둔 언어형성치료는 언어치료speech and language therapy와는 다른 개념으로 이 책에서는 이 두 용어를 구분하여 번역하였다.-옮긴이

언어형성치료는 인간에 대한 인지학적 관점에 근거를 두고 있다. 이는 일반 아동과 언어에 문제가 있는 아동 및 성인들을 위한 예술적인 치료로 쓰인다. 언어형성치료에서는 말소리, 말의 리듬, 몸동작 및 호흡을 예술적인 수단으로 활용한다. 이는 설화나 드라마와 같은 고대 예술에 바탕을 둔 창의적인 말하기 creative speech에서 비롯되었으며 20세기 초에 루돌프 슈타이너와 러시아와 프랑스에서 활동한 여배우 마리 슈타이너 폰 지버스가 부활시켰다(Douch, 2004).

오늘날 언어형성치료에서 사용되는 언어 훈련들은 1919년 최초의 발도르프 학교에서 실행되던 것으로 교사들이 가진 말하기 능력의 결함을 극복하고 수업에 자신감을 길러 일반아동의 발달을 돕기 위해 개발되었다. 그 후에는 배우들을 위해 이를 비롯한 다른 여러 훈련들이 개발되었다. 1930년대 초 창의적인 말하기 훈련을 받은 가수 마사 헴소스는 이타 베그만 박사와 협력하여 창의적인 말하기의 원리를 임상적인 환경에 적용하기 시작했다. 그러나 헴소스가 비극적인 사고로 타계하면서 임상 환경에서의 언어형성치료는 오랫동안 답보 상태에 머물렀다. 그러나 그 후로 의사와 치료사들이 함께 언어형성치료를 다시 한 번 발전시켰는데, 특히 특수교육과 사회치료 분야에서 언어형성치료에 대한 요구는 분명하게 나타난다(Denjean-von Stryk & von Bonin, 2003).

기본 원칙

언어형성치료는 창의적인 말하기의 원리에 인지학적 의학과 아동 발달, 발도르프 교육, 일반 인지학 및 일반 과학의 원리를 결합한 것으로, 독특한 접근법을 취한다. 창의적인 말하기는 리듬이나 호흡, 목소리 사용, 음색, 말하기의 내용뿐 아니라 마치 배우처럼 움직임이나 몸동작을 인식하고 조절하는 것도 발달시킨다. 정교하게 조율된 말하기라는 '악기'에 의해 시에서는 미묘한 차이와 극적인 내용이 생생하게 살아나며 화자speaker는 시의 좀 더 섬세한 심상과 문학성을 이해하고 표현할 수 있다. 이런 방법으로 화자는 스스로 편하다고 느끼는 '진정한' 목소리를 찾음으로써 아름다운 말하기에 도달하기 위해 애쓴다.

예술적인 과정에서와 같은 요소들이 치료를 위해 변형되는데, 이 둘의 유일한 차이점은 예술 과정에서는 관객에게 집중한다면 치료 과정에서는 청중보다는 개인의 말하기에 더 집중한다는 것이다. 말을 할 때 무슨 일이 일어나는지를 자세히 관찰해보면 인간 내부에서 두 가지의 역동적인 체계, 즉 신경-감각 체계와 신진대사 체계가 만난다는 걸 알 수 있다. '따뜻함'과 '의지적'이라는 특성을 지닌 신진대사 체계는 순환 과정을 불러일으키고 반면 냉정함과 사고의 특성을 지닌 신경-감각 체계는 호흡으로 내려간다(Phillips, 2001). 이 두 체계는 순환과 호흡이라는 리듬 체계 안에서 만나게 되는데 여기서 언어 과정은 균형을 찾고자 한다.

이들이 상호적인 관계를 갖는 동안 때에 따라 한 체계가 다른 체계보다 좀 더 활성화된다. 예를 들면 어떤 단어는 사고로 향하고 어떤 단어는 의지로 향하려는 경향이 있다. 모든 문장에는 사고와 의지에 관한 단어들이 계속 번갈아가며 나타나는데, 우리는 이에 대해 균형을 이루기 위한 노력을 해야 한다. 그것이 치료의 열쇠다(Lorenz-Poschmann, 1982).

리듬을 통한 작업

이러한 균형을 이루기 위한 한 가지 방법은 리듬 활동을 하는 것이다. 모든 리듬은 긴 부분(ㅡ)과 짧은 부분(˘)의 조합으로 구성된다.

리듬은 하강 리듬falling rhythm과 상승 리듬rising rhythm으로 나누어질 수 있는데, 하강 리듬은 길게 시작하며 차분하고 편안한 효과를 주는 반면 상승 리듬은 짧게 시작하며 따뜻하고 활기찬 느낌을 준다. 예를 들어 강약(ㅡ˘), 강약약(ㅡ˘˘)의 리듬은 하강 리듬이고 약강(˘ㅡ), 약약강(˘˘ㅡ)의 리듬은 상승 리듬이라고 할 수 있다.

언어형성치료에서는 다양한 리듬이 조화롭게 구성되고 일부 리듬은 특별하게 적용된다. 예를 들어 심장장애가 있는 사람들에게는 약강약(˘ㅡ˘)의 리듬과 6보격의 리듬을 쓴다.

6보격 리듬은 매우 조화로운 리듬으로 고대 그리스에서 발달했다. 위대한 웅변가 호메로스[2]의 《오디세이Odyssey》, 《일리아드Iliad》와 같은 대서사시는 6보격으로 이루어져 있다. 6보격의 시행에는 여섯 개의 강약약 미터metre 혹은 피트feet(1 강약약 미터는 하나의 긴 부분과 두 개의 짧은 부분으로 구성된다), 그리고 두 개의 미터가 더해진 구조가 있다(각 행의 시작에 하나, 중간에 하나). 이것이 두 번의 호흡을 포함하여 각 행에 여덟 개의 강약약 미터를 만들고 호흡과 맥박의 비율은 4:1이 된다. 이 4:1의 비율은 맥박과 호흡 사이에 가장 조화로운 관계로 여겨진다.

---

2 기원전 10세기경의 고대 그리스 시인-옮긴이

// These were the words of the king, // and the old man feared and obeyed him;

왕이 명령하자 늙은 남자가 두려워하며 복종했네;

// Voiceless he went by the shore // of the great dull echoing ocean.

그는 말없이 바닷가로 나가서 지친 모습으로 바다를 향해 소리치네.

// Thither he gat him apart, // that ancient man, and a long prayer,

그는 저쪽에서 따로 떨어져서 오래 기도하는 노인에게 다가갔네.

// Prayed to Apollo his lord, // son of gold-ringleted Laito:

황금 바퀴 레토의 아들인 그의 주 아폴론에게 기도했네:

// 'Lord of the silver bow, // whose arms gird Krissy and Scila,

'은빛 활을 가진 주님, 당신의 팔이 크리시와 스칠라를 둘러싸고,

// Hurl on the Greeks they shafts, // that thy servant's tears be avenged.'

그리스인들에게 화살을 쏘아 당신 종의 눈물을 갚아주소서.'

// So did he pray, and his prayers // reached the ears of Phoebus Apollo.

그러자 그의 기도가 포이보스 아폴론의 귀에 도달했네.

- 호메로스의 《일리아드》 중에서

// This is the forest primeval. // The murmuring pines and the hemlocks,

여기는 태고의 원시림. 아련한 황혼녘에,

// Bearded with moss, and in garments // green, indistinct in the twilight,

바람에 흔들리는 소나무와 헴록들이 푸른 이끼에 싸여,

// Stand like Druids of eld, // with voices sad and prophetic,

슬픈 예언자의 목소리를 지닌 옛 드루이드의 사제들처럼,

// Stand like harpers roar, // with beards that rest on their bosoms.
가슴까지 턱수염을 나풀거리는 하프 연주자들처럼 서 있네.
// Loud from its rocky cavern, // the deep voiced neighboring ocean
바위동굴에서 들려오는 큰소리, 바다의 높고 장중한 소리는
// Speaks, and in accents disconsolate // answers the wail of the forest.
절망적인 어조로 숲의 울부짖음에 화답하네.

- 롱펠로의 〈에반젤린〉 중에서

최근 과학적인 연구에 의하면 6보격의 시는 호흡과 심장 박동을 일치시키는 데 긍정적인 영향을 미치며 또한 심장박동의 리듬과 심호흡의 조화에도 영향을 준다고 한다(Bettermann et al., 2002; Cysarz et al., 2004). 6보격은 차분하게 진정시키는 효과를 가지고 있을 뿐만 아니라 사람의 리듬 과정을 조화롭게 하고 강화한다(cysarz et al., 2004).

리듬 대신 강세stress를 사용하는 아리드믹arhythmic[3] 시 역시 도움이 된다. 여기서는 주로 두운법을 쓴다. 두운법을 사용한 시는 항상 한 행에 네 개의 강한 강세가 있으며 두세 개는 두운으로 같은 음이 반복된다. 말을 할 때 두운을 사용하면 주의를 환기시키며 흥미를 끌 수 있다. 특히 자신과 세상을 분리하기 시작하고 스스로 독립적인 개체가 되어가는 9세에서 12세 사이의 아이들에게 도움이 된다(Steiner, 1988).

---

3 '리듬을 따르지 않는'이라는 뜻-옮긴이

They bŏre⁴ him out to the bŏundless ways,

아이를 태어나게 하는 위대한 분, 재능을 주시는 이,

Schĭlding the Gr̆eat, the gĭver of gĭfts.

그들은 그를 한없이 지루하게 만들었네.

There at the shŏre standeth the shĭp,

얼음에 갇힌 채 날개 달린 호를 열망하는,

Ĭcebound and ĕager a wĭngĕd arc.

바닷가에 있는 배.

They lăid him there, their bĕloved Lŏrd,

그들은 그들이 사랑하는 주를 그곳에 가로눕히고,

Mănny there mŏurned him, Ĕarls of mĭght.

권세 있는 백작들이 그곳에서 그를 애도했네.

They lăid him there in the wăve-streăm's lăp,

그들이 파도의 물결이 찰싹거리는 곳에 그를 가로눕히고,

Bĭrnies and blădes on his bŏsom lay.

버니들과 노깃이 그의 가슴 위에 누웠네.

— 《베어울프*Beowulf*》 중에서

말하기는 분명 호흡과 관련이 있기 때문에 올바른 호흡 또는 잘못된 호흡 방법은 한 사람의 전반적인 건강 상태에 크게 작용할 수 있다. 사람들은 감각

---

4 V=두운 강세

계가 지나치게 자극되면 많은 감각적 인상들을 빠르게 '들이쉬려고' 한다. 이렇게 되면 완전히 '내쉬는 것'은 말할 것도 없고 이미 '들이쉰 것'을 소화할 여유조차 없게 된다. 이는 신경감각 체계를 지나치게 자극하고 공황·불안 장애나 스트레스 관련 장애, 심장장애 및 호흡장애와 같은 질병을 초래할 수 있다.

오늘날 발달에 필요한 것은 바로 날숨이다. 생명력을 불러일으키는 날숨 과정은 신진대사 체계와 관련되어 있으며 신경감각 체계가 과도하게 자극받는 것을 막아준다. 날숨을 발달시키기 위해 언어형성치료에서는 신경감각 체계와 신진대사 체계의 균형 있는 조화가 이루어지도록 노력한다. 이는 호흡을 깊고 넓게 하도록 하고 또한 말을 할 때 호흡을 자연스럽게 하도록 함으로써 이루어진다. 이러한 방법으로 들숨의 과정 역시 외부의 자극에 대해 적절하게 반응하면서 훈련을 할 수 있는데, 들숨의 양은 날숨에 의해 결정된다. 이렇게 하고 나면 들숨 과정은 지나친 자극에서 자유로워지며 건강한 방법으로 '들이쉬기' 위한 이미지와 생각·영감을 개발할 수 있다. 언어형성치료에서 호흡 훈련이 정확하게 실행되면 사람들은 긴장을 풀고 생기를 회복하며 '안도의 숨'을 쉴 수 있다고 느끼게 된다.

말소리는 정서에 영향을 미친다

말을 하는 동안 우리는 소리를 광범위하게 사용한다. 하지만 모든 말하기에는 우리가 말하는 단어를 구성하는 하나의 소리가 있다. 이는 자음과 모음으로 구별된다. 자음은 외부 환경의 구조와 연결되어 있는 반면 모음은 사람의 내면과 좀 더 가깝게 연결되어 있다.

자음은 다시 흙, 불, 물, 공기의 특성으로 나눌 수 있다. 예를 들어 B, P, M, D,

T, N, J, CH, G, NG, K와 같이 강한 음색을 가진 소리는 바위나 돌 또는 우리가 밟고 다니는 흙과 유사하다. 치료 중에 이런 자음을 발음하는 것은 형태와 구조, 힘 그리고 우리가 서 있는 단단한 기반을 느끼게 해준다. 한편 W, F, V, S, Z, SH, TH, Y, CH, H와 같이 바람이 부는 듯한 소리에서는 불을 느낄 수 있다. 날숨의 온기를 통해 이러한 소리들은 차가운 것을 따뜻하게 하고 삶에 방향성을 준다. L은 액체 혹은 물결과 같은 음색을 지니고 있다. 이 소리를 발음하는 것은 둔하고 침체되어 있는 신체에 활기와 운동성을 가져다준다. 쾌활한 소리인 R을 혀를 굴려서 떨리게 발음을 할 때에는 호흡이 활발해지고 무겁고 처진 기분이 가볍고 쾌활하게 변화된다. 이렇게 특정한 자음을 발음하거나 자음을 분류해서 발음을 하면 치유의 효과를 얻을 수 있다.

자음은 조음에 따라 좀 더 분류될 수 있다. 좀 더 섬세한 순음脣音, 즉 입술소리(B, M, P, W)의 구조와 치음齒音(I, N, D, T)의 명료하고도 직접적인 음색, 그리고 구개음口蓋音(G, K, H, Y, NG)의 강하면서도 따뜻한 특색 사이에는 질적인 차이가 존재한다. 이러한 세 영역의 소리는 각각 정신, 영혼, 신체와 연결된다. 이 세 가지의 주요 조음 영역 사이에 두 개의 다른 영역이 있는데, 입술과 윗니 사이의 상호작용으로 인한 자음인 F와 V, 혀와 이 사이의 상호작용으로 발생하는 자음인 S와 Z, SH이다. 따라서 언어형성치료에서는 조음기관을 다섯 개의 영역으로 나눈다. 이는 인간 존재를 전체로 보고 그에 근거한 것이다. 치료사는 진단의 한 가지 방법으로 아이들이 발음하는 것을 관찰하고 적절한 조음 영역을 강화시킴으로써 언어 문제를 중재할 수 있다.

한편 모음은 목소리를 통해, 그리고 형성된 자음 사이에 채색된 색으로 그린 그림을 통해 영혼 그 자체를 표현하는 수단이다. 각각의 모음에는 구별되는 음색과 영혼의 분위기가 있으며, 이는 어조와 언어의 운율을 나타내준다. 예를 들어 모음 a('father'에서와 같이)는 이로움의 경험을 나타낸다(Steiner, 1959). 모음 e(gate에서와 같이)에서는 교차가 일어나고 세상과 나 사이의 경계를 통합하는 반면, i(sheen에서와 같이)는 모든 모음 중에서 가장 분명하게 빛나고 내적인 힘과 빛을 준다. 입술로 내는 소리 o(gold에서와 같이)는 놀라움을 표현하고, u(true에서와 같이)는 사람이 전인적인 존재로서 어려움을 견디는 능력을 가지고 있음을 나타낸다. 모음을 발음하는 방법은 신경기관과 직접적인 관련이 될 수 있다. 이는 치료사가 치료 대상자의 상태를 좀 더 이해하고 정확한 진단을 할 수 있도록 도와준다.

나아가 모음은 다음과 같이 두 가지로 분류될 수 있는데, 밝고 뾰족한 모음 e와 i는 신경과 좀 더 연관성이 있고, 어둡고 둥근 a와 o, u는 감성과 의지와 관련이 있다. 우리의 목적은 모음을 적절하게 사용하도록 하여 삶의 여정을 자극하는 것이고 모음 훈련을 통해 개인의 힘을 강화시키거나 완화시키는 것이다(Denjean-von Stryk & von Bonin, 2003).

아이의 성장과 언어

언어형성치료는 언어가 전체로서의 인간을 어떻게 잘 나타내는지를 관찰하는 것에서부터 시작된다. 또한 언어형성치료는 언어를 인간의 내면에 대한 표현 수단으로 인식한다. 일반적으로 언어의 단순한 기능적인 측면보다 전체적인 묘사가 더 중요하지만, 기능적 측면을 연습시킴으로써 전체적인 묘사에 영향을 미친다. 예를 들어 특정 소리나 소리의 위치를 강화시켜주면 전체적인 수준에서 변화가 생길 수 있다. 반대로 말하는 도중에 특정 동작을 하면 언어의 기능적 측면에 변화를 가져올 수 있다. 기능적 언어장애의 원인은 많은 경우 앞서 언급한 두 가지의 역동적 체계(신경감각 체계와 신진대사 체계) 사이의 불균형에서 찾을 수 있다. 다양한 유형의 질병이 인간의 언어를 통해 겉으로 나타나며, 언어 훈련을 통해 병을 유발하는 힘이 균형감 있는 역동적인 관계 안으로 돌아오게 된다.

언어 발달은 태내에서부터 시작된다. 태아는 태내에서 어머니의 말을 듣고 어머니의 심장박동과 호흡을 느낀다. 언어 능력은 대부분 듣기 능력에 의존한다. 사람은 듣기만 잘해도 언어를 배울 수 있다(Steiner & Steiner, 1978).

아이는 태어나자마자 영양분을 얻기 위해 엄마의 젖을 빨기 시작하는데, 이러한 빨기 활동은 언어 발달의 첫 단계가 된다. 입술과 혀가 강화되고 부드러워지며 조화를 이루게 된다. 섭식feeding의 모든 기능적인 측면이 곧 언어 발달의 기능적 측면이 되며 옹알이로 이어질 수 있다. 아기가 기고 움직이면서 옹알이가 좀 더 의미 있게 되며 입술과 혀에서 더욱 정확한 근육 협응이 일어난다. 마치 아기는 언어기관을 통해 기고 있는 것처럼 보인다. 똑바로 설 수 있고 또 걷게 되면 유아는 자유로워지고 의미 있는 언어를 충분히 발달시키게 된다. 이제 세상을 향해 리듬 체계가 열리고 사물을 명명하는 언어 발달 단계가 시작되는 것이다. 아기는 이어서 명사와 형용사를 사용하게 되며, 구句가 짧은 문장으로 발전하고, 곧 문장으로 이야기하기 시작한다. 언어 그 자체로 아이들은 걸음을 배운다. 아이들은 언어의 발달로 생활 속에서 탐색을 위한 여행을 시작한다.

이러한 적절한 언어 발달 시기를 놓치면 어떤 일이 벌어질까? 언어 발달이 어려운 데에는 여러 가지 이유가 있다. 감각이 둔하거나 유전적인 장애가 있거나 혹은 자극에 대한 과민성 등이 원인이 될 수 있다. 언어는 아동의 전반적인 발달을 평가하는 지표가 되기 때문에 매우 주의깊게 살펴야 한다. 언어형성치료는 아동이 충분히 숙달하지 못했거나 지나쳐버린 발달 단계를 다루는 데 치료의 주안점을 둔다. 활동, 게임, 역할극, 동작, 소리내기 등 놓친 발달 단계로 돌아가는 치료 과정을 통해 아이의 발달이 보다 확고해지도록 돕는다. 이 단계가 지나고 나면 본격적으로 아이는 언어 중재를 받기 위한 준비를 하게 된다.

　언어 발달은 아동의 발달에 강한 힘으로 작용한다. 언어형성치료는 아동과 청소년들에게 매우 유익하다. 모든 아이들은 각각 유사한 발달 단계를 거치고 놀이를 통해 자유자재로 다양한 단계를 넘나들 수 있기 때문에 언어형성치료 프로그램을 쉽게 받아들이고 잘 수행한다. 아이들은 재미있고 신나고 도전적인 특별한 경험을 하게 되며 부모님들은 자녀가 전인적인 한 사람으로 다루어지는 것에 기쁨을 느낄 수 있다.

언어형성치료의 실행방법

　언어형성치료에는 동작이나 제스처와 결합되어 특별히 개발된 일련의 말하기와 음성 훈련이 포함되며 모두 개인의 요구에 맞게 개별화된다. 훈련은 다섯 개의 영역으로 구성된다. 각 유형은 각기 다른 치유 효과가 있다. 다섯 가지 주요 훈련 영역과 효과는 다음과 같다.

훈련 영역	효과
1. 조음	조음기관에 대한 인식의 촉진
2. 호흡	깊이 있는 호흡
3. 민첩함	언어 산출의 민첩함
4. 문장 형성	신진대사 과정의 활성화
5. 모음	목소리의 정확한 구별

시는 리듬과 호흡 사용, 내용을 통해 낭독하며 감정을 표현하거나 세상을 묘사하는 수단으로서의 역할을 한다. 언어형성치료에 사용되는 두 가지의 시 유형은 서사시와 서정시이다. 서사시에는 사건이나 이야기가 등장하는데 호메로스의 대서사시와 롱펠로(하이어워사[5]의 노래 *The Song of Hiawatha*), 킹슬리(안드로메다 *Andromeda*)의 시를 예로 들 수 있다. 서사시를 낭송하는 것은 풍경화를 그리는 것과 비슷하다. 풍부한 색채로 가득하며 객관적이다. 서사의 과정은 수평적인 호흡을 하도록 유도해 호흡을 확장시켜주며 동시에 낭독하는 사람을 진정시키고 리듬감을 준다.

반면 서정시는 경험을 표현하고 사람의 느낌을 나타낸다. 사람들은 인식하고 있지 않은 듯하지만 대부분의 팝 음악은 서정적인 시로 쓰여 있다. 서정시의 가장 대표적인 인물로는 낭만주의 시인들(블레이크, 키츠, 셸리, 콜리지, 워즈워스)을 들 수 있는데, 그들은 외적 사건을 내적으로 어떻게 체험했는지 그 느낌을 시로 표현한다. 이러한 유형의 시를 낭독하면 풍부한 감정을 개발시킬 수 있

---

[5] 아메리칸 인디언의 영웅-옮긴이

다. 서정시 낭독은 자기 영혼의 모든 색채를 통한 '감성 그림feeling-picture'을 표현하는 방법을 배우게 한다. 서정적인 방식으로 말을 하는 것은 형태의 법칙을 고수하면서도 표현의 자유가 있다는 점에서 표현주의 회화와 비슷하다. 치료적으로 서정시를 낭송하는 것은 온화하고 상쾌한 기분이 들게 하며 수직적인 호흡을 가능하게 하여 호흡이 깊어진다.

말을 하지 못하는 사람들에게는 동작이나 제스처 그리고 리듬 활동을 중심으로 치료를 한다. 언어형성치료는 언어 발달의 과정을 따르기 때문에 그것은 비구어적 의사소통의 중요한 첫 단계로 인식된다. 따라서 이 단계에서 말을 하지 못하는 사람들을 위해 동작과 제스처를 충분히 발달시키도록 하면 이들은 의미 있는 소리를 산출하는 다음 단계로 나아갈 수 있다. 이는 옹알이의 단계로, 좀 더 의미 있는 제스처를 통해 재미있는 말소리를 표현하게 된다. 이 단계에서는 이상한 소리나 여러 소리가 혼합된 소리(예를 들어 야채 써는 소리, 비누 거품 소리, 풀 깎는 소리, 나무 자르는 소리 등)에 대한 모방(의성어), 동물 소리에 대한 모방도 중요하다. 제스처와 소리가 동시에 결합되면 협응co-ordination과 의식consciousness을 더욱 발달시킬 수 있게 되며 언어기관의 기능적 발달을 촉진시킬 수 있다.

의식이 향상되면 인지적 과정 또한 발달하므로 구어로 의사소통을 하기 위한 적절한 소리와 단어의 사용이 가능해진다. 먼저 호흡이 시작되고 이어서 다양한 훈련을 통해 리듬감 있는 협응이 이루어진다. 이는 내부 세계와 외부 세계 사이의 경계를 갖게 하고 전체적으로 호흡 습관을 좋게 하며 스트레스와 불안, 질병 등을 감소시킨다. 말하기는 리듬감 있는 활동이기 때문에 종종 이 단계에서 언어 발달의 결과로 말하기 능력이 향상된다. 언어 발달의 처음 단계에서 습득하는 첫 단어는 대개 명사이고, 그다음에 동사, 그리고 형용사가 습득된다. 단어끼리의 결합을 통해 구가 만들어지고, 그 후 짧고 단순한 문장을 구성하게 된다. 이러한 문장들은 결국 삶을 풍부하게 하는 색채가 된다.

자폐 범주성 장애를 가진 스티븐

자폐 범주성 장애를 가진 16세 소년 스티븐은 키가 크고 마른 체격에 머리가 크다. 나는 스티븐이 열두 살이었을 때 스티븐을 처음 만났는데, 팔다리를 잘 제어하지 못한다는 인상을 받았다. 팔을 앞뒤로 흔들고 때때로 상체를 좌우로 흔들며 다리는 조심성이 없어 보였다. 그때 스티븐이 할 줄 아는 말이라고는 누군가가 한 말을 그대로 따라 하는 반향어뿐이었다. 그는 말을 상당히 많이 더듬었기 때문에 다른 사람의 말을 정확하게 모방하지는 못했다. 말더듬이란 빠르고 불규칙적인 속도로 말을 하며 음소나 철자, 단어를 생략하거나 반전시켜 말하는 것을 의미한다. 이는 유창성과 속도와 조음의 장애를 나타낸다(Heitmann et al., 2004). 스티븐은 직접적이고 의미 있는 말을 하지 못했다. 늘 주변에 냉담하고 무관심했으며 이것이 의사소통을 어렵게 했다. 또한 눈맞춤을 잘 하지 않았고 낯선 상황에 처하거나 자신이 기대했던 대로 일이 되지 않으면 격렬한 감정 폭발을 보였다. 스티븐은 다른 사람에게 자신의 요구를 표현하는 소통 능력이 부족했기 때문에 스스로 좌절하고 결국 돌봐주는 사람들로부터도 고립되었다.

우리는 스티븐의 내적 듣기 감각을 발달시키기 위해 박자와 리듬에 대한 내적인 느낌을 확립하는 작업을 시작했다. 이를 위해 그의 반향어를 활용하여 커다란 공을 주고받으면서 내가 낭송하는 짧은 시를 그에게 한 행씩 따라 하게 했다. 이 활동의 목적은 스티븐이 나에게 공을 보낼 수 있을 만큼 충분한 힘을 가지고 공을 직접 '밀어내도록' 하는 것으로, 그렇게 하여 말하기를 위한 의식적인 자극을 개발시키려는 것이었다. 처음에는 매우 어려웠다. 스티븐은 그저 공을 떨어뜨리기만 했고 공은 계속 스티븐의 발에 가 닿았다. 그러나 공을 어떻게 앞으로 미는지 시범을 보여주고 직접 손을 잡고 함께 실시해본 후에는 나에게 공을 '밀기' 시작했다. 내가 "공을 밀어봐"라고 말하면 스티븐은 이 말을 따라 한 후에 나를 향해 공을 천천히 밀었다. 시간이 흐를수록 점점 더 힘차게 공을 던질 수 있게 되었고 거리를 점점 벌려갈 수 있었다. 공을 튀기는 활동은 스티븐의 반응 시간을 증가시키는 데 도움이 되었으며, 이것은 결국 듣기에도 도움을 주었다.

스티븐이 스스로 말하도록 돕기 위해 우리는 일상 사물에 대한 그림카드를 이용했다. 스티븐은 그림에 집중하고 사물을 명명하기 시작했다. 이것은 주의력을 통제하는 신경-감각 체계 훈련과 인지 능력의 개발 및 외부 자극에 적절하게 반응하기 위한 언어 자극 향상에 도움이 되었다. 마침내 주의집중할 수 있는 시간은 증가하고 반향어는 감소하기 시작했다.

두운법이 쓰인 시를 활용하여 말하는 과정 중 의식적으로 팔과 다리, 손을 사용하도록 했다. 각 단어를 잘 포착하도록 돕기 위해 바닥에 일정 간격으로 작은 막대기를 놓고 이것을 건너뛰며 걸어 다니게 했다. 여기에 성공한 다음에는 두운에 맞춘 소리가 날 때만 막대기를 넘도록 했다. 스티븐은 곧 이것을 스스로 인식할 수 있게 되었다. 우리는 또 스티븐의 언어 학습에 도움이 되도록 저글링 공을 이용하기 시작했다. 처음에는 스티븐에게 공 던지는 방법을 가르치기 위해 직접 손을 잡고 함께 해주어야 했다. 스티븐은 손가락 끝으로 공을 쥐는 경향이 있었는데, 이는 자기 지시적인 활동에 참여하는 능력이 부족함을 나타낸다. 그는 공을 손바닥으로 쥐는 방법과 공을 던질 때 손가락 끝을 펴는 방법을 배워야 했다. 이 두 가지 활동과 함께 듣기 능력 개발 훈련과 말하기와 동작을 통합하도록 계획된 간단한 언어 훈련을 실시했다. 후자는 특히 자기 지시적 언어에 중요한 역할을 한다. 스티븐의 반향어가 처음에는 듣기 기술 발달을 방해했지만, 이러한 훈련을 하는 과정에서 스티븐은 듣기 능력이 향상됐고 던지기와 말하기 능력 또한 모두 향상됐다.

스티븐은 14세 수준의 말하기와 의사소통 능력은 물론 세상에 자신을 여는 방법에서도 모두 눈부신 발전을 이뤘다. 그는 질문을 하기 시작했고 자신의 하루 일과에 관심을 보이며 대화를 주도하고 질문에 답을 하기 시작했다. 지난 2년간 그는 자신감을 갖고 말로 자신을 표현하고 있으며 자신에게 몰두하는 능력이 계속 향상되고 있다. 스티븐은 자신의 감정을 표현하고 이해하는 부분에서 여전히 어려움을 보인다. 이것은 앞으로의 언어치료 활동 중에서 좀 더 다루어야 할 부분이다.

다운증후군을 가진 바버라

바버라는 다운증후군을 가진 14세 소녀이다. 나는 7년 동안 정기적으로 바버라를 만나왔다. 바버라는 어렸을 때 쾌활한 기질에 호감 가는 성격을 지녔으며 자신의 주변에 대해 매우 개방적인 성향을 갖고 있었다. 바버라는 신진대사 체계에서 비롯된 말하기 능력은 매우 좋았으나 신경감각 체계로부터 온 언어 및 개념 습득 능력에 문제가 있었다. 바버라의 언어 능력은 한두 살의 어린아이 수준으로, 주로 명사만을 사용하고 질문에는 한두 단어로만 대답했다. 바버라는 단어 수준에서는 발음이 좋았고 대부분의 혼성어를 포함한 모든 소리를 독립적으로 발음할 수 있었다. 바버라는 다섯 살 때 처음으로 말을 시작했다. 그녀가 가진 주된 어려움은 변별력과 언어 습득이었다(Phillips, 2001).

우리의 첫 출발점은 말하기 습득의 초기 단계였다. 바버라의 발달 단계에 맞추어 한두 살의 아이들이 하는 것과 같이 소리와 단어, 몸짓을 통해 놀이를 했다. 리듬 활동이나 소리를 통한 상상놀이에는 동요와 간단한 시를 활용했는데, 이는 청각적인 능력을 향상시키는 매개체가 되어 바버라는 P와 B, 혹은 T와 D 사이의 차이점을 구별할 수 있게 됐다. 이 소리들과 다른 소리들의 차이점을 알고 '식별'하는 것을 돕기 위해 몸짓도 이용했다.

그리고 우리는 동사를 다뤘다. 바버라는 여전히 적절한 문법 구조를 사용하는 데 부족함이 있었기 때문에 시의 운율을 따라 재미있게 걸으면서 이 영역에 접근하기 시작했다. 바버라는 자신의 팔다리의 움직임을 좀 더 잘 인식하게 되었고, 이는 동사를 사용하고 이해하는 데 도움이 되었다. 또한 '날다'와 '걷다', '웃다'와 '울다'와 같은 동사들 사이의 차이를 구별할 수 있도록 하기 위해 시를 낭송하면서 동작도 함께 했다. 동사를 발달시키기 위한 노력과 더불어 문법 구조 발달을 돕기 위해 동사 그림카드를 활용했다. 바버라는 '그', '그녀', '그것'과 같은 대명사를 구분하는 것을 배우고 동사의 끝에 'ing'를 붙일 수 있게 되면서 언어 사용을 더 잘 이해하게 되었다. 동사가 잘 정착되자 다음은 전치사로 넘어가 'on', 'under', 'next to', 'between', 'in front of', 'behind'와 같은 전치사의 차이를 배웠다. 그리고 나서 다시 시에 나타난 단어와 개념들을 동작과 제스처를 통해 연습함으로써 전치사의 개념이 잘 확립됐다. 여기에도 그림카드를 보조적으로 이용했다.

이 단계를 지나자 치료 환경 안에서 바버라의 언어 활용 및 구성 능력은 상당히 향상되었다. 이제 남은 문제는 이러한 새로운 기술을 일상생활에 일반화하기 위해 자신감을 갖는 일뿐이었다. 감각적인 인상들을 식별하는 능력 또한 발달됐고 리듬감각이 향상됐다. 이는 신경감각 체계와 신진대사 체계 사이에 건강한 조화를 이루는 데 도움이 되었다. 바버라는 언어 발달뿐 아니라 전반적인 발달 영역에서 의미 있는 진보를 보였다. 그 후 바버라는 내적으로 주위 세계로부터 분리되는 경험의 시기에 도달했다(Steiner, 1988). 대부분의 아이들은 9~12세 사이에 이를 경험하지만 바버라는 11~12세 즈음에 이 단계에 도달했다. 이를 돕기 위해 처음에는 동작을 통해, 이후에는 말하기와 동작의 결합을 통해 두운법의 요소를 적용하기 시작했다. 이는 바버라의 협응능력을 일깨워주었고 감춰졌던 자신의 개성을 드러낼 수 있게 했다. 이것은 강하고 확신에 찬 목소리로 표현됐다. 이전 단계에서 사용하던 그림카드 대신 시와 이야기가 전면에 등장했다. 이 단계의 궁극적인 목표는 동작과 말, 언어 사용을 통합하는 것이었다.

두 번째 단계에서 우리는 두운을 맞추는 것에서 6보격의 시로 조화를 이루는 것으로 나아갔다. 9년간의 변화에서 두 번째의 시기였다. 6보격 시는 혈액순환과 호흡을 조화롭게 해주기 때문에 다음 발달 단계인 사춘기에 도움을 준다(Steiner & Steiner von Sivers, 1981). 이것은 특히 바버라의 리듬 체계 발달을 위해 중요하다는 것이 증명됐다. 시작은 단순하게 했다. 둘이 앉아서 내가 6보격의 시를 낭송하고 각 행마다 막대기를 주고받았다. 이러한 활동은 시를 낭송하는 동안 우리 사이의 공간을 가로지르는 호흡을 자극했다. 시의 내용에 익숙해진 후에 바버라는 막대기를 내게 주면서 동시에 시를 낭송하기 시작했다. 다음은 시의 장단에 걸음을 맞추고 정확성과 집중력을 기르는 단계였다. 바버라는 마치 꿈을 꾸는 듯 보였고 시 장단에 항상 맞추지는 못했다. 그러나 몇 번의 연습 끝에 집중력이 향상되어 좀 더 일관성 있게 장단에 맞춰 걸음을 걸을 수 있게 되었다. 박자가 잘 맞게 되자 우리는 곧바로 리듬을 표현하는 데 더욱 집중했다. 이것이 현재 우리가 하고 있는 과정이다. 서서 시를 낭송하면서 긴 막대기와 짧은 막대기를 서로 주고받는다. 이는 일종의 서서 하는 댄스로, 우리는 낭송되는 리듬에 따라 이를 수행한다. 리듬에 대한 내적 느낌이 확립된 후에는 리듬에 맞춰 방 안을 원을 그리며 돌며 시를 낭송한다. 바버라는 활동에 적극적으로 참여하고 있으며 때로는 꿈을 꾸는 듯 보이지만 늘 치료 시간을 즐기고 있다.

9장

승마치료

로빈 잭슨 Robin Jackson

좀 더 신비로운 설명은 수세기에 걸친 '문명화'를 통해 우리들 대부분이 잃어버린 어떤 특별한 근원적 유대가 그들 사이에 존재한다는 것이다. 지적장애 아동이 아무런 도움 없이 처음으로 말에 올라타 말의 갈기에 얼굴을 묻고 숨을 쉬는 것이 열 명 중 한 명에게나 나타나는 우연한 일이라고 생각하는가?

승마치료의 발견

당신이 긴장했을 때, 나는 당신의 긴장을 풀어주겠습니다.

당신이 성미가 급해졌을 때, 나는 당신이 인내하는 것을 배우도록 하겠습니다.

당신이 근시안적일 때, 나는 당신이 멀리 볼 수 있도록 하겠습니다.

당신이 조급하게 행동할 때, 나는 당신이 사려 깊게 행동하도록 돕겠습니다.

당신이 화가 났을 때, 나는 당신이 평온해지도록 해주겠습니다.

당신이 거만해지면, 나는 당신에게 공손함을 가르쳐주겠습니다.

당신이 자신의 이익에만 몰두할 때,

나는 당신이 보다 큰 것을 생각할 수 있도록 하겠습니다.

당신이 오만해지면, 나는 당신이 겸손해지도록 하겠습니다.

당신이 외로울 때, 나는 당신의 벗이 되어주겠습니다.

당신이 지칠 때, 나는 당신의 짐을 들어주겠습니다.

당신이 배우고자 할 때, 나는 당신을 가르쳐주겠습니다.

그래요, 나는 당신의 말입니다.

- 월리스 램(1977)

말을 이용한 치료에 관해 가장 오래된 기록은 기원전 3000~2000년 고대 중국의 필사본에서 발견된다. 히포크라테스는 승마가 신체적 효과뿐 아니라 조화로운 감성적 효과가 있는 치유적인 리듬운동이라고 주장했다. 당시 승마는 이동수단 그 이상의 것으로 인식되었고, 또한 장애인의 건강과 안녕을 향상시키는 수단으로도 여겨졌다. 히포크라테스의 추종자들은 승마 활동을 만병통치약으로 간주하고 모든 종류의 만성병 치료 방안으로 추천했다. 크세노폰이 말한 다음과 같은 격언도 있다.

"말은 신체뿐 아니라 영혼과 정신을 위한 훌륭한 스승이다."

1569년 이탈리아인 기롤라모 메르쿠리알레는 《체조의 예술The Art of Gymnastics》이라는 저술에서 승마의 가치에 대해 언급했고, 1600년 영국인 의사 토머스 시드넘 경은 "사기를 진작시키고 근육을 강화하기 위한 최선의 방법은 하루에 수차례 말을 타는 것이다"라고 했다. 1875년에 승마의 가치를 치료 차원에서 처음 연구한 것이 보고되었는데, 프랑스 의사 샤세느가 다양한 건강 상태에 대한 치료법으로 조랑말 타기를 처방하고 승마가 특정 신경학적 질병을 치료하는 데 도움이 되었다고 결론 내렸다. 그는 승마가 사기 진작 차원에서도 두드러진 효과를 보인 것은 물론 자세, 균형, 관절운동에도 효과가 있다고 보고했다.

옥스퍼드 외곽의 병원에서 제1차 세계대전에서 부상당한 군인들에게 승마치료를 실시했다. 물리치료사인 올리브 샌즈는 전쟁에서 장애를 입은 군인들에게 승마치료를 제공하기 위해 자신의 말들을 병원으로 데려갔다. 1946년 스칸디나비아에서는 두 차례 척수성 소아마비가 돌고 난 후 승마치료가 소개되었다. 1950년대에 영국의 물리치료사들이 다양한 유형의 장애를 치료하기 위해 비슷한 치료 가능성을 연구하기도 했다.

승마치료의 발전에 결정적인 계기가 된 것은 1952년 헬싱키 올림픽이었다. 1943년에 소아마비를 갖게 된 여자 승마 선수 리즈 하텔이 마술馬術 그랑프리에서 은메달을 딴 것이었다. 수술과 물리치료를 통해 목발을 짚고 걸을 수 있게 된 하텔은 혼자서 말을 타기로 결심하고 매일 승마 지도를 받았다. 그 결과 다시 승마를 할 수 있을 만큼 근육이 강화되고 협응능력도 상당히 향상됐다.

1950년대 초 노르웨이의 물리치료사이자 뛰어난 승마사였던 엘세벳 보스커가 리즈 하텔을 만났다. 그녀는 하텔의 신체적 향상, 특히 승마를 통한 심리적 안정성에 주목했다. 보스커는 소아마비 환자들에게 승마를 가르치기 시작했고, 클리닉에서 물리치료사들이 하는 훈련과 함께 기본적인 승마 연습을 병행해 실시했다. 하텔과 보스커의 노력으로 유럽의 많은 승마치료 지지자들이 승마치료의 효과를 본격적으로 연구하기 시작했다. 하텔은 유럽과 미국 도처에 승마치료 센터가 건립되는 데 촉매 역할을 했다.

뇌성마비, 기능성 척추만곡, 발달지체, 다운증후군, 다발성경화증, 감각통합장애, 외상성 뇌손상, 학습장애, 언어장애를 진단받은 사람들에게 승마치료가 이용돼왔다. 1989년 독일과 오스트리아의 의사들이 실시한 한 조사에서는 승마치료를 받은 장애 유형이 뇌성마비(27%), 정형외과 장애(20%), 다발성경화증(19%), 외상후 경련장애(19%), 과잉운동장애(15%) 순이었다(Heipertz-Hengst, 1994). 최근에 이루어진 조사에서 24개국 의사들이 승마치료를 받는 장애 유형에 대해 뇌성마비, 외상성 뇌손상/외상후 스트레스 증후군, 다발성경화증, 반신마비, 발달지체/다운증후군, 감각통합장애, 이분척추라는 유사한 순위를 제시했다(Copeland-Fitzpatrick, 1997).

승마치료에 사용되는 말의 유형

캠프힐 학교에서 승마치료에 특히 선호하는 말은 하플링거Haflinger라는 품종이다. 하플링거는 거칠고 강인하며 근면한 '조랑말'로 오스트리아 티롤Tyrol의 산간지방 태생이며 서 있을 때 키가 130~160센티미터 정도 된다. 하플링거는 태생지에서 '앞은 왕자, 뒤는 농부'라고 불렸는데, 이는 뒷다리 근육의 크기 때문이다. 하플링거는 먼 옛날 아라비아 조상을 반영하듯 잘생기고 작은 머리와 매우 섬세한 비구부鼻口部, 크고 검은 눈, 친근하고 총명한 표정, 우아한 목을 가지고 있다. 하플링거의 매력적인 갈색 코트는 담갈색이거나 혹은 초콜릿 갈색이다. 갈기털과 꼬리는 눈처럼 희고 풍성한 갈기털이 목에서 두 갈래로 갈라져 늘어진다.

　수세기 동안 알프스에서 방목된 산간지방의 종자에서 계통이 이어져온 하플링거는 오스트리아 농부들에게 다방면으로 도움을 주었다. 현대의 하플링거는 유순하고 친화적인 특성을 지니고 있기 때문에 모든 가족 구성원들이 다룰 수 있는 유일한 품종이 되었다. 제2차 세계대전 후에 오스트리아 정부가 품종개량을 하고 유럽에서 가장 엄격하게 선별되고 검열되는 품종 중 하나가 되었다. 품종개량된 하플링거는 거부할 수 없는 매력과 인간 친화적인 성향을 가졌을 뿐만 아니라 총명함과 대담함, 쾌활함도 지녔다. 하플링거는 빠르게 배우고 예민해서 승마치료에 매우 적합하다. 무엇보다도 하플링거는 사람들의 친구이자 동반자이다. 수세기 동안 사람들과 가깝게 지내온 하플링거는 쉽게 흥분하지 않고 외향적이면서도 상냥하고 애교 많은 성향을 발달시켜왔다. "하플링거는 미소를 지으면서 무엇이든 할 수 있다"라는 말이 있을 정도다.

말과 지적장애 아동의 유대

말과 지적장애 아동들 사이에는 특별한 유대가 있다는 의견은 쭉 존재해왔다 (Albert, 1981). 말은 지적장애 아동 앞에 섰을 때 민첩성 면에서 갑자기 눈에 띄는 변화를 보여주고 귀의 자세도 달라진다고 한다. 영국 멘캡스 승마기금 Mencap's Riding Fund의 매니저였던 조 로이스는 말과 지적장애 아동 사이에는 어떤 종류의 의사소통이 일어난다고 주장했다. 그는 뒷발로 차고 물어뜯는 버릇 때문에 두 군데의 조랑말 클럽에서 쫓겨난 어떤 말이 지적장애 아동에게는 그런 행동을 보이지 않았음을 예로 들었다.

로이스는 또한 말이 아이와의 만남을 기억한다는 것을 관찰했다. 그는 처음 출장하는 말에 탄 자폐 아동이 너무 즐거워서 노래를 부르기 시작한 사례를 들었다. 그 소년은 말을 타고 5킬로미터 정도를 걸었다. 소년은 2년 후 그 말과 다시 만나 전에 만났을 때 했던 것처럼 안장 위에 손을 얹었다. 그런데 말은 마치 그 소년을 알아보고 즐거웠던 순간을 기억하는 듯한 놀랄 만한 변화를 보여주었다. 말은 소년과 함께 조용히 마구간으로 걸어갔다. 마구간에 있던 마부 소년도 그 말의 변화를 알아보았다. 로이스 역시 말이 마부 소년과 장애아이를 구별했다고 믿었다.

좀 더 신비로운 설명은 수세기에 걸친 '문명화'를 통해 우리들 대부분이 잃어버린 어떤 특별한 근원적 유대가 그들 사이에 존재한다는 것이다. 로이스는 전에 말을 한 번도 본적이 없는 다운증후군 아동에 관한 한 가지 사건을 회상했다. 그 아이에게 승마 모자를 씌워주자 그 순간 아이는 선생님으로부터 도망쳐 버스에서 급히 내려서는 말의 울음소리를 내기 시작했다고 한다. 그 아이가 어떻게 말 울음소리 내는 것을 알았을까? 그의 감성과 감각이 대단히 발달되어 있었기 때문일까? 좀 더 현실적으로는 그 아이가 촉각, 온(열)감각, 특히 후각이 매우 발달되어 있었기 때문이라고 설명할 수 있을 것이다. 지적장애 아동이 아무런 도움 없이 처음으로 말에 올라타 말의 갈기에 얼굴을 묻고 숨을 쉬는 것이 열 명 중 한 명에게나 나타나는 우연한 일이라고 생각하는가?

캠프힐 학교의 승마치료

이 부분은 캠프힐 루돌프 슈타이너 학교의 승마치료사였던 번드 엘렌이 쓴 논문에 근거한 것으로, 그의 허락을 받아 여기에 싣는다.

 승마치료는 의사, 교사, 하우스 페어런츠, 치료사들의 협의 결과 캠프힐 학교 아이들에게 실시하도록 지정되었다. 승마치료 실시에는 다양한 이유가 있다. 대개 한 치료 회기는 6개월 정도이고 아동들은 일주일에 두세 번씩 약 20분 동안 말을 탄다. 치료는 승마치료를 위해 만든 승마학교에서 이루어진다. 이 시설을 만들기 전에는 야외에서 승마치료를 진행했는데 여러 가지 문제가 있었다. 날씨가 좋을 때만 할 수 있었으므로 정기적이고 지속적인 치료가 힘들었고 의미 있는 치료 기간을 확보하기에 어려움이 있었다.
 치료사는 학생들이 도착했을 때 말이 반응적이고 순종적인 상태에 있도록 수업 전 미리 말을 준비시킨다. 학생들은 턱에 가죽 끈이 달려서 벗어지거나 떨어지지 않도록 특별히 만들어진 모자를 쓴다. 치료사가 각 아동의 발달 수준을 알아보기 위해 포괄적인 진단평가를 하는 것은 매우 중요하다. 어떤 아동들에게는 말을 돌보게 함으로써 치료가 시작된다. 처음에는 아동과 말 모두에게 자신감을 불어넣어주는 치료사의 목소리와 함께 아주 조심스럽고 부드럽게 접근한다. 말의 등을 쓰다듬고 아이의 얼굴을 말의 몸에 대고 온기와 부드러움을 느끼고 냄새를 맡도록 한다. 처음에 아이는 안장 없이 말을 탄다. 말의 등에는 가죽이나 천으로 특별히 만들어진 롤러가 갖추어져 있는데, 이는 두 개의 가죽 뱃대끈[1]이 있어 안전하다. 롤러에는 고삐가 부착되는 D자형 금속 고리가 여러 개 끼워져 있다. 이는 양옆의 고삐가 말 머리에 연결되도록 하는 데 필요하다. 말 머리의 위치를 잡는 것은 치료에 매우 중요한 역할을 한다. 말에게는 굴레[2]와 재갈을 달아야 한다. 이 단계에서는 양옆의 고삐 이외에는 말의 위치를 잡기 위한 다른 장비를 사용하지 않는다.

처음 서로를 소개한 뒤 아동을 말 등에 오르게 한다. 이때 말이나 조랑말은 줄에 묶여 있다. 아이가 말에 올라타고 나면 치료사는 몸을 앞으로 기울여 말의 이름을 묻고 귀까지 손을 뻗어 갈기와 목을 쓰다듬어보라고 말한다. 그런 행동은 아동이 말을 타고 있는 동안 자신감을 갖도록 해준다. 아동을 말에 묶거나 손을 잡는 등의 특별한 방법은 사용되지 않으며 승마치료 시작부터 아동에게 도움을 주는 일은 절대 없다. 따라서 승마치료에는 고도로 훈련된 치료사가 필요하다. 아동과 말 사이에 관계가 잘 형성되고 나면 비로소 치료사는 말에게 "걸어라"라고 지시한다. 말은 조마용 줄로 끄는데 치료받는 아동의 손에 줄이 주어지지는 않는다.

---

1 말의 안장을 얹을 때 배에 걸쳐서 졸라매는 끈-옮긴이
2 말을 부리기 위하여 머리와 목에서 고삐에 걸쳐 얽어매는 줄-옮긴이

서서히 치료사와 말의 거리를 벌리고 치료사는 승마장의 중앙에 선다. 그러면 말은 15미터의 원 안에서 걷게 된다. 이러한 초반 치료 기간을 지나 치료 중반으로 가면 말이 서 있거나 움직이는 동안 롤러에서 손을 떼고 율동적인 팔 동작 혹은 나비처럼 펄럭이는 동작 등을 하면서 자신감을 기르는 훈련을 한다. 이 시기에는 또한 다양한 크기와 다양한 무게의 공이나 콩 주머니 혹은 길이 60센티미터, 지름 15밀리미터의 구리 막대기를 던지고 받는 연습을 한다. 이외에도 많은 아이들에게 호흡 작용을 위한 반복 동작을 시도하게 한다. 말을 빠르게 걷게 하는 것이 이에 해당한다. 몇몇 연령이 높은 아동과 청소년들은 일반 구보보다 조금 빠른 3/4 리듬으로 걷게 하기도 하지만, 이는 엄선된 원칙에 의해 수행되어야 한다.

치료의 중반이 지난 후 말을 '서 있게' 한 상태에서 아이를 말 위에 엎드려 눕힌 다음 완전히 이완된 상태에서 편하게 호흡할 수 있도록 팔을 아래로 늘어뜨리게 한다. 이때 말은 완전히 동작을 멈춘 상태다. 아이에게 눈을 감게 하고 완전한 침묵 속에 2~3분 정도를 있게 한다. 그러고 나서 아동은 말에서 내려 말을 가볍게 쓰다듬고 승마장 한켠으로 데려가 묶어둔다. 얼마간의 휴식 후에 다른 아동이 오고 다시 치료가 시작된다. 한 치료 회기는 보통 20분 정도 지속되고 때때로 30분이 되기도 한다. 말이 연속적으로 태울 수 있는 최대한의 학생 수는 네 명이다.

말을 타는 학생들이 점차 진전을 보이고 자신감을 갖게 되면 조마용 줄은 제거되고 치료사의 목소리로 명령을 받으면서 말이 자유롭게 승마장을 돌아다니게 한다. 조마용 줄을 없애면 아동은 자기 조절감을 기르게 된다. 승마 기술이 향상되고 신체적으로 좀 더 강건해진 일부 고학년 아동과 청소년들에게는 안장과 등자鐙子[3]가 주어진다. 처음에는 등자 없이 안장을 사용하다가 나중에 등자도 사용한다. 이 단계에서는 스피드로 인한 스트레스보다는 오히려 말을 통제하기 위한 섬세한 기술적 문제에서 스트레스를 받게 된다.

승마치료의 효과

캘리포니아에 있는 재활승마치료센터Strides Therapeutic Riding Centre에서는 아이들이 승마치료를 통해 얻는 신체적 · 심리적 · 사회적 · 교육적 효과에 대해 아래와 같이 포괄적으로 설명했다. 그러나 승마치료를 받은 모든 아동들이 이와 같은 효과를 보는 것은 아니다. 실제로 어떤 아이들은 한 가지나 그 이상의 이유들로 전혀 효과를 얻지 못하기도 한다. 하지만 승마치료와 같은 효과를 주는 다른 유형의 치료를 생각해내는 것도 그리 쉽지 않은 일일 것이다.

신체적 효과

1. 균형감 향상: 말이 움직일 때마다 승마자는 균형을 잃는 상태에 놓이게 되기 때문에 균형을 되찾기 위해 근육이 수축과 이완을 계속한다. 이러한 운동은 전통적인 물리치료에서는 쉽게 접근할 수 없었던 심부 근육deep muscle에까지 영향을 미친다. 승마자가 말 위에서 다양한 자세를 취함으로써 말이 멈추거나 움직이기 시작할 때 또는 속도와 방향을 전환할 때 다양한 근육을

---

[3] 말 안장에 달아 두 발을 딛게 할 수 있는 물건-옮긴이

사용할 수 있다.
2. 근육 강화: 근육은 많이 사용할수록 강해진다. 승마는 운동의 한 형태지만 오락으로도 여겨진다. 그렇기 때문에 승마자는 연습 기간을 늘리면서 인내심과 동기를 기를 수 있다.
3. 근육 스트레칭: 말 위에 앉으려면 허벅지 안쪽 근육의 스트레칭이 요구된다. 말에 오르기 전에 미리 스트레칭을 하거나 등이 좁은 말에서 점점 더 넓은 말로 바꿔가면서 스트레칭할 수 있다. 발꿈치와 수평이 되거나 혹은 조금 낮게 등자를 달고 말을 타면 발꿈치 인대와 종아리 근육 스트레칭에 도움이 된다. 승마자가 말의 움직임과 반대로 곧은 자세를 유지하기 위해 노력하면 복근과 등근육의 스트레칭도 할 수 있다.
4. 협응능력 향상: 말에게 원하는 반응을 얻기 위해서는 상당히 많은 협응능력이 요구된다. 말은 승마자의 모든 행동에 즉각적인 피드백을 보여주기 때문에 승마자는 언제 말에게 정확한 신호를 주어야 하는지 금방 터득할 수 있다. 말의 빠르기를 통제하기 위해서는 반복적인 동작이 필요하다.
5. 호흡/혈액순환: 일반적으로 승마를 심혈관 운동으로 여기지는 않지만, 빠르게 걷기와 일반 걷기 모두 호흡과 혈액순환을 돕는다.
6. 식욕/소화: 모든 다른 운동과 마찬가지로 승마도 식욕을 자극한다. 소화관 역시 자극하며 소화를 촉진시킨다.
7. 감각통합: 승마는 말과의 접촉과 다양한 자극을 통해 촉각을 자극한다. 말이 방향과 속도를 변화시키며 움직이기 때문에 균형감각이 자극되고, 마구간 환경 내의 다양한 냄새는 후각을 자극한다. 말을 통제하기 위해서는 시각이 사용되어야 하고, 마구간에서의 다양한 소리는 청각과 관련된다. 이러한 감

각들은 모두 승마를 통해 함께 작용하고 통합된다.

심리적 효과

1. 자신감 향상: 장애가 없는 사람들이 일반적으로 수행하는 기술을 숙달함으로써 자신감이 형성된다. 자신보다 훨씬 크고 강한 동물을 통제하는 경험은 굉장한 자신감을 길러준다. 신선한 공기를 마시며 연습을 하는 것도 건강을 촉진하는 데 도움이 된다.
2. 외부 세계에 대한 관심 증가: 장애로 인해 외부 세계에 대한 경험의 제한성을 가진 사람들은 세상 속에서 움츠러드는 경향을 보인다. 승마는 승마자 주변에서 일어나고 있는 일들에 대한 관심을 증가시킨다. 승마자는 말 등에서 세상을 탐구할 수 있기 때문이다.
3. 자기 삶에 대한 관심 증가: 승마에 대한 흥미와 경험은 승마자들이 자신이 경험한 것을 이야기하고 의사소통하게 만든다.
4. 위험 대처 능력 향상: 승마는 위험한 스포츠이다. 승마자는 말 위에서 새로운 기술과 자세를 시도하면서는 물론 단순히 말 위에 올라타 있으면서도 두려움을 극복하는 방법을 배운다.
5. 인내심의 발달: 말은 저마다 자신만의 독특한 기질을 지니고 있다. 승마자는 말이 협력하지 않을 때 말 위에서 기술을 실행하기 위해 노력함으로써 인내심을 배울 수 있다. 기본적인 승마 원칙에 대한 반복적인 연습은 승마자의 인내심을 향상시킨다.
6. 감정 조절 및 자제력 향상: 말을 타는 사람들은 '통제 불능의 승마자'는 곧 '통제 불능의 말'로 이어진다는 것을 금방 알게 된다. 소리를 지르거나 울거

나 감정을 폭발하는 등의 행동은 말을 당황하게 하고, 이것이 다시 승마자를 놀라게 할 수 있다. 승마자들은 이러한 감정을 조절하고 적절하게 표현하는 방법을 배운다.

사회적 효과

1. 친교: 말을 탄다는 것이 혼자 하는 고립된 활동일 수도 있겠지만 일반적으로 승마는 그룹으로 하게 된다. 승마자들은 말에 대한 애정을 공유하고 상호 교류를 형성하는 데 기초가 되는 승마에 대한 경험들을 공유한다.
2. 동물에 대한 존중과 애정의 발달: 말과 깊은 유대감을 형성하기 위해서는 많이 돌봐주고 관심을 기울여야 한다. 따라서 승마자는 말에 대한 관심을 키우고 돌보는 방법도 학습하게 된다. 승마자는 말의 요구를 알아차리는 것부터 배우게 된다.
3. 다양한 경험: 승마와 관련된 경험은 다양하다. 말을 돌보고 마구를 다는 것에서부터 말을 타기 위해 말을 끌고 가는 것, 말의 신체기관에 대해 배우는 것, 말 쇼를 보러 가는 것까지 승마자는 끊임없이 폭넓은 경험을 하게 된다.
4. 즐거움: 승마는 재미있는 운동이기 때문에 승마자는 승마 수업을 받으러 올 때마다 항상 기쁨과 즐거움을 경험할 수 있다.

교육적 효과

1. 읽기: 읽기를 위해서는 형태와 크기와 색깔의 차이를 인식할 수 있어야 하는데, 말 등에 앉아서 게임과 활동의 일부로 이를 쉽게 배울 수 있다. 승마 연습의 일부로 접하게 되면 학습에 대한 거부감이 덜해진다.

2. 수학: 주사위를 던져서 수를 더하고 빼는 등의 게임을 통해 덧셈과 뺄셈을 배울 수 있다. 게임을 통해 개념을 배우기 때문에 학습에 대한 거부감이 줄어든다.
3. 계열성, 양식화[4], 운동 계획: 연필을 쥐고 사용하는 것 같은 단순한 일도 많은 양의 운동 계획이 필요하다. 처음에 어떠한 일의 순서와 계열성을 아는 것이 모든 활동 안에서 가장 중요한 부분이다. 말을 타고서 장애물 넘기나 다른 게임 및 활동들을 통해 이러한 기술 혹은 그 외 다른 유사한 기술들을 배울 수 있다.
4. 눈-손 협응능력의 향상: 쓰기와 같은 기술에 필요한 눈-손 협응능력은 말을 타고 달리거나 다양한 다른 활동과 훈련들을 통해 배울 수 있다.
5. 시공간 인식: 시공간 인식이란 형태와 공간을 인식하는 것, 그리고 환경 안에 있는 형태들 사이에 어떤 관련성이 있는지를 이해하는 것이다. 여기에는 방향성, 공간 지각, 형태 지각, 시각적인 순차적 기억 능력이 포함된다. 읽기와 수학적 개념은 모두 시공간적 인식 능력과 관련된다. 말을 통제하는 과정에서 시공간 인식이 자연스럽게 향상될 수 있다고 주장하는 이들이 많다.
6. 변별력 향상: 승마자는 환경 내의 덜 의미 있는 자극으로부터 의미 있는 자극을 변별해내는 것에 대해 배울 수 있다. 승마자는 자신이 타고 있는 말의 요구와 다른 외부적 요인에 맞서 영향을 받는 것들에 집중하는 것을 배움으로써 변별력을 향상시킬 수 있다.

---

[4] 패턴화된 운동을 통해 마비된 신경과 근육의 회복을 꾀하는 것을 말한다.-옮긴이

결론

모든 승마치료사들은 그동안 확인된 승마의 신체적·심리적·사회적·교육적 효과에 대해 잘 알고 있다. 그러나 승마치료의 효과를 입증할 과학적인 근거가 있는 연구가 시작될 필요가 있다(McGibbon, 1977; Macauley, 2002; Rolandelli & Dunst, 2003). 최근까지 승마치료의 효과, 특히 승마 활동의 어느 부분이 가장 유익한지에 대한 연구 결과를 제시한 문헌은 거의 없었다(Bertoti, 1988; Brock, 1988). 좀 더 많은 연구가 수행되어야 한다는 점에는 대개 동의하지만 세심한 주의가 필요하다는 목소리도 여전히 높다. 왜냐하면 인간과 말 사이의 관계는 특별한 면이 있는데, 이 특별한 측면들은 과학적인 방법으로 조사하는 데 한계가 있고 측정하기 어려우며 또한 변하지 않기 때문이다.

10장

치료 오이리트미

앤젤라 랠프 Angela Ralph, 존 랠프 John Ralph

오이리트미는 기쁨의 원천이 된다. 오이리트미에 대단한 열정을 가진 사람들 중에는 심한 운동 장애를 가진 아동과 청소년들도 있다. 그들은 어떠한 제한도 없이 오이리트미 동작을 체험할 수 있게 되는데, 그렇게 되면 그들은 감사와 기쁨으로 밝게 빛난다.

오이리트미의 발달

오이리트미eurythmy는 20세기 초에 루돌프 슈타이너의 영향으로 시작된 동작 예술이다. 오이리트미는 1912년 슈타이너의 미스터리 드라마Mystery's Drama 무대에서 처음 선보이며 원래는 공연예술로 개발되었다. 이 인지학계의 신생아는 곧 다양한 영역에서 풍성한 발전을 보이기 시작했다. 최초의 발도르프 학교가 개교했을 당시 초창기부터 오이리트미는 교육과정의 일부로 포함되었다. 다른 과목들의 지적 활동을 보완하고 주기 집중수업 주제와 직접적으로 관련되는 동작수업을 통해 기하학, 고대사, 시, 음악 등의 과목에서 학생들에게 풍부한 경험의 기회를 제공해주기 위해서였다.

최초의 발도르프 학교 오이리트미 교사들은 발달상의 어려움이 있는 아동들이 오이리트미 수업을 통해 집중력과 운동능력에서 향상을 보인다는 것을 곧 알게 되었다. 정기적인 오이리트미 연습으로 개별적인 문제들이 완화되자 초창기 오이리트미 교사들은 이런 결과를 가지고 루돌프 슈타이너를 찾아가 오이리트미의 치료적 가능성에 대해 좀 더 알려줄 것을 요청했다. 이것이 의사 및 오이리트미 교사들을 위한 슈타이너의 치료 오이리트미 강의(1983)에 영감을 주어 그 결과 인지학적 의학 분야에 최초의 예술적 치료가 탄생했다.

이는 슈타이너의 말년에 있었던 일이어서 치료 오이리트미는 결국 슈타이너가 지침과 실행법을 직접 전수한 유일한 예술치료로 남게 되었다. 슈타이너는 1924년에 특수교사들을 대상으로 한 강의에서 치료 오이리트미는 장애아동을 위한 주요 중재 가운데 하나라고 말했다. 그리고 그 뒤 몇 년 후 많은 치료 오이리트미 전문가들이 이를 더욱 심화시키고 발전시켰다.

오이리트미는 현재 다음과 같은 영역에서 널리 실행되고 있다.

- 발도르프 학교 및 캠프힐 루돌프 슈타이너 학교와 같은 특수학교에서
- 공연예술과 무대에서
- 치료수단으로
- 여가/오락 수업에서
- 고등교육기관의 교육 및 훈련 과정 중에 학습을 향상시키고 자아 발달을 돕기 위해
- 노동자에서부터 고위 관리직에 이르기까지 팀워크와 자기관리, 의사결정 능력을 향상시키기 위해 다양한 조직체에서 '작업장 오이리트미'로서

오이리트미는 캠프힐 학교와 그 외 다양한 특수교육 기관들에서 다음과 같

은 용도로 실시되고 있다.

- 종교 수업에서 구어에 어려움이 있는 학생들에게 이야기, 신화, 신령神靈과 관련된 주제를 전달하기 위한 수단으로
- 청공간치료Listening Space Therapy나 색광치료Coloured Light Therapy를 포함하여 소규모 집단을 위한 소극적 혹은 적극적 치료수단으로

몸으로 표현하는 소리

오이리트미 동작은 언어와 음악의 고유 법칙을 따르는데 듣는 사람에게 감정을 불러일으키는 것이 아니라 볼 수 있도록 만들어졌다. 오이리트미 전문가는 들리는 것, 내면에 숨겨진 내적 생명력을 볼 수 있게 한다. '언어 오이리트미'에는 각각의 소리에 대해 후두의 움직임을 밖으로 표현하는 팔 동작이 있다. 또한 문법 및 영적인 감정과 느낌을 나타내는 동작도 있는데 이는 소리와 함께 뒤섞인다. 오이리트미 동작은 글자보다는 소리에 따라 안무가 만들어진다. 오이리트미 전문가는 한 단어 안에서 강조되는 소리를 결정하기 때문에 어떤 동작은 다른 동작보다 더 풍부하게 표현되기도 한다. 이러한 모든 동작들을 오이리트미스트가 기하학적인 형태나 그 외 텍스트에서 기인한 다른 형태가 그려진 바닥을 가로지르며 움직이면서 표현한다. 오이리트미 공연에는 한 명 혹은 그 이상의 연기자가 참여하거나 혹은 가능한 한 여러 명이 함께 조화를 이루어 집단으로 연기를 하기도 한다. 슈타이너(1923)는 다음과 같이 주장했다.

사람들은 언어 및 음악과 연결된 기관에 의해 다르게 수행되는 동작들을 실제로 하면서 완전한 인간의 신체를 사용할 수 있다. 여기서 시각적인 언어와 시각적인 음악, 즉 오이리트미 예술이 탄생한다.

음악 오이리트미tone eurythmy에서는 음악의 박자, 리듬, 음조, 멜로디, 음정, 화음, 악구樂句, 무언가無言歌(silent rest), 그리고 크고 부드러운 강약 등에서 동작을 찾아낼 수 있다. 오이리트미스트는 음악을 듣고 그 고유한 음악성을 드러낼 수 있는 적절한 동작을 연결시킨다. 오이리트미스트들은 한 명 혹은 여러 명이 개별적인 악기를 가지고 표현하기도 한다. 안무의 형태는 시각화된 음악을 표현하기 위한 과정 및 악기와 동작의 조화로운 상호작용을 지원하기 위한 방향으로 만들어진다.

오이리트미 동작 훈련은 매우 엄격하게 이루어지지만 관객들을 위한 다양한 요소들을 연결시킬 수 있는 풍부한 예술적 자유가 있다. 오이리트미의 가장 이해하기 어려운 측면 중 하나는 오이리트미스트가 안무가로서 음악에 대한 개인적 감정이나 반응을 표현하지 않는다는 것이다(안무가가 음악에 대한 개인적 감정을 표현하는 것은 현대무용에서 종종 나타나는 일이다). 이들의 과제는 언어와 음악이 객관적으로 시각화되도록 개인적인 한계나 장애를 넘어서 움직이는 것이다. 피아노 연주자가 베토벤 음악을 자기 마음대로 연주하지 않으면서도 자유로운 연주를 하는 것과 마찬가지다. 피아니스트가 피아노를 하나의 도구로 배우는 것처럼 오이리트미스트도 이를 하나의 도구로 이용해 몸을 발달시키고 숙련된 기술을 배운다. 오이리트미 동작에서 개인의 한계를 극복하는 것은 오이리트미를 하는 누구에게나 자아 발달에 중요한 측면이 되며, 오이리트미로 우리의 신체 건강상의 부조화를 다루기 위해 이러한 목표는 꼭 필요하다.

치료 오이리트미

인지학 의사의 처방에 따라 누구든지 오이리트미 치료를 받을 수 있다. 치료 오이리트미는 급성 혹은 만성의 생리학적 질병이나 말기 질병, 심리적인 문제 및 스트레스 관련 문제, 그리고 일반교육이나 특수교육 상황에서 직면하게 되는 다양한 조건들에 모두 처방될 수 있다. 치료 오이리트미 전문가들은 오이리트미에 대한 4년간의 기본 훈련 과정 외에도 혹독하고 철저한 훈련을 받는다. 치료에 쓰이는 동작 중 일부는 예술 오이리트미에서 사용되는 것을 수정한 것으로, 언어와 관련된 동작이 음악과 관련된 동작보다 치료에서 더 광범위하게 쓰인다. 한 수업에서는 3~5개 정도의 동작만이 이용되곤 한다. 신체기관의 치유 효과를 위해 하나의 움직임을 반복하기도 하고 어떤 경우에는 연속된 동작을 수행하기도 한다.

치료 오이리트미 수업은 보통 일대일 수업을 기본으로 하며 개인에게 적합한 방법으로 개별화되어 특정 의학적인 문제나 체질상의 불균형 문제를 다룬다. 각 수업 후 주어지는 휴식시간에는 외적으로 신체가 진정되는 동안 내적으로는 연습한 동작들을 반복할 시간을 주어 치료효과를 더 상승시킨다. 이러한 모습은 치료가 끝난 후 휴식 중에 잠들어 있는 사람들에게서 자주 체험된다.

캠프힐 학교에서 실행되는 오이리트미

치료 오이리트미는 캠프힐 학교에서 수십 년 동안 실시되어왔다. 치료 오이리트미를 통해 학생들이 가진 생리학적·심리학적인 다양한 문제들, 예를 들어 자폐 범주성 장애·주의력결핍과잉행동장애ADHD·간질·유전적 장애 및 외상이나 방치로 인한 다양한 문제들을 다룰 수 있다. 이러한 문제들은 대개 가벼운 혹은 심각한 운동능력장애와 연관되어 있다.

치료 오이리트미에서 반드시 모방의 능력이 필요한 것은 아니다. 치료사가 학생의 팔을 잡고 천천히 움직이는 수동적인 동작만으로도 효과를 얻을 수 있다. 치료사의 도움을 받아 동작을 완성시키는 학생들은 종종 말을 하거나 소리를 내기보다는 동작에 따라 흥얼거리거나 노래 부르는 것을 더 좋아한다. 가벼운 구리 막대나 구리 공이 리듬 활동을 위해 사용되곤 하는데, 따뜻한 속성의 구리가 차가운 손을 따뜻하게 하는 데 도움이 되고 이에 따라 손동작에 대해 좀 더 의식적인 자극을 하게 된다.

그 밖의 다양한 치료와 교육방법이 서로 조화를 이루도록 하는 캠프힐의 전반적인 환경 안에서 치료 오이리트미는 커다란 효과를 보인다. 그러나 치료 오이리트미를 아주 강력하게 실시한다 해도 치유 효과가 즉각적으로 나타나지는 않는다. 각 개인의 신체 상태에 따라 각자의 속도로 반응한다. 이상적인 오이리트미 수업시간은 한 학기 동안 일주일에 한 번 혹은 그 이상 실시하는 것이다. 누군가의 도움에 의한 수동적인 동작들로 이루어진 프로그램을 받는 학생들의 경우 몇 달 혹은 몇 년 이상 오이리트미를 지속적으로 실시하게 된다.

각각의 학생들을 위한 교육팀원들은 캠프힐에 상주하는 의사와 정기적으로 만나 학생의 진보를 평가하고 다음 단계의 교육에 대해 논의한다. 진단평가를 통해 적절한 치료가 선택되고 그 치료들이 조화롭고 균형이 있는지를 판단하는 것도 바로 이 모임에서 이루어진다. 한 학생이 반년 동안 치료 오이리트미와 마사지를 받았다면 다음 반년 동안은 미술치료와 승마치료를 받도록 논의될 수 있다.

말을 하지 못했던 노먼

노먼은 캠프힐에 왔을 때 거의 말을 하지 못했다. 노먼은 누구가가 자신에게 한 말을 반복해서 되풀이하는 반향어를 할 뿐이었고 의사소통을 거의 시도하지 않았으며 눈맞춤을 피하고 사람들과 함께 어울리지 않으면서 멀리서 바라보기만 했다. 노먼은 어떤 활동에도 손을 사용하려 하지 않았다. 동작을 모방하지도 않았고 손 근육 운동기술이 한정되어 있었다. 4년 동안 노먼은 일주일에 두 번 치료 오이리트미를 포함한 집중적인 치료를 받았다. 현재 노먼은 완전한 문장으로 말을 할 수 있게 되었으며 사람을 제대로 보고 모든 사람에게 열광적인 관심을 보이고 있다. 그리고 손으로 작업하는 것을 전보다 덜 부담스러워한다. 또한 거의 정확하게 동작을 모방할 수 있게 되었다. 캠프힐에서 다양한 치료와 광범위한 치료적 접근을 통해 풍부한 특수교육을 받았기 때문에 그 중 어떤 요소가 노먼의 발전에 기여했는지는 알기 어렵다. 특수교육의 모든 측면이 각자의 역할을 잘 해낸 것이다.

운동의 효과

놀랍게도 오이리트미는 다른 운동치료 분야에 거의 알려지지 않았다. 오이리트미와 치료 오이리트미는 특정 연구를 위한 자료를 거의 수집하지 못했지만, 우리는 일반적인 운동 및 근육운동 감각학습에 대한 연구들에서 정보를 얻을 수 있다. 루돌프 슈타이너는 치료 오이리트미가 특수교육의 핵심이 되는 중재로서의 가능성이 있다고 보고 1924년 최초로 특수교육자들을 대상으로 하는 강의에서 이에 대한 특별한 조언을 했다(Steiner, 1998). 오늘날 신경생리학은 아동기 및 그 이후까지의 운동이 두뇌 발달과 기능을 어떻게 자극하는지에 대해 상당히 연구가 진척됐다.

모든 형태의 운동은 머리 속 산소의 흐름을 자극한다. 심지어 우리가 미소를 지을 때조차 두뇌 속의 화학적 혼합물은 미묘한 조절을 한다. 규칙적인 운동은 운동장애뿐 아니라 그 외 학습장애나 인지적 문제, 정서적 문제, 심리적 문제에도 도움이 된다. 운동을 할 때 우리의 모든 신경과 감각은 자극을 받는다. 오이리트미에는 경쟁적인 요소가 없기 때문에 실패에 대해 부끄러움이나 두려움을 가진 사람들은 혼자 동작을 하거나 혹은 다양한 수준의 능력을 가진 학생들과 함께 동작을 함으로써 충분히 자신감을 가질 수 있다.

운동과 스포츠 활동은 학교생활의 어느 부분에든 관련된다. 성장기 신체는 협응능력을 배우고 근육기능을 정교하게 하며 민첩함을 기르기 위한 운동 및 훈련을 필요로 한다. 치료 오이리트미에서 사용되는 훈련은 개별 아동을 위한 환경에서 각각의 특별한 상황에 초점을 맞춘 접근법을 취한다. 오이리트미 그룹 활동은 동작을 우아하고 예술적으로 창조하는 모든 능력이 포함되도록 만들어진다. 캠프힐 학교 12학년 학생들은 졸업발표회에서 오이리트미 공연을 한다.

광범위한 문제를 가진 아동과 성인 그리고 노인을 돕기 위한 다양한 운동 관련 치료들이 존재하고 오랫동안 움직임 없이 사무만 보는 사람들은 건강을 위해 규칙적인 무술武術(martial art) 연습이나 그 외 여러 가지 운동을 찾곤 한다. 요가와 그 밖에 잘 알려진 스트레칭과 같은 운동은 건강에 매우 유익하다. 운동을 하면서 자신의 몸을 어떻게 사용하는지 그리고 신체적 감각을 통해 무엇을 배울 수 있는지를 인식하는 것이 얼마나 중요한지는 많은 이들이 알고 있다. 70세가 넘어서도 규칙적인 운동을 하면 협응능력과 정신적인 기민함이 향상되는 것으로 나타났다. 기억력이 다시 활성화되고 일반적인 삶의 질이 향상된다. 이처럼 운동은 우리의 삶에 많은 영향을 미친다. 또 운동과 오이리트미의 가장 강력한 효과는 성장기 어린이들에게서 쉽게 찾아볼 수 있다.

정기적으로 오이리트미를 한 사람들이 자신의 업무능력이 매우 향상된 것을 깨닫고 이를 소개하면서 세계 곳곳에 있는 단체에서 오이리트미를 실행하게 됐다. 그들은 직무현장에서 솔선하고 창의성이 좋아지는 효과를 체험했다. 경험 있는 오이리트미스트가 자신이 일하는 기관에 조언을 하여 기관의 업무방식을 변화시키는 결과를 가져오기도 한다.

몸과 마음

몸과 마음의 밀접한 관계는 일반적으로 잘 알려져 있다. 자신의 운동능력을 정확하게 인식하고 있는 것은 매우 중요하다. 우리의 마음은 실제 운동을 한 경험과 상상으로 운동을 한 경험에 거의 같은 방식으로 반응한다는 연구도 있다. 현대의 체육 전문가들은 이러한 시각화를 통해 움직임 없이 정지한 상태에서 실제 동작을 천천히 연습함은 물론 새로운 기술을 학습할 수 있다고 말한다.

마음이 몸에 영향을 미치는 만큼 우리의 몸도 마음에 영향을 미친다. 우리의 두뇌 구석구석에는 우리가 사고할 때 활발하게 자극받는 운동신경들이 있다. 우리의 움직임은 바로 사고기관으로 도달하며 사고의 기민함을 자극한다. 우리가 몇몇 한정된 상투적인 운동만을 습관적으로 계속한다면 이는 우리 삶의 질에 영향을 미칠 것이다. 치료 오이리트미의 핵심 요소는 건강에 좋은 다양한 동작을 경험하도록 하는 것이다. 우리 학생들은 유연하면서도 분명한 동작들을 인식하고 연습할 필요가 있다. 오이리트미에는 이를 가능하게 하는 다양한 동작들이 풍부하게 들어 있다.

운동에 의해 활기를 띠는 것은 우리의 마음만이 아니다. 맥박과 호흡 속도는 운동을 하는 동안, 심지어는 실제 운동에 참여하지 않고 그저 운동하는 사람들 주위에 있을 때조차 계속 변화한다. 음악을 듣거나 무용 공연을 볼 때 우리는 마음속으로 움직이고 있는 것이다. 편승효과entrainment라고 알려진 이 과정에는 관악기로 연주되는 음악을 이용한다. 이는 우리를 춤추고 싶어지게 만들고 우리를 편안하게 혹은 바쁘게 움직이게 한다. 치료 오이리트미에서 우리의 목적은 학생들에게 건강에 좋은 운동을 무의식적으로 하도록 하는 것이 아니다. 학생들이 스스로의 발전을 위해 의식적이고 적극적으로 참여하도록 하는 것이다. 우리는 치료와 교육의 과정 속에서 학생들과 협력하고 그들이 치료 오이리트미 프로그램에 적극적으로 참여하도록 한다. 때로는 학생들이 오이리트미 수업시간을 더 늘려달라고 요청하기도 한다.

치료적 변화는 신체 운동의 노력과 체험을 통해 이루어진다. 몸은 그 자체로 치유의 능력을 지니고 있다. 치료 오이리트미 전문가는 운동을 통해 문제가 있고 균형이 깨진 몸과 마음의 특정 영역을 조화롭게 할 수 있다. 오이리트미는 동작들을 통합하고 신체의 특정 부분에 초점을 맞춘다. 감각통합을 통해 알려진 것처럼 균형과 자기수용自己受容(proprioception)에 대한 우리의 감각기관은 우리의 지각과 움직임이 잘 통합하도록 연습하여 더욱 정교화시켜야 한다(Ayres, 1979).

우리가 효과적이고 생산적인 사고자thinker가 되기 위해서는 우리 몸과 마음의 모든 부분이 완전하게 활성화되고 균형을 이루어야 한다. 대뇌 피질이 충분히 발달하고 이것이 나머지의 두뇌 구조와 통합되면서 우리는 창조적으로 사고하게 되고, 타인에게 이를 표현하기 위해 소근육 기술을 사용하며 한 인간 존재로서 넓은 세상을 향해 자유롭게 나아갈 수 있다.(Hannaford, 1995, p. 95)

일반교육에서는 집중력을 높여주고 학습 준비에 도움을 주는 운동 효과에 대해 오랫동안 인식해왔다. 두뇌체조Brain Gym[5]는 북미에서 발전해 전 세계 곳곳으로 퍼졌다. 두뇌체조 훈련은 음향sound 신경생리학 연구에서 비롯된 것으로 정신집중 능력을 향상시키고 난독증dyslexia과 통합운동장애dyspraxia를 극복하기 위한 목적으로 사용된다. 이러한 훈련의 대부분은 오이리트미 훈련과

---

5 이는 교육 근운동학 협회Educational Kinesiology Foundation에 정식으로 등록된 상표이다.

매우 유사하며 효과적으로 학습하도록 하기 위해 구조화된 훈련을 요구하지 않는다. 아이들은 '단추를 채우는' 동작에서도 유익한 효과를 체험하고 이를 자발적으로 수행하기 시작한다. 캠프힐 학교 학생들이 오이리트미에 열광하는 모습을 보면 매우 흐뭇하다. 코워커들은 오이리트미 수업이 있는 날 학생들이 굉장히 기대하고 있음을 느끼곤 한다. 때때로 게임에 오이리트미 동작이 이용되기도 하고, 말을 하지 못하는 학생들은 'T 동작'을 가지고 오이리트미로 의사소통을 하기도 한다. 그렇게 오이리트미의 새로운 침묵의 표현이 의미 있는 동작언어로 우리의 어휘 속으로 들어왔다.

동작이 가진 치유의 힘

오이리트미는 체험을 통해 가장 잘 이해될 수 있다. 캠프힐 학교 내의 모든 사람들은 오이리트미를 어느 정도 시도해볼 기회를 가진다. 코워커 그룹도 오이리트미 안에서 서로 창조적인 관계를 형성한다. 사람들이 자신들의 움직임을 의미 있는 동작으로 결합시킬 때 하나의 단어를 창조하면서 모두가 하나로 통합되는 심오한 체험을 하게 된다. 성인들뿐 아니라 아동들도 그것을 경험한다.

오이리트미는 기쁨의 원천이 된다. 오이리트미에 대단한 열정을 가진 사람들 중에는 심한 운동장애를 가진 아동과 청소년들도 있다. 그들은 어떠한 제한도 없이 오이리트미 동작을 체험할 수 있게 되는데, 그렇게 되면 그들은 감사와 기쁨으로 밝게 빛난다. 우리는 오이리트미를 하는 동안 자폐 범주성 장애로 진단받은 학생들과 항상 눈맞춤을 한다.

몇 년 동안 많은 학생들의 특이한 걸음걸이와 자세가 서서히 변화하는 것을 목격했다. 다양한 특수교육적 접근들과 통합하여 오이리트미를 실행함으로써 나타난 내적인 변화가 외적으로 표현된 것이다. 우리 학생들은 언어와 음악, 동작이 가진 치유의 힘을 그대로 보여준다. 이것이 바로 오이리트미의 목적이다. 학생들과 함께 살며 생활하는 우리도 그 아이들보다 더 오이리트미를 잘하지는 못한다.

11장

공예

수지 쾨르팅 Susie Koerting

공예 활동은 전인적인 접근 방법 중 하나다. 작업장뿐 아니라 교실이나 가정에서 그리고 치료 과정 중에 학습의 기회가 제공된다. 공예 활동은 장애 청소년들이 적극적으로 감각을 사용하고 의지를 갖고 참여함으로써 자신을 둘러싼 환경과 다양한 생명체를 비롯해 자기 스스로에 대해서도 강하고 책임 있는 그리고 상호 존중하는 관계를 증진시키는 것을 목표로 한다.

손가락 끝이 가진 감각

우리의 손가락 끝에 있는 신경 말단의 밀도는 엄청나다. 손가락의 식별력은 우리 눈만큼이나 뛰어나다. 만약 우리가 손가락을 사용하지 않거나 유아기 혹은 아동기에 '손가락 감각을 잃어버리게' 되면 이 풍부한 신경 조직이 약해지면서 두뇌가 손상되고 개인의 전체 발달을 저해할 것이다. 이러한 손상은 실명 상태로 비유될 수 있다. 어쩌면 그보다 더 나쁘다고도 할 수 있는데, 시각장애인은 단지 이런저런 사물을 찾을 수 없는 것인 데 반해 손가락에 감각이 없는 사람은 자신의 내적 의미와 가치를 이해할 수 없기 때문이다.(Bergstrom in Mitchell & Livingston, 1999, p. 9)

참된 교육은 인간의 요구를 충족시키려는 목적을 지닌다. 머리, 가슴, 사지는 수공예와 공예 작업을 통해 서로 각별한 관계를 형성하게 된다. 공예 수업을 통해 학생들은 세계를 명확하게 받아들이고 자신의 잠재적 창의성을 표현하는 기회를 갖는다. 수공예 및 공예 활동은 학생들이 다양한 재료의 특성을 알고 그 과정에 참여하도록 하기 때문에 치료교육에 유익하다. 도예가는 작품을 만들면서 진흙에 자신의 손자국을 남길 뿐만 아니라 창조적으로 작품을 만드는 과정에서 내적인 감동을 느낀다. 공예는 교육적이고 치유적인 효과뿐 아니라 다양한 손기술을 습득할 수 있는 기회도 제공하고 고학년 학생들에게는 실제 작품을 만들어볼 경험을 준다. 공예 활동에 참여하는 학생들은 치료교육적인 측면 외에도 사물에 대한 추상적인 생각을 완성된 결과물로 구체화시키는 과정을 경험한다. 이를 통해 학생들은 사물의 창조와 관련된 인간의 정서적이고 지적인 속성에 대해 인식할 수 있다.

발달 단계별 공예 활동

나에게 말로 하면 나는 잊어버릴 것이다.
나에게 보여주면 나는 기억할 것이다.
나를 참여시키면 나는 이해할 것이다.

- 공자, B.C. 450

공예 활동은 전인적인 접근 방법 중 하나다. 작업장뿐 아니라 교실이나 가정에서 그리고 치료 과정 중에 학습의 기회가 제공된다. 공예 활동은 장애 청소년들이 적극적으로 감각을 사용하고 의지를 갖고 참여함으로써 자신을 둘러싼 환경과 다양한 생명체를 비롯해 자기 스스로에 대해서도 강하고 책임 있는 그리고 상호 존중하는 관계를 증진시키는 것을 목표로 한다. 공예의 목적은 다음과 같다.

- 학생들이 창의성과 자아표현을 할 수 있는 기회를 제공한다.
- 학생들이 자신의 선택과 흥미, 생각을 표현할 수 있도록 북돋아준다.
- 인내와 결단력을 필요로 하는 창조적인 과정에 참여시킨다.
- 학생들 자신이 '행위의 주인'이 되도록 하여, 다른 사람에게 유용한 물건을 만드는 능력을 가질 수 있게 이끌어준다.
- 학생들에게 작업이란 무엇인지를 알려준다.
- 다른 사람들과 어울리고 상호작용할 수 있는 활동을 제공한다.
- 팀으로 하는 작업의 중요성을 알려준다.
- 일상생활에서 실제적 가치가 있는 물건들을 창조하게 한다.

작업장에서 학생들은 다양한 재료를 탐색하고 공예와 관련된 특정 기법과 기술을 배울 기회를 갖는다. 이는 긍정적이고 의욕적인 경험이 될 수 있다. 자기 손으로 만든 물건을 보면 학생들은 자랑스러워한다. 공예 활동을 통해 대·소근육 운동기술이 향상되고 눈-손 협응능력이 강화될 수 있다. 캠프힐 학교에서 실행되는 공예 활동은 다양한 색과 냄새, 감촉 등의 감각체험을 바탕으로 작업함으로써 그 치료적 효과가 더욱 커진다.

수공예 및 공예 활동은 발도르프 교육과정의 주요 요소이다. 공예는 학생들을 창조적이고 숙련된 정신적인 존재가 되도록 도와주는 활동과 과제를 제공한다. 발도르프 교육과정은 캠프힐 학교의 교육과정에 영감을 주었다. 1940년대 이후로 공예 활동은 인지학적 특수교육 교육과정의 핵심이 되고 있다. 이는 학령기 내내 학생들이 수행해야 하는 활동으로 교육과정 안에 포함된다.

유치원

유치원 교육에서의 강조점은 창의적이면서도 재미있는 방법으로 아이들에게 '배움'을 경험하게 하는 것이다. 자연스러운 모방 욕구를 자극할 수 있는 활동에 아이들을 참여시킴으로써 스스로 학습능력을 개발하도록 지원해준다. 모방에 대한 어린아이들의 즐겁고도 천진난만한 욕구는 한 인간을 도덕적이고 책임감 있는 세계 시민이 되도록 하는 잠재력 개발에 매우 중요한 요소이다. 조기 특수교육 기관에서는 아이들이 연령에 적합한 창의적인 활동을 하면서 손을 많이 사용하도록 가르친다. 이러한 단순한 활동을 통해 아이들은 재미있는 방법으로 자신의 주변과 친숙해질 수 있다.

1~3학년

7세에서 9세 사이의 아이들은 주변에서 일어나는 일들에 자연스러운 호기심과 관심을 갖는다. 그들은 활동에 참여하고 싶어하고 이야기 듣기를 좋아하며 배우기를 열망한다. 슈타이너는 아이들이 손을 이용해 집중적이고 리듬 있는 활동에 참여하는 것이 매우 중요하다고 강조했다. 그는 이러한 활동으로 뜨개질을 예로 들었다. 이처럼 손으로 하는 활동은 아이들의 판단력을 향상시킨다고 믿었다. 만약 교육이 아이들의 지칠 줄 모르는 호기심과 에너지를 이용할 수 있다면 아이들의 사고 능력은 물론 지식과 내적 경험을 통합시키는 능력 또한 향상시킬 수 있을 것이다. 슈타이너는 이 시기 아이들의 뜨개질 능력이 그리 대단치는 않지만, 이 시기 아이들에게는 목적을 가지고 의미 있고 아름다운 작품을 만들도록 가르치는 것이 중요하다고 주장했다.

9세 즈음이 되면 아이들은 자기 주변에 더욱 민감해지고 자신과 주변 사람들 사이의 차이에 대해 점점 더 많이 인식하게 된다. 이 시기는 아이들의 자의식이 확장되는 첫 단계이기 때문에 그들에게 슬프고도 외로운 경험이 될 수 있다. 이 시기 아이들이 자신을 거대한 인류의 일부이자 '가족'의 한 부분으로 느낄 수 있도록 하기 위한 방법으로 집짓기가 있다. 3학년 교육과정에 집짓기가 포함되며 이와 관련해 나무 다루기(예: 톱질하기, 줄질하기, 망치질하기), 흙벽돌 만들기, 벽돌 쌓기, 벽 칠하기 등의 다양한 수공 활동이 소개된다. 아이들은 또한 '자신들의' 집을 설계하고 건축하는 데 참여하게 된다.

4~9학년

4학년부터 9학년까지는 물건 만들기와 관련된 다양한 과정을 배운다. 아이들이 공예 활동과 이후의 작업에서 진보를 보이는 때가 바로 이 시기다. 아이들은 사물이 한순간에 창조되는 것이 아니라 모든 것은 그 어떤 것이 되기 위해 각자 고유한 시간이 필요하다는 것을 배운다. 아이들은 인내와 결단이 실제적인 기술과 능력을 습득하는 것만큼이나 중요함을 알게 된다. 이 시기에 아동들은 단순한 목공이나 조각을 익히는데 펠트나 가죽 또는 그 외 다양한 재료를 가지고 그림을 그리고 부드러운 작은 동물이나 공 같은 것을 만든다. 아이들은 다양한 재료와 기술을 경험하며 아름다운 물건을 만들고 평가하는 것에 대해 배운다.

10~12학년

공예는 고학년 학생들에게 창조적이고 치유적인 방법으로 직업의 세계를 소개해준다. 캠프힐에서는 이에 대해 고려하며 공예 활동을 제공한다. 이 시기 청소년들은 많은 양의 사실적인 정보를 받아들일 능력을 가지고 있다. 하지만 이 시기의 다른 청소년들과는 달리 캠프힐 학교의 학생들은 책이나 컴퓨터를 통해 지식을 얻는 데 어려움이 있고 새로운 학습을 하고자 할 때 실제적인 활동이 필요하다. 공예를 가르치는 교사의 주된 역할은 학생들이 자신의 재능을 개발하고 이를 인류 봉사를 위해 사용할 수 있도록 도와주는 것이다.

다양한 분야에 참여하기

각 공예작업장에는 보통 능력을 지닌 학생과 요구 수준이 다양한 학생들이 2~6명 정도 모여 있다. 특수교육의 중요한 측면 중 하나는 개인의 잠재력을 찾고 반영하는 것이다. 이는 모든 공예 활동에서 가능한 일이다. 각각의 공예 활동은 특별한 재료와 도구를 쓰기 때문에 학생들은 다양한 치료적 측면을 경험할 기회를 가질 수 있다. 모든 공예 과정의 목적은 재료를 미적이고 실제적인 목적을 지닌 물건으로 변형시키는 것이다. 캠프힐 학교에서는 다음과 같은 공예 분야를 교육과정에 포함시킨다.

- 펠트 제작
- 양초 제작
- 직조
- 도기 제조
- 목공예
- 금속공예
- 연장 수리

펠트 제작

펠트 제작을 위해 학생들은 먼저 양모를 준비하는 과정을 배우는데 여기에는 양털을 선별하고 먼지를 제거한 다음 빨아서 말리는 과정이 포함된다. 섬유를 느슨하게 하고 분산시키기 위해 빗질을 하고 나면 양모에는 보풀이 형성된다. 일단 빗질을 하고 나면 양모는 실이 되거나 펠트가 되거나 혹은 염색할 준비가 끝난다. 이를 평면 혹은 입체적인 물건을 만드는 데 사용한다. 빗질된 양모를 먼저 십자형으로 엇갈리게 하여 서너 겹으로 쌓아 깔끔하게 정리한다. 그러고 나서 쌓아놓은 양모를 그물로 싼 다음 여러 장의 수건을 깔고 그 위에 올려놓는다. 여러 겹으로 쌓아놓은 구석구석에 따뜻한 비눗물을 뿌리고 부드럽게 펼치면 섬세하게 배열되어 있던 양모 섬유가 평평한 조각이 된다. 바로 이 시점에서 펠트를 만드는 과정이 시작된다. 이 펠트 천 조각의 표면에 물이나 비누를 뿌려가면서 반복적으로 손을 움직여야 한다. 그러는 동안 양모 섬유가 서로 포개지고 영구적으로 굳는다. 훨씬 촘촘한 조각을 만들고 싶다면 대나무 돗자리에 말아놓거나 뜨거운 물에 적신 수건이나 종이로 눌러놓는다. 완성된 펠트 조각을 가볍게 헹군 다음 말려서 평평하게 펼쳐놓는다. 이 과정이 끝나면 펠트 조각으로 가방이나 파우치, 옷, 인형, 장난감 등 다양한 물건을 만들 수 있다.

학생들은 자신의 능력과 요구에 맞게 이 모든 과정에 참여한다. 펠트 만들기에는 창의성을 표현할 수 있는 가능성이 많다. 예를 들어 만들기를 원하는 모양이나 품목을 선택할 수 있고 양모를 가지고 화려한 무늬나 그림을 만들 수도 있다. 펠트 작업에는 과제에 집중하고 의지를 조절하는 능력이 요구된다. 또한 펠트 작업 과정은 따뜻하고 평화로운 분위기에서 이루어지기 때문에 학생들을 진정시키는 효과가 있다. 이는 감각을 자극하는 활동임과 동시에 그룹으로 작업할 수 있다는 장점도 있다. 양모를 가지고 무언가를 만든다는 것은 즐거운 일이며 부드럽고 따뜻한 양모라는 소재가 학생들을 편안하고 기쁘게 해준다.

양초 제작

양초 작업장에서 학생들은 녹인 밀랍에 심지를 적시는 방법으로 양초를 만드는 과정을 배운다. 양초는 캠프힐 학교나 캠프힐 공동체에서 매일 사용하는 것으로, 특히 크리스마스 시즌에는 양초 수요가 매우 높다. 학생들은 다음과 같이 양초 만들 준비를 한다.

- 적절한 두께의 심지 한 통을 준비한다.
- 원하는 길이만큼 재서 자른다.
- 곧은 양초를 만들어내기 위해 심지를 무겁게 한다.
- 나무 틀에 밀랍을 붓고 심지를 끼워 넣는다.
- 밀랍이 담긴 틀을 선반에 일렬로 올려놓고 굳힌다.

마루용 직조기

탁자용 직조기

아마사용 직조기

태피스트리용 직조기

이 모든 활동은 작업장 중앙에 있는 커다란 탁자에서 이루어진다. 학생들은 팀 작업을 통해 함께 일하는 것을 배우고 서로의 노력에 대해 고마워할 줄 알게 된다. 녹인 밀랍에 심지를 넣어 만드는 작업 중에 학생들은 양초 선반과 밀랍이 있는 통을 왔다 갔다 하기도 하고 이제 막 만들어진 양초를 아주 느린 걸음으로 조심스럽게 운반하기도 한다. 반복해서 밀랍을 묻혀 양초가 점점 커지면 천천히 밀랍 안으로 심지를 넣고 다시 천천히 꺼낸다. 마지막으로 양초를 선반 위에 올려놓고 다시 밀랍에 담그기 전까지 굳힌다. 양초를 만드는 과정은 많은 시간과 집중력, 끈기 그리고 대단한 인내를 필요로 한다. 나아가 주문이 들어온 양초를 생산하기 위해 학생들에게 다양한 양초 만들기 활동을 선택하게 하고 각자 자신만의 방법으로 양초를 꾸밀 수 있도록 한다. 양초 만들기는 학생들의 관심을 끄는 매우 매력적인 공예이며 지역 공예 박람회나 학교 오픈데이 활동에 쓰이기도 한다.

직조

학생들은 민무늬 천이나 간혹 패턴이 있는 천을 짜는 방법을 배워 직접 테이블보, 테이블 러너, 가방, 쿠션과 같은 유용한 물건을 만들어낸다. 여기에는 마루용 직조기, 탁자용 직조기, 아마사용 직조기, 태피스트리용 직조기가 이용되며 면사와 아마사뿐 아니라 상업적인 털실, 손으로 짠 털실이 재료로 쓰인다. 가장 간단한 직조기에서 가는 실이 위아래로 번갈아가며 움직이는 과정을 보며 아이들은 기본적인 천짜기 지식을 습득한다. 학생들의 흥미와 기술 수준에 따라 다음 단계의 작업이 선택된다. 직조의 목적은 학생들이 독립적으로 천짜기를 할 수 있도록 도와주는 것이다. 직조 과정 중에 색 혼합을 적용해보도록 한다. 능력의 차이가 있기 때문에 학생들은 천 짜는 과정을 함께할 필요가 있다. 일부 작업은 학생들이 하고 일부 작업은 봉사자들이 도와준다. 결과물에 대한 학생들의 기여(비록 작은 부분이라 할지라도)는 늘 중요하게 여겨진다. 천짜기는 순서대로 하는 작업 과정이 요구된다. 천을 짜는 사람은 직조기 앞에 앉아서 연속적인 일련의 작업을 수행해야 한다. 천짜기를 할 때 비터beater는 앞뒤로 흔들리고 북은 좌우로 움직이며 지렛대는 위아래로 움직이는데 이런 과정을 보며 학생들은 공간감각을 향상시킬 수 있다.

도기 제조

도기 제조 작업장에서는 기본적인 도기 제조 기술의 습득과 이해를 목표로 하여 학생들이 개별 혹은 그룹으로 작업을 한다. 다양한 유형의 흙을 다루고 유약을 바르며 자신의 도기를 디자인하고 장식도 한다. 도기 작업장에서 학생들은 다양한 도구를 다룰 수 있도록 교육받는다. 석고 모형을 통해 만들어진 몰드mold를 비롯해 흙을 측량하고 선을 그리고 모형을 만들고 자르고 굴리는 데 필요한 모든 도구들을 이용한다. 그리하여 컵, 접시, 화병, 주전자, 항아리와 같은 다양한 물건을 만들어낸다. 어떤 학생들은 도자기를 빚는 물레potter's wheel에 흙을 얹어 모양을 빚는 방법을 배우거나 작품을 만들기 위해 흙을 사용하는 법 등 좀 더 복잡한 절차를 배우기도 한다. 학생들은 또한 다양한 흙의 종류와 질, 유약의 다양성 및 사용 방법 그리고 흙을 굽는 기술을 익힌다. 도기 제조는 학생들에게 자신감을 심어주고 대·소근육 운동능력을 향상시키며 자기 작품에 대한 열정과 동기부여의 중요성을 가르치는 중요한 치유적 활동이다. 이는 학생들에게 '마술'과도 같은 불가사의한 일이 될 수 있다. 흙 덩어리가 점점 형태를 갖춘 물건으로 변화해가는 것을 보며 학생들의 눈은 기쁨과 놀라움으로 밝게 빛나고, 이는 내적인 치유를 이끈다.

목공예

목공 수업에서 학생들은 다양한 유형의 목재를 가지고 수많은 방법으로 매력적이고 유용한 물건들을 만들어낸다. 목공에서는 톱, 줄, 사포, 측량도구, 날붙이, 망치, 드라이버 등과 같은 공구의 정확한 사용과 관리가 요구된다. 학생들은 줄과 사포를 이용하여 달걀 모양의 둥근 짜깁기용 받침darning egg을 만든다. 또 학생들이 자주 만드는 물건으로는 둥근 사발이 있다. 이는 받침을 만드는 것과는 반대의 재미를 준다. 달걀 모양 받침의 볼록한 형태와는 완전히 반대로 오목한 모양이 되도록 나무를 깎아내야 하기 때문이다. 그러나 거꾸로 뒤집었을 때는 볼록한 모양이다. 캠프힐에서는 실용적이고 쓸모 있기만 하다면 어디서든 스스로 디자인한 물건을 만들도록 학생들을 북돋아준다. 학생들은 목공과 관련된 다양한 기술을 배울 수 있다. 예를 들어 측량하기, 드로잉하기, 자르기, 깎기, 공간 인식, 계산하기, 지침과 설계 따르기, 목재 선별하기, 적절하고 전통적인 사용법에 대해 알기 등이다.

금속공예

금속공예 수업은 학생들에게 금속공예에 대한 이해와 실제 및 금속공예의 기본기술을 지도하는 것을 목표로 한다. 학생들은 자신만의 작품을 디자인하고 구리나 알루미늄, 놋쇠와 같은 다양한 부드러운 금속들을 가지고 작업할 기회를 갖는다. 때로는 철을 사용하기도 한다. 학생들은 금속공예 실습을 하면서 공예에 필요한 연장 다루는 법도 배운다. 여기에는 나무 몰드와 망치 사용법뿐 아니라 측량이나 도면 그리기, 자르기 등을 위한 도구 사용법도 포함된다. 교사의 감독 하에 학생들은 자기가 작업하는 금속을 부드럽게 하기 위한 가스 토치 사용법도 익히게 된다. 물론 언제나 안전기준을 준수하도록 한다.

학생들은 그릇이나 촛대, 장신구, 접시 등을 만든다. 능력이 있는 학생들은 좀 더 복잡한 과정에 참여하여 배울 수도 있다. 촛대, 구리 공, 금속 조각이나 그림들은 물론 부젓가락이나 부지깽이와 같은 벽난로 도구도 만들 수 있다. 만들 수 있는 품목은 끝이 없다! 금속공예는 끊임없는 의지가 요구되는 작업이다. 하나의 작품을 작업하고 완성하기 위해서는 인내와 결심, 끈기가 필요하기 때문에 특별한 요구를 지닌 장애학생들은 종종 기술을 습득하는 데 어려움을 느낀다. 불 속에 딱딱하고 차가운 금속 재료를 넣는 것은 금속공예의 매력이라고 할 수 있다. 학생들이 아름다운 작품을 완성하고 일상 속에서 사용하기 위해 그 작품을 가지고 가는 것을 볼 때마다 공예 교사들은 큰 만족감을 느낀다.

연장 수리

캠프힐 학교는 자선단체 TFSRTools for Self-Reliance의 활동을 적극적으로 후원한다. TFSR은 연장을 수집하여 수리한 후 제3세계에 나눠주는 일을 한다. 수리한 연장은 연장통에 모아 개발도상국으로 보내진다. TFSR 작업장은 영국 네트워크에 소속되어 있으며 고학년의 학생들을 대상으로 기본적인 연장 수리 교육의 기회를 제공한다. 연장 수리 교육 프로그램에서는 연장의 역사와 사용 방법, 관련 기술 및 국제사회의 사회·경제적인 쟁점들을 다룬다.

학생들은 연장을 구성하고 있는 다양한 부품과 부품의 조립 방법을 알기 위해 모두 분해해본다. 부품을 닦기 위해서는 사포와 와이어브러시, 녹 제거기와 유지油脂 제거기가 사용된다. 나무로 된 부품의 수리를 위해서는 줄과 사포, 톱, 나무 끌, 표준자, 샌드벨트 기계, 전기 드릴 및 트위스트 비트와 같은 도구들이 필요하다. 연장을 수리하는 데는 다양한 기술이 이용된다. 예를 들어 망치를 수리하려면 손잡이와 금속 부분을 분리한 다음 손잡이는 적절한 나무로 대치하여 수선을 하고, 금속 부분은 녹을 제거하고 표면을 사포로 닦은 후 파손된 부분을 고쳐야 한다. 금속 부분의 수리를 위해서는 줄과 와이어브러시, 드라이버, 스패너, 전기 와이어브러시, 분쇄기, 용접기 등을 써야 한다. 연장 수리 마무리 단계에서 학생들은 모든 연장이 연장통 안에 잘 채워져 있는지, 그리고 받을 이에게 보내는 편지가 통 안에 들어 있는지 등을 확인하기 위해 점검표를 가지고 체크한다.

오래되고 부서진 연장들을 새것처럼 수리하는 일은 장애 청소년들에게 긍정적이며 도전적인 경험이 될 수 있다. 수선된 연장은 한 데 모은 후 어려운 처지에 있는 사람들을 돕기 위해 개발도상국으로 보내지며 그곳에서 제철공이나 건설업자, 목수, 제화업자들에게 쓰일 것이다. 이러한 작업은 부가가치를 제공하며 학생들로 하여금 손을 사용하게 하고 섬세하고 정확한 방법으로 일하도록 하는 동기를 부여한다.

결론

벅스트롬은 학교 교육과정에서 공예 활동의 역할을 경시했을 때 일어날 수 있는 결과에 대해 다음과 같이 적절하고도 설득력 있게 강조했다.

아이들의 손가락을 발달시키는 훈련을 소홀히 하거나 혹은 창의적인 형태 만들기에 필요한 손 근육의 능력을 소홀히 여긴다면 이는 곧 사물의 조화에 대한 아이들의 이해를 발달시키는 일에 소홀한 것이고 아이들의 창조 능력과 미적 감각을 방해하는 것이다. 예로부터 내려오는 오래된 전통을 고집하는 사람들은 이를 항상 잘 이해해왔다. 그러나 오늘날 과학을 지나치게 중시하고 참된 가치를 과소평가하는 정보 중심의 서양 문명은 이를 완전히 망각하고 있다.(Bergstrom in Mitchell & Livingston, 1999, p. 9)

12장
캠프힐 진료소

마르가 호겐붐 Marga Hogenboom

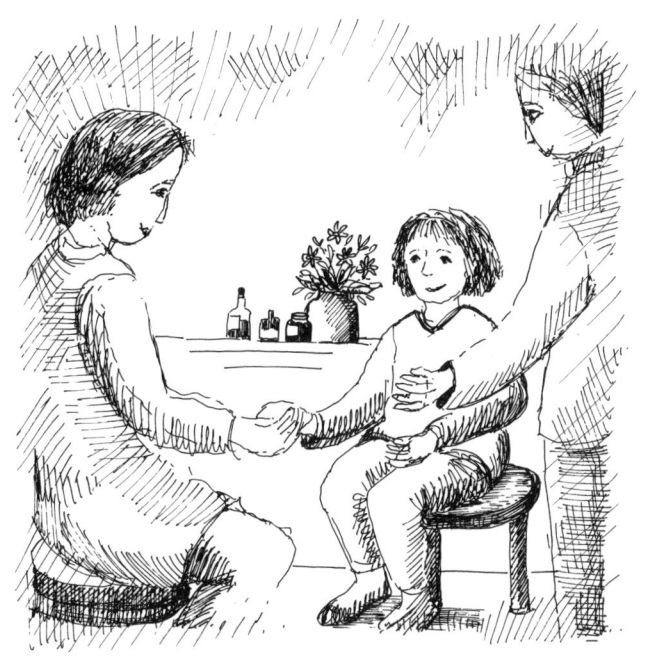

캠프힐 학교 개교 이래 의사들은 계속하여 중요한 역할을 해왔다. 의료진은 아이들이 필요로 하는 특수교육적 요구에 대한 평가 및 다양한 치료에 참여할 뿐만 아니라 특수교사 훈련 과정에도 참여해 주로 아동의 진단, 신체적 건강, 아동 발달, 교육에서 신체적 발달의 상호작용 등에 대해 가르친다.

장애아동의 치료

장애아동을 돌보고 진단하는 일은 비교적 새로운 분야다. 의사 랭던 다운이 처음으로 다운증후군에 대해 설명한 것이 고작 1866년의 일이었다. 다운 박사는 다양한 지적장애의 원인에 대한 분류를 시도했다. 이는 의사들의 장애아동 분류 체계 발전에 중심이 되어왔다. 오늘날 장애의 주요 원인 중 하나로 알려진 자폐autism는 제2차 세계대전 당시 캐너와 아스퍼거라는 두 명의 의사에 의해 분류되었다(Woodward & Hogenboom, 2002). 안젤만증후군Angelman syndrome, 프래더윌리증후군Prader-Willi syndrome과 같은 증후군들은 처음으로 이를 규명한 의사의 이름에서 비롯되었다(O'Brien & Yule, 1995). 장애아동에 대한 의사들의 관심으로 20세기 말에는 간질과 같은 상태의 초기 진단과 치료에 의사가 관여를 하게 되는 등 변화가 나타났다.

장애아동의 교육과 보육은 현재 교육심리학자와 사회복지사들에 의해 수행되고 있으며 행동장애 아동의 진단과 치료는 대개 임상심리학자들에 의해 실시된다. 이는 장애아동의 양육과 교육에 대한 패러다임이 의학적 모델에서 심리학적 모델로 전환되고 있음을 보여주는 것으로 20세기 초반 지적장애의 원인을 유전적 요인으로 여기던 견해와 대조된다. 제2차 세계대전 후에는 장애의 원인, 특히 자폐의 원인을 주로 어머니와 가족의 영향으로 보는 관점이 강조되었다. 이 책을 집필하고 있는 현재 과학자들은 지적장애의 원인으로 다시금 유전적인 요인, 신경학적 원인 및 신경전달물질의 역할에 대해 깊이 연구하고 있다. 한 가지 문제는 의학적 접근과 심리학적 접근 사이에 교량적인 역할을 하는 명확한 이론과 실습이 부족하다는 것이다. 이에 캠프힐 학교에서는 장애아동의 신체적인 면, 의학적인 면, 심리적인 면, 영적인 면을 항상 통합적인 것으로 여기며 접근하고 있다.

캠프힐 학교 개교 이래 의사들은 계속하여 중요한 역할을 해왔다. 쾨니히는 스코틀랜드로 오기 전 빈에서 성공적인 의사로 일하고 있었고 이후 많은 젊은 의사들이 합류했다. 지금은 전에 비해 많은 캠프힐 학교에서 의사의 역할이 축소됐지만, 그럼에도 불구하고 캠프힐 학교의 교육과 치료에 의학적 측면은 여전히 중시된다. 의료진은 아이들이 필요로 하는 특수교육적 요구에 대한 평가 및 다양한 치료에 참여할 뿐만 아니라 특수교사 훈련 과정에도 참여해 주로 아동의 진단, 신체적 건강, 아동 발달, 교육에서 신체적 발달의 상호작용 등에 대해 가르친다.

캠프힐 진료소

캠프힐 진료소는 빌드사이드Bieldside 머틀에 위치해 있다. 진료소의 몇몇 대기실은 최고의 전망을 자랑한다. 캠프힐 진료소는 국민건강보험National Health Service(NHS) 혜택을 받을 수 있으며, 1990년에 독립적으로 운용되기 전까지는 의사들이 캠프힐 루돌프 슈타이너 학교에 소속되어 있었다. 1999년 캠프힐 진료소는 1차 진료에서의 통합적이고 급진적인 방법에 대해 왕립 의과대학Royal College of General Practitioners에서 수여하는 혁신적 진료상Innovative Practice Award을 수상하기도 했다.

진료소는 원래 캠프힐 학교 학생과 뉴턴 디 및 그 외 다른 캠프힐 공동체에 사는 빌리저villager[6] 및 코워커들에게 의료적인 서비스를 제공할 목적으로 시작했다. 그런데 시간이 흐르면서 진료의 폭이 확장되어 현재는 스코틀랜드 전역에서, 그리고 지역사회 안에서 환자들이 오고 있다. 캠프힐 진료소의 특징은 장애아동과 성인, 암 환자들에게 인지학적 치료를 제공한다는 것이다. 이 진료소의 진료 차트를 보면 환자 1000명 중 300명은 장애를 가진 이들이고, 이 밖에도 매년 다른 진료소에서 의뢰되어 오는 환자 약 200명을 더 진료한다.

인지학적 의학치료는 정통 과학에 근거한 치료를 보완하는 형태로서 인간의 정신적인 면에 대한 지식을 통해 진단과 치료를 확장하려 한다. 인지학에서는 병illness을 건강의 균형이 깨진 상태, 즉 불균형 상태로 본다.

현재 진료소에는 의사 두 명과 간호사 한 명, 진료 매니저 한 명 그리고 두

---

[6] 캠프힐 공동체에 사는 장애인-옮긴이

명의 접수원 겸 비서가 있다. 이들은 모두 국민건강보험 제도에 의해 고용되어 있다. 진료소는 또한 예술치료사, 치료 오이리트미스트, 언어치료사, 운동치료사, 마사지치료사 그리고 모든 치료를 조정하는 서비스 코디네이터를 고용할 수 있는 기관으로 등록되어 있다. 상담 전문가와 음악치료사도 고용되어 있다. 캠프힐 학교의 학생들은 모든 의학적 문제를 진료하는 첫 장소로 이 진료소를 이용한다. 의사나 간호사는 아이들과 청소년들을 진료한 후에 그들에게 무엇이 필요한지를 결정한다. 이곳은 국민건강보험 진료소이기 때문에 필요하다면 환자를 지역의 다른 병원으로 의뢰할 수도 있다. 애버딘에는 다행히도 아동병원이 딸린 훌륭한 대학병원이 있다. 캠프힐 진료소는 다양한 병원들과 좋은 관계를 유지하고 있다.

우리가 장애아동들에 대한 진료를 전문화한 이후 의사들은 아이들과 아이들이 가지게 될 다양한 문제에 대해 어떻게 접근해야 할지 잘 알게 되었다.

제임스의 급작스런 발병

말을 하지 못하고 문제행동을 보이는 제임스는 오늘 아침 비명을 지르며 울다가 점점 지쳐갔다. 의사는 두 보호자의 도움을 받아 그의 방에서 진료를 했는데, 진단 결과는 중이염이었다. 제임스는 진통제와 대체 치료약을 먹은 후 진정되었다.

간호사는 학생들의 피를 뽑는 데 전문가이며, 이 일을 긍정적인 방법으로 해낸다. 간호사는 '마법' 크림과 '나비' 모양 주삿바늘을 이용해 아이들이 그것이 주삿바늘인지 거의 알아보지 못하게 한다.

매기의 피검사

매기는 다운증후군을 가진 젊은 여성으로 주삿바늘에 대한 공포를 가지고 있다. 그녀는 갑상선에 문제가 있어 2년에 한 번씩 피검사를 받아야 한다. 예전에는 이것이 큰 문제였지만 지금은 간호사와 의사가 매기의 하우스에 가서 피검사를 하고 있다. 매기는 이 검사를 잘 받을 수 있다는 사실을 매우 자랑스러워한다.

아이들이 집에 갔을 때는 지역공동체의 소아과 의사나 소아과 전문의가 지속인 관리를 해준다. 아이들은 휴일마다 집으로 돌아가곤 하기 때문에 지속적인 관리는 매우 중요하다. 아이들이 의료적인 혹은 행동과 관련된 위험에 처해 있을 때 의사는 가까이에서 일상적인 지원을 제공한다.

리지의 치료

리지는 간질을 하는 자폐 아동으로 많은 어려움을 가지고 있다. 리지는 바이러스에 감염되어 있고 심한 인후염을 앓고 있으며 먹고 마시는 것은 물론 간질약을 먹는 것조차 거부했다. 리지는 또한 발작과 경련을 한다. 그녀는 누군가 자신의 몸을 만지거나 무언가를 하도록 강요하는 것을 싫어하기 때문에 병원 입원에 대한 스트레스가 있다. 이에 의사가 가까이에서 일상적인 지원을 제공하고 의학적인 조언을 하여 양육자들은 이러한 위기 상황에 잘 대처할 수 있게 되었다.

학생들에게 의학적인 문제가 있는지 확인하고 지속적인 평가와 검토 과정에 관여하는 것은 캠프힐 학교 의료진의 중요한 역할이다. 또 다른 중요한 역할은 학생들의 건강 상태에 대해 인식하고 있으며 그들에게 치료 전문가를 연결해주는 것이다. 캠프힐 학교의 치료 칼리지Therapy College에는 총 열두 개의 치료 전문가 양성 과정이 있다. 학교 내에 치료받을 곳이 마땅히 없을 때 학생들은 캠프힐 의학진료소에서 그곳 치료사로부터 치료를 받을 수 있다. 치료 전문가 중 언어치료 전문가와 마사지치료 전문가 두 사람은 진료소에 소속되어 있지만 학교에서도 일을 한다.

의료진들은 특수교육 및 치료교육 학사학위 과정에서 특수교사를 지원하는 학생들을 가르치기도 한다. 그들은 특수교사들이 아동 신체 발달의 중요성을 인식하기를 바란다. 그래서 신체 발달이 영적 발달에 미치는 영향력에 대해 확고한 인식을 갖도록 조언한다. 의료진들은 또한 특수아동에 대한 연구도 게을리 하지 않는다. 다운증후군 아동의 유연성에 대한 영향 및 승마치료의 효과에 대한 연구 등이 그 예이다.

다양한 문제를 가진 학생들

캠프힐 학교의 매혹적이고 독특한 면 중 하나는 학생들이 매우 다양하다는 것이다. 캠프힐 학교에 오는 대부분의 아이들은 소아과 의사와 심리학자로부터 광범위한 진찰을 받는다. 생애 전반에 걸쳐 종일 보호를 받아야 하는 중도장애 아동에서부터 독립적으로 생활하면서 결혼을 하고 직업도 갖는 높은 지적 수준의 정서장애 학생까지 그들이 가진 능력만큼이나 그들의 문제도 다양하다. 가장 일반적인 장애는 다운증후군이고 안젤만증후군, 약체 X 증후군Fragile X syndrome, 루빈스타인 타이비 증후군Rubenstein Taybi syndrome, 레트증후군Rett syndrome, 소두증microcephaly 그리고 크리두샤 증후군Cri du Chat syndrome을 가진 아동들도 있다. 이 외에도 유전적인 근거가 없는 증후군을 가진 아이들이 있는데 여기에는 간질, 수두증, 태아 알코올 증후군 및 태아 알코올 영향을 가진 아동 그리고 뇌성마비 아동들이 포함된다. 또한 다양한 문제를 복합적으로 가진 아이들도 있다.

진정제 복용을 중지한 칼

칼은 시력 문제, 과잉행동, 뇌수종, 배뇨 문제를 가지고 있는 9세 소년으로 간질도 있어서 진정제와 간질약을 복용해왔다. 칼은 점차 진정되어가고 있으며 현재는 진정제 복용을 중단한 상태다. 칼의 부모님은 칼이 콘서트 내내 가만히 앉아서 콘서트를 즐길 수 있다는 사실에 기뻐하고 있다.

경도의 지적장애 및 정서적인 어려움을 가진 어린 시절을 보낸 아동 중 일부는 성적 학대 혹은 신체적 학대로 고통을 겪었거나 정서적 박탈을 경험한 아이들도 있다. 그들은 다른 사람들과 신뢰 관계를 형성하는 데 어려움을 가진다. 이 아이들은 타인과의 관계가 너무 가까워지면 관계의 한계를 시험하려 하고 심지어 관계를 깨려고까지 한다. 이 아이들은 다루기가 매우 힘들며 대부분은 과거에 양육 환경이 결핍된 경우가 많다. 어떤 아이들은 어머니의 임신 중 알코올 섭취로 많은 문제를 보이기도 하는데, 특히 정서 및 행동조절능력에서 어려움을 지닌다. 이 집단의 대부분 아이들이 과잉행동과 주의력 문제 그리고 난독증과 같은 문제들도 갖고 있다.

현재 가장 많은 비중을 차지하는 이들은 자폐 혹은 자폐 범주성 장애를 가진 아이들이다. 자폐 범주성 장애라는 진단명을 가진 아동들은 매우 다양한 양상으로 나타난다. 아스퍼거 증후군Asperger's syndrome[7]을 가진 많은 아이들은 지적 수준과 구어능력에는 큰 문제가 없으나 심각한 사회적 결함과 불안함을 보이고 때때로 다양한 문제행동을 나타낸다.

또 다른 집단은 좀 더 전형적인 자폐적 특징을 보이는데, 이들은 구어 손상으로 말을 못 하고 비언어적 의사소통 행동(몸짓언어)에 대한 이해도 부족하다. 그 외 아이들은 이 두 범주의 사이에 속한다.

아이들 중 일부는 진료소에 왔을 때 지적장애라는 포괄적인 진단명 외에는 다른 진단을 받지 못한 상태여서 이에 대해 의료진들은 경험과 전문성을 통해 진단을 내린다.

진단명을 알게 된 릴리

릴리는 14세의 소녀로 면담을 하기 위해 진료소로 왔다. 릴리의 부모님은 출생 후 첫 6년 동안 릴리와 관계를 맺기가 얼마나 어려웠는지 설명해주었다. 릴리는 중등도의 지적장애를 가지고 있었고 걸음걸이가 경직되어 있었으며 독특한 얼굴 특징을 보였다. 릴리를 진찰한 의사는 얼굴 특징을 보고 루빈스타인 타이비 증후군을 의심했다. 나중에 유전학자에 의해 릴리가 루빈스타인 타이비 증후군을 가지고 있음이 확인됐고, 부모님은 릴리의 문제를 알게 되어 내적인 평화를 찾게 되었다.

---

[7] 1944년 오스트리아 의사 아스퍼거가 처음 규명한 장애-옮긴이

입학생 유형의 변화

캠프힐 학교의 초기 연차보고서에는 다양한 아동들에 대한 기록이 있다. 이를 검토해보는 것은 매우 흥미로운 일이다. 여기에는 아동들의 문제와 그들이 캠프힐 학교에 배치되었을 때 어떤 반응을 보였는지 등이 설명되어 있다. 1962년에는 209명의 학생들이 있었는데 이 중 65%는 남학생, 35%는 여학생이었고 대부분이 영국 출신이었으며(90%) 5% 정도는 외국에서 온 학생들이었다. 진단명에 따라 아이들을 분류하는 것은 쉬운 일이 아니다. 당시 대부분의 학생들은 중도의 복합장애를 가지고 있었다.

- 이들 중 25%는 자폐성 장애를 가졌으며, 지능지수가 30에서 120이었다.
- 이들 중 16%는 정서장애(예: 공격성, 불안, 과잉행동)를 가지고 있었다.
- 이들 중 9%는 행동장애를 가지고 있었다.
- 이들 중 29%는 감각장애(예: 시각·청각 장애)를 가지고 있었다.
- 이들 중 23%는 운동신경장애(예: 뇌성마비, 반신마비)를 가지고 있었다.
- 이들 중 8%는 심각한 간질을 보였다.
- 이들 중 6%는 다운증후군이었다.

오늘날 캠프힐 학교에서 가장 많은 비중을 차지하는 아이들은 자폐 범주성 장애아동들이다. 그들은 모두 사회적 상호작용과 구어 및 비구어적 의사소통에 어려움을 지닌다. 이러한 변화가 주는 함의는 분명하다. 이 집단의 아이들은 매우 능숙하게 다루어야 하고 종종 일대일로 돌보는 것이 필요하다. 그런데 아이들에게 침실을 공유하게 하지 않는다는 새로운 규정은 무척 안타까운 일이다. 침실 공유는 불안장애를 가진 아이들에게 안정감을 주고 특별한 그룹의 일원이라는 느낌을 갖게 하며 사회성 발달의 기회를 제공해줄 수 있다.

장애아동이 지역학교에서 교육을 받도록 하는 현재의 정책은 많은 아동들에게 유익하나 성장을 위해 지속적인 치료적 접근을 필요로 하는 아동 집단도 있다. 가족에게 고통을 안겨주기도 하는 이런 아동들은 기숙시설에서의 보살핌이 필요하다. 통합정책의 결과 중 하나는 학생들이 우리 학교까지 왔을 즈음에는 매우 전문화된 교육과 보살핌이 필요한 경우가 많다는 것이다. 종종 학교에서 적응에 실패한 아이들이 기숙학교로 보내지게 되고, 이는 아이가 안정감을 느끼는 데 어려움을 준다. 조기 중재의 중요성에 대한 인식이 점차 넓어지고 있다. 많은 부모님들이 아동이 태어나자마자 초기에 치료를 받도록 적극적으로 노력하고 있다. 현재 확장된 보육 규정으로 인해 많은 어린 아동이 캠프힐 학교에 입학하고 있다.

전체적인 치료

캠프힐 학교는 단지 교육만을 강조하는 것이 아니라 '치유healing'에도 관심이 있다는 점에서 특징적이라 할 수 있다. 이러한 치유 과정을 촉진하기 위해서는 정확한 진단이 이루어져야 한다. 앞서 논의한 대로 아이들은 주의력결핍과잉행동장애, 자폐 범주성 장애, 안젤만증후군과 같은 다양한 진단명을 가지고 있다. 이러한 진단명이 중요하긴 하지만 이것이 그 장애의 전체를 다 설명해주지는 못한다는 것이 우리의 견해다. 아이가 겪고 있는 모든 문제를 이해하기 위해서는 보다 포괄적인 진단을 하는 것이 필요하다. 이러한 진단에는 의료 전문가 혼자가 아닌 교사, 하우스 코디네이터, 특수교사, 치료 전문가들이 함께 평가하고 관찰하는 과정이 필요하다. 아동에 대한 초기진단 후 모든 전문가들은 아동의 치료와 앞으로의 교육 과정에서 각자의 관찰 및 평가 내용을 함께 공유하게 된다.

먼저 아동의 신체적 조건에 대한 관찰이 필요하다. 그 아이가 연령에 비해 작은가, 큰가? 아이의 몸이 잘 형성되어 있는가, 혹은 선천적인 문제의 징후를 보이는가? 신체적 질병이 있는가? 어느 한쪽으로 치우친 특성이 있는가? 만약 있다면 그것이 증후군의 일부인가? 예를 들어 안젤만증후군을 가진 아동은 날카로운 코를 갖고 있고 다운증후군 아동은 작은 코, 약체 X 증후군 아동은 길쭉한 귀, 소두증 아동은 작은 머리를 갖고 있다. 이러한 관찰의 목적은 신체적인 특징이 어떻게 아동의 자아상self-image에 영향을 미치는지를 평가하는 것이다.

아이가 얼마나 생기 넘치는가? 얼굴이 창백한가, 혹은 붉은빛이 도는가? 쉽게 지치고 민감한가, 혹은 꿈꾸는 듯 멍하게 있는가? 아이의 기억력은 어떠한가? 기억력이 너무 발달해서 아무것도 망각할 수 없거나, 혹은 기억이 너무 상황적인 부분에만 집중되어 있어서 예를 들어 화장실에 갔을 때 무엇을 해야 하는지만 기억하는 것은 아닌가? 아이의 신체적 리듬은 어떠한가? 규칙적인 장 운동을 하는가, 혹은 자폐 아동들이 종종 그렇듯 오랫동안 화장실에 가지 않는가? 아이의 수면 패턴에 대해 잘 알고 있는가? 잠을 제대로 못 자는 습관도 아이가 기숙학교로 오게 되는 주요 요인 중 하나다.

다음으로 아이들의 신체적 움직임의 특성에 주목할 필요가 있다. 아이의 동작이 유연한가, 그렇지 않은가? 너무 빠르게 움직이거나 몸을 이리저리 흔들어대는가? 통합 운동장애의 징후가 보이는가? 대·소근육 운동능력이 연령에 적절한 수준으로 발달되어 있는가? 오른손잡이인가, 왼손잡이인가? 그리고 어느 쪽의 눈·귀·다리가 더 우세한가, 아니면 양손우세형인가? 주변 환경의 모든 감정들에 대해 지나치게 예민한가, 혹은 전혀 민감하지 않은가? 혼란, 불안, 고착 혹은 통제력 부족 등으로 인한 공격성을 보이는가? 간질이나 정신병, 정신분열증과 같은 의학적 소견으로 인한 행동을 보이는가? 궁극적인 목적은 아동의 생육사biography와 내적 발달 사이의 관련성에 대해 조사하는 것이다.

이렇게 형성된 진단적 묘사에 대해서는 다양한 관점들이 있다. 주된 목적은 고정된 진단에 이르는 것이 아니라 참여한 모든 전문가들이 아동에 대한 이해를 높이고 더 나은 접근 방법을 알기 위해 아동에 관한 생생한 상image을 만드는 것이다. 또한 학교 또는 가정에서 요구하는 치료적 평가를 결정하기 위한 것이다. 이를 통해 치료 전문가들은 집중적으로 다룰 필요가 있는 문제를 확인하고 의료진이 아이를 위한 상호보완적인 해결책을 선택할 수 있도록 안내한다.

이러한 평가 과정은 지속적이고 비공식적인 과정으로 아이가 입학한 순간부터 시작되며 특수교사가 그 과정을 시작한다. 의료진은 한 학기에 한 번씩 하우스 코디네이터에게 개별 아동의 진보 정도를 알려준다. 의료진은 또한 질문이 있거나 치료 과정에 검토가 필요하면 치료 전문가들과 함께 의논한다. 1년에 한 번(혹은 관여할 일이 생기면 좀 더 자주) 하우스 코디네이터, 학교 교사, 치료 전문가 그리고 의료진이 참여하는 공식적인 평가 과정이 열린다. 이 평가 과정에서 얻게 되는 통찰력은 부모와 기타 다른 전문가들과 함께 개최하는 연간평가 시 반영된다.

특수교육에서 인지학 의사의 역할

영국에는 장애아동과 성인 장애인들을 다루는 전문의가 없다. 그래서 의사, 장애아동 전문 정신과 의사, 소아신경과 의사 그리고 공동체 내의 소아과 의사들이 그 역할을 한다. 네덜란드는 장애아동과 성인 장애인에 대한 의료적 처치에 특별한 훈련과 전문성이 필요하다는 것을 인식하여 장애인을 다루는 전문가를 양성하는 3년간의 훈련과정을 두고 있다.

  캠프힐 학교에서 일하는 의료진들은 일반 의사들처럼 의학 교육을 받는다. 그들은 또한 유럽의 유사한 기관들에서 일하는 다른 의사들과 함께 컨퍼런스에도 참여하고 장애아동과 함께 생활하고 일함으로써 자신들만의 훈련 프로그램을 만들어내고 있다. 자폐, 약체 X 증후군 등과 같은 특정한 조건들을 연구하는 다른 전문 단체들과의 교류 및 연구도 이루어진다.

  장애아동을 진료하는 의사로서 아동의 건강과 잠재적인 의료적 문제의 다양한 양상에 대해 아는 것은 매우 중요하다. 장애아동들이 일반적으로 보이는 문제는 감각(촉각)에 대한 과민성인데, 때문에 의사는 부드러운 몸짓과 목소리로 아이를 대해야 한다. 인후염과 같은 작은 신체적 문제들도 아이의 건강에는 커다란 영향을 미칠 수 있다. 인후염 또는 편도선염이 있으면 삼키는 것이 고통스러우므로 일부 아이들은 먹고 마시는 것을 거부하게 된다. 이것을 며칠간 지속하다 보면 아이가 위험한 상황에 처할 수도 있기 때문에 의사는 관을 통해 마실 것을 주입할 필요가 있다.

장애아동을 담당하는 의사들은 또한 특정 증후군의 아동 및 성인들이 가질 수 있는 특별한 합병증에 대해 알아야 한다. 예를 들어 다운증후군을 가진 아이들은 시각이나 청각에 문제가 있을 수 있고 갑상선 기능이 저하될 수 있으며 신경학적 원인과 관련된 목의 탈골 위험이 있다. 약체 X 증후군 아동들은 심장판막에 문제가 생길 위험이 높으며 프래더윌리증후군 아동들은 심한 과체중의 위험이 있다. 아동이 공격적인 행동을 보이면 신체적인 원인, 예를 들어 중이염·변비·식도역류 등을 없애주는 것이 필요하다. 의사는 또한 자폐 장애 아동이 위장 문제를 가질 가능성이 높다는 것도 알아야 한다. 그 문제는 이 아동들에게 꽤 일반적인 것이다.

인지학적 치료약의 처방

캠프힐 학교를 방문하는 사람들은 종종 많은 아이들이 식사하기 전에 어떤 약을 받는 것을 보게 된다. 인지학적 치료약의 사용은 치료의 일부로서 주로 미네랄과 식물로 만들어진 약이다. 이 약은 희석해서 사용하기도 한다. 약을 '리듬감을 가지고 묽게 희석'시키기 때문에 원래 물질의 극소량만 남게 된다. 모든 식물은 유기농법으로 재배하고 치료약은 인지학적 방법을 바탕으로 하는 전문적인 회사에서 생산한다.

이런 치료약은 다음과 같은 경우에 처방한다. 예를 들어 한 아이가 귀가 심하게 충혈되는 증상을 보인다면 이는 대체치료법을 사용하는 것이 의학적으로 더 안전하므로 인지학적 치료약이 먼저 선택된다. 의사는 심한 감염이나 염증에 아피스apis(벌침)나 벨라도나belladonna(가지과의 유독식물)를 처방한다. 벌침은 가장 벌겋고 부어 있는 부분에 놓으며, 희석시킨 아피스 치료약은 주로 이러한 증상들을 다룬다. 벨라도나에서 추출한 독은 학생들의 머리를 팽창시키고 벌겋게 달아오르게 하지만 희석된 벨라도나 치료약은 신열이 날 때 도움이 된다.

간질, 변비 혹은 수면 문제와 같은 만성적인 질병을 가진 일부 아이들은 별도로 처방된 치료약을 복용하거나 혹은 일반 약과 함께 복용하기도 한다. 인지학적 치료약은 일반 약과 안전하게 결합될 수 있다. 의료진은 또한 학생의 일반적인 치료 과정과 교육에 도움이 되는 치료약을 처방하기도 한다. 만약 한 아이가 창백한 얼굴에 허약하고 식욕이 없다면 의사는 아이가 충분한 수면을 취하고 건강을 회복할 수 있도록 비교적 순한 치료약인 아르겐툼 퍼 브리오피럼Argentum per Bryophyllum을 처방할 수 있다.

영양 섭취

가능한 한 유기농으로 재배한 재료로 만든 음식 또는 첨가물이 없거나 적게 들어간 음식과 같이 건강에 좋은 식품을 제공하는 것도 치료의 중요한 한 측면이다. 이곳에서는 매일 신선한 우유가 지역 내 캠프힐 공동체 농장에서 배달되어 오고, 빵도 이웃 캠프힐 공동체에서 구워 온다. 일부 채소는 학교 정원에서 직접 생산한다. 영양가 높은 음식은 아동의 신체적·정신적 건강을 향상시키는 데 중요한 역할을 한다. 오늘날 대부분의 음식에는 소금이 많이 함유되어 있고 탄산음료 및 인스턴트 식품과 과자류에는 첨가물이 많아서 아이들이 먹기에 적합하지 않다. 캠프힐 학교의 아이들은 매일 신선하게 준비된 음식을 먹는데 일부 아이들, 특히 마카로니 치즈나 소시지나 감자튀김과 같은 음식을 주로 먹으려 하는 자폐 아이들에게는 어려움이 될 수도 있다. 이 아이들이 음식을 다양하게 먹을 수 있도록 돕는 데는 많은 인내심이 필요하다. 그러나 종종 그 아이들이 좋아하는 음식을 제공해주는 것도 중요하다. 캠프힐 학교에 온 학생들 중 특별한 식이요법이 필요한 아이들도 있다. 예를 들면 카세인casein이나 글루텐gluten이 없는 음식만을 먹어야 하는 아이들도 있다.[8] 그런 식이요법이 그 아동을 위해 의학적으로 필요하다는 것이 분명해지면 식이요법을 실시한다.

미래

캠프힐 학교 학생들이 보이는 문제들은 끊임없이 변화한다. 의료진은 이러한 변화에 반응해야 한다. 이를 위한 한 가지 방법은 다른 전문가들과 함께 협력하고 연구하는 것이다. 중요한 과제 중 하나는 의료진으로 들어오는 젊은 의사들의 교육이다. 이는 가치 있고 보람된 일이지만 복잡한 역할이 요구된다. 그 시작으로 우리는 의대생들이 캠프힐 의학진료소에 정기적으로 방문하여 몇

---

[8] PKU와 같은 신진대사 장애를 가진 아동의 경우 단백질의 섭취를 제한하는 식이요법을 실시해야 한다.-옮긴이

주 동안 지내보도록 한다.

또한 우리는 다음과 같은 일들이 이루어지길 바라고 있다.

- 의사들을 위한 훈련 진료소 설립
- 장애를 가진 아동과 성인들을 위한 상담 업무의 확대
- 다운증후군과 자폐 범주성 장애아동들을 위한 식이요법의 효과 및 보완적 방법에 대한 연구 착수
- 장애아동의 삶의 질에 대한 연구
- 전문 저널에 연구 성과 발표

13장
캠프힐의 건축 환경

데니스 샤나린 Denis Chanarin

우리들에게, 특히 상처받기 쉬운 이 아이들에게는 더더욱 안전한 장소를 만들어주는 노력이 중요하다. 침실의 침대 귀퉁이든, 교실이든, 학교든 건축물은 모든 단계의 디자인에서 개인의 공간감과 안락함을 제시하거나 정의 내릴 수 있다.

치유를 위한 건축

인간은 모두 탄생과 동시에 유아기를 거쳐 성인기로 가는 여행을 하게 되는데 어떤 이들에게는 이것이 힘든 여정이 되기도 한다. 기나긴 인생 여정에서 우리의 아이들을 바른 길로 인도하기 위한 방안을 갈구하는 이들에게 건물과 환경의 중요성을 인식하는 것은 커다란 의미가 있다. 환경은 우리의 삶에 깊은 영향을 줄 수 있으며 또한 활기 있는 치료 환경을 창조하고자 하는 우리의 노력에 영향을 미친다. 나는 좋은 건축물이 우리 삶의 질을 높이고 삶의 조화와 복지를 향상시키며 살아 있는 우리 감각을 일깨우는 데 기여한다는 것을 믿어 의심치 않는다. 이렇게 만들어진 환경은 심하게 동요되거나 주변 환경에 쉽게 방해받는 아이들을 안정시켜주며 자신만의 세계에 갇혀 있는 아이들을 세상 밖으로 나오게 한다. 이로써 약하고 상처받기 쉬운 아이의 영혼과 아이의 주변 세상과의 사이에서 친밀감과 치료 관계를 증진시킨다.

인간은 감각을 통해 세상을 경험한다. 손을 뻗어 무언가를 만질 때 그것이 돌이든, 탁자 위 선반이든, 아니면 수영장에 가득 찬 물의 표면이든 우리 안의 무엇인가를 일깨우는 경험이 된다. 그것은 우리 자신이 될 수도 있고 우리의 자아가 될 수도 있다. 성장함과 동시에 우리의 자아는 서서히 우리의 의지와 사고 그리고 감성 안으로 들어오게 된다. 자아는 스스로를 절제하게끔 도우며 영혼의 세계와 연결짓고 사고와 감성 그리고 행동을 통합한다. 그리고 건강하고 진실된 관계 속에서 이 세상을 살게 하는 하나의 돛대가 되어준다. 아이는 세상에 대한 궁금증과 경이를 통해 자신에 대한 확신과 내적 성숙, 도덕성을 발달시켜야 한다. 이러한 교육 목표를 두고 나는 이 장에서 캠프힐의 물리적 환경에 대한 고찰과 그 중에서 다음의 두 가지 분야를 집중적으로 탐구해보고자 한다. 어떻게 하면 우리는 소속감 내지 장소에 대한 감각을 창조해낼 수 있을까? 어떻게 건축물에서 공간의 질(외관, 균형, 색, 제재)을 확보해 치료효과를 낼 수 있을까?

먼저 아이들이 이 세상에 소속감을 느끼도록 도울 수 있는 방안을 탐구해보겠다. 아이들이 이해할 수 있고 집과 같은 편안함을 느낄 수 있는 지역 환경을 만들기 위해서는 어떻게 해야 할까?

만약 우리가 이 세상을 무질서한 곳으로 경험한다면 그것은 두려움이 가득한 공간으로 나타날 것이다. 공간에 대한 감각과 질서의 창조는 세상을 이해할 수 있게 만든다. 그것은 신체적 경험과 영혼의 경험 모두가 세상에 적응할 수 있게 되는 것과 같다. 원래 상처받기 쉽고 예민한 아이들에겐 이 세상이 어떻게 이루어졌으며 어떻게 감각을 통하여 세상과 상호관계를 이루는가를 파악하는 것이 중요하다. 아이들이 가질 수 있고 받아들일 수 있는 세계인 '장난감' 농장을 만들고 장난감 마을을 짓는 것을 좋아하는 것은 이와 같은 맥락이다. 우리 모두는 이 세상을 살아가기 위해 '마음의 지도'를 그릴 필요가 있다. 우리는 이렇게 말할 수 있어야 한다.

"이곳은 내가 사는 곳이고 내가 속한 곳이며 이곳이 나의 집이다."

'마음의 지도'에 대한 개념을 이해하는 것은 각 건물과 학교 전체 부지를 계획하는 데 도움이 된다. 이는 모든 것이 같아야 한다는 의미는 아니지만, 조화와 자연스러운 결합이 필요하다.

보다 친숙한 디자인을 통해 공간감각을 창조하는 것 또한 중요하다. 나무 기둥, 낮은 벽, 계단은 개인 영역을 표시하고 사유 공간을 정의하는 데 충분한 장소가 될 수 있다. 아이들은 식탁 아래 공간을 동굴로 그리고 정원 넝쿨의 움푹 팬 곳을 소굴로 상상하며 노는 것을 좋아한다. 그들은 둘러싸인 느낌을 원한다. 즉 닫힌 공간의 느낌은 아이들을 안심시키고 그 공간이 자신만의 공간이라 느끼게 한다. 안전한 개인의 공간에서 그들은 세상 밖으로 나오는 모험을 할 수 있다. 전래동화는 이렇듯 세상 밖으로 나서는 이야기를 주제로 하는 경우가 많다. 우리들에게, 특히 상처받기 쉬운 이 아이들에게는 더더욱 안전한 장소를 만들어주는 노력이 중요하다. 침실의 침대 귀퉁이든, 교실이든, 학교든 건축물은 모든 단계의 디자인에서 개인의 공간감과 안락함을 제시하거나 정의 내릴 수 있다.

아이들에게는 그룹이나 공동체의 일부가 되는 법을 배우는 것이 중요한데 학교생활에서 아침 조회나 축제 그리고 놀이 활동 등의 공식적인 행사 활동이 이를 배울 수 있는 기회가 된다. 그래서 우리는 아이들이 이러한 행사 활동에 적극 참여하도록 격려하고 아이들의 예상되는 행동을 알아챌 수 있도록 건물을 디자인한다.

형식을 따지지 않고 일정한 체계가 없는 자연 그대로의 공동체 생활 또한 공식적인 행사 참여만큼이나 중요하다. 사회활동은 어느 곳에서나 일어날 수 있다. 아이들은 어른들의 행동을 보며 사회활동을 배운다. 버스를 기다리는 것, 길거리를 걷다 사람들과 우연히 마주치는 것, 주방에서 차를 끓이는 것 모두 사회적인 사건이 될 수 있다. 비공식적인 사회활동을 위해서는 적절한 무대가 필요하다. 아마도 그것은 밖에서 안으로 들어오는 입구 즈음에 현관문을 다는 것이나, 학교나 강당 휴게실을 만드는 것, 거실의 기둥과 기둥 사이를 구분 짓는 것이나, 또는 복도에서 들어간 작은 골방에 의자를 놓는 것과 같은 일이 될 수 있다. 좋은 건축은 공동체의 필요에 귀 기울이고 복지에 기여해야 한다. 공동체적 삶은 개인과 집단, 사적인 공간과 공적인 공간 사이에 순조로운 이동이 있어야 하며 건물 설계도 이러한 요구를 반영하고 촉진할 수 있어야 한다.

우리는 건축을 어떻게 경험할까? 웅장한 성당에 들어설 때 우리의 가슴은 벅차오르고 귀는 멍해지면서 아무런 소리도 들리지 않는다. 마음속에서는 경외감과 존경심이 솟아난다. 그러나 낮고 꽉 막힌 공간에 들어서면 답답함과 폐쇄에서 오는 공포를 느낀다. 바깥 공간은 우리의 영혼을 반영한다. 거기에는 내적 공간의 경험과 일치하는 것이 있다. 그것은 우리가 대답할 수 있는 단순한 차원이 아닌 공간의 '질'에 관한 것이다. 공간의 비율, 구성, 조각의 형태와 색 등 모든 것이 미묘하면서도 복잡한 내적 반향을 창조하기 위해 결합된다.

'유기적인' 건축은 사람이 자연의 조화 속에서 자기 자신을 찾아야만 한다는 이해와 신념으로 성장해왔다. '유기적 건축'이라는 말에는 자연을 본뜬 별개의 양식화된 모티브를 결합한 건축에서부터 식물과 사람의 혼합 생명체처럼 보이는 건물에 이르기까지 광범위한 종류들이 포함된다. 이러한 스펙트럼의 한 끝에는 스코틀랜드의 찰스 레니 매킨토시와 같은 건축가가 있다. 그는 자연 세계 속에서 찾아낸 형상에서 영감을 받은 주제를 바탕으로 건물의 틀을 짜고 건축물을 장식했다. 또 다른 스펙트럼의 끝에는 땅에서 생겨난 살아 있는 유기체와 같이 각각의 표면, 곡선 그리고 볼록하게 튀어나온 부분까지도 마치 이국적 해양 생물체와 같이 보이는 건물이 있는데 안토니오 가우디가 이런 스타일의 대표주자라고 할 수 있다.

우리는 더 이상 나무 넝쿨이나 동굴 안에서 살지 않는다. 자기 집을 '짓고' 이를 통해 환경에 규율과 의미를 부여한다. 오늘날 굉장히 흥미진진한 성과들이 나타나고 있는 가운데 지금 요구되는 것은 미적인 규칙에 의해 만들어진 '스타일'이 아니라 다음 두 가지에 대한 이해를 바탕으로 한 건축이다. 첫째, 자연 세계와 인간을 형상화하는 힘이다. 우리는 자연 세계를 형성하며 우리로 하여금 건물의 모양새를 만들어내는 데 필요한 통찰을 갖게 하는 그 힘을 이해해야 한다. 둘째, 우리 인간이 어떻게 형상과 공간, 비율과 형태에 영향을 받게 되었는지를 이해함으로써 영혼에 생기를 불어넣고 살아 숨 쉬는 것들, 더 나아가서 살아 있는 것들의 원동력을 높일 수 있는 방향으로 건축물을 디자인할 수 있다.

건물들 사이를 지날 때 우리는 변화를 경험한다. 부동의 자세로 있더라도 눈은 계속하여 움직인다. 우리 주변 공간의 확장과 축소는 우리의 경험을 살아 움직이게 한다. 조화는 절대적인 고요에서 나오는 것이 아니라 숨을 들이쉬고 내쉬는 균형을 유지함으로써 도출되는 것이다. 형태와 각도 그리고 평면의 미묘한 변형을 통해서 우리는 활기를 띠는 형상을 창조한다. 예를 들어 둥그런 모양이 본질적으로 '더 낫거나' '친숙하다는' 이유로 곡선을 창조하지는 않는다. 우리는 명백한 이유와 목적에 대한 이해에서 모양을 만들어낸다.

괴테는 건축을 '고정된 음악'이라고 묘사하고 음악으로 건축을 이해하는 것이 매우 유용함을 이야기했다. 어떤 음의 결합이 조화롭게 들리거나 혹은 귀에 거슬리는 것처럼 주변 공간의 규모와 균형에도 우리는 반응한다. 대부분의 우아한 고딕 성당과 르네상스 시대의 건축들은 미묘하고 엄밀한 관계와 조화, 중점과 대조, 그리고 수직과 수평의 상호작용을 표현한다. 이는 바흐가 작곡한 곡들과 비슷하다.

반복되는 직선 형태가 경직되게 느껴진다고 해서 모든 올바른 각도가 다 사라져야 하는 건 아니다. 과도하게 조각된 혹은 주형된 건축은 너무 압박적일 수 있다. 건물은 우리에게 말을 건넨다. 건물이 말하는 것을 우리는 의식적으로든 무의식적으로든 이해할 수 있다. 폭이 넓은 계단을 따라 올라가다 코린트 Corinth식 원주로 둘러싸인 재판소 현관에 다다른다고 생각해보자. 거기에는 "외경심을 가져라. 당신은 중요한 건물 안으로 들어가는 것이다!"라고 새겨진 선언문이 있을 것 같다. 그러나 낮게 삐져나온 지붕 아래 목재로 만들어진 둥근 기둥이 줄지어 있고 벌꿀색의 돌계단을 따라 현관에 다다르게 되어 있으며 문 옆에는 나무 의자 하나가 놓여 있다면? "당신을 환영합니다"라는 인사가 들려올 듯하지 않은가? 만약에 건축물이 우리에게 말을 한다면 그것은 우리가 이해할 수 있는 이치에 맞는 언어일 것이다. 건축물은 압도적이어서는 안 되며 강요해서도 안 된다. 아이들을 위한 건물은 외경심, 환희, 노동, 난잡함, 질서, 공식과 비공식 등의 다양한 감정과 분위기, 경험을 고려해 만들어져야 한다.

안과 밖의 관계는 중요하다. 우리는 주변 세계와의 단절이 아닌 연결을 필요로 한다. 그러나 너무 많이 개방되어 있으면 그 공간은 밖으로 흘러 나가버리고 닫힘과 열림 사이의 균형을 잃는다. 그러면 아이들은 자신의 방에서 빠져나오게 되며 그들의 집중력 또한 밖으로 흘러 나가버린다. 특수교육적 환경을 설계할 때는 아이들의 관심이 밖으로 쏠릴 수 있다는 것과 결과적으로 아이들이 집중에 어려움을 느낀다는 점을 유념해야 한다.

어떤 아이들에게는 문지방을 넘는 것이 어려움이 될 수도 있고, 또 어떤 아이들에게는 목표를 보도록 하는 것이 중요할 수도 있다. 한 공간에서 다른 공간으로의 이동경로는 디자인에서 특히 중점을 두어야 할 부분이다. 건물을 통과하거나 건물들 사이를 지나가는 것은 작은 여행이다. 지금부터 그 여행을 상상해보자. 우리는 연못 주위의 구부러진 길을 택하고 몇 개의 계단을 지날 것이다. 우리의 손이 부드러운 떡갈나무로 만들어진 난간 위를 달리듯 매만질 테고 벽으로 둘러싸인 통로에 들어설 것이다. 그리고 저 멀리 있는 언덕을 힐끗 본다. 길은 방향을 틀어 대문을 지나 내려가 우거진 나뭇가지 아래 징검돌들을 지난 후 위로 올라가 개울 위의 좁다란 다리를 건너 문에 다다른다. 가끔은 저 멀리 거리를 바라보고 가끔은 발아래 단풍나무에 관심을 갖는다. 시간이 지날수록 빛의 특성은 변화한다. 어느 한 순간 우리는 푸르른 창공을 보지만 다음 순간 떨어지는 잎의 얼룩진 그림자를 본다. 자연적이거나 인공적인 길 모두 우리를 풍성한 융단의 세상으로 이끈다. 우리는 결과적으로 목적지에 도달한다. 그러나 그 길의 끝에 다다르기 전 우리는 '굉장히 멋진' 경험을 한다.

색과 그것이 적용된 길은 영혼의 분위기를 만들어낸다. 색은 개인의 취향 문제라고 주장하는 이들이 있다면 그들은 치료 환경을 만드는 데 도움이 되고 치료의 질을 높일 수 있는 색채 사용의 중요성을 놓치고 있는 것이다. 색조와 명암의 작은 차이는 우리가 경험하는 방식을 의미 있고 섬세하게 바꿀 수 있다. 공간과 음악이 내적 영혼의 경험들처럼 울려 퍼지듯 색깔 또한 '빨강은 생기 있고 파랑은 차분하다'와 같이 있는 그대로의 개념보다도 더 미세한 느낌으로 영혼에 영향을 미친다. 치료 환경을 조성하기 위한 노력으로 아이를 둘러싼 모든 요소가 그 환경에서 치료의 질을 뒷받침해야 한다. 예를 들어 반투명한 채색을 적용하는 특별한 기술이 발전되어왔다. 자연 빛이 표면에 반사될 때 나타나는 색은 부드럽고 풍부하며 미묘하고 다채롭다. 이와는 대조적으로 반투명의 채색은 고요하고 조화로운 느낌을 주기도 하지만 하나의 불투명한 색채만을 적용하는 것은 단조로운 느낌을 준다.

재료, 직물, 자연적인 혹은 인공적인 빛의 특색 등 우리의 물리적 환경을 이루는 많은 요소들이 존재한다. 로마 시대의 기술자였던 비트루비우스는 건축은 견고함, 유용함, 즐거움의 세 요소로 구체화된다고 기록했다. 즉 건물은 쓰러져서는 안 되고 목적을 만족시키며 정신적 수준을 풍요롭게 해야 한다. 이상적인 것은 건물이 세워진 실용적인 조건을 성취함과 동시에 단순히 기능적인 것을 넘어서고, 그렇게 함으로써 기쁨의 이유와 의식을 높이고 재미와 경탄을 낳는 것이다. 이는 진정한 인간으로 거듭나기 위한 과정과도 같다. 건축은 우리 마음속 가장 깊은 곳과 주위 세상을 연결시킨다. 이는 공간에서 벌어지는 마법이자 신비로운 사건이며 우리가 아이들을 위해 창조하려 하는 치료 환경의 일부가 될 수 있다.

14장

캠프힐의 자연 환경과 농장 경험

프레드 헬더Fred Halder

우리는 우리에게 맡겨진 이 땅과 환경의 보호자들이다. 그러므로 우리는 반드시 이 세상을 돌봄으로써 우리의 책임을 다해야 한다. 생명역동농법의 적용은 가축과 곡물 그리고 토양에 대한 존중과 존경으로 각 지역의 건강과 복지를 위해 수년간 기여한 이들에게서 시작되었다.

캠프힐 학교의 환경

우리는 땅의 일부이며 땅은 우리의 일부이다.
꽃향기는 우리의 자매이며
곰과 사슴, 거대한 독수리는 우리의 형제들이다.
바위로 둘러싸인 산맥, 들판, 조랑말 이 모두는 한 가족이다.
형제에게 하듯 강물에게도 친절을 베풀어야 한다.
공기는 소중하다. 그것은 삶을 지지하는 정신을 나눈다.
바람은 나의 첫 숨을 틔우고 또한 마지막 숨을 거둔다.
들판의 꽃향기에 달콤해진 바람을 맛볼 수 있는 곳, 그곳의 신성한 공기와 바람을
간직해야 한다.
땅은 우리에게 속하지 않으나 우리는 땅에 속한다.
이 땅에서 일어나는 일은 이 땅의 모든 아들딸들에게 일어난다.

-1900년 미국 시애틀의 인디언 추장

스코틀랜드의 캠프힐 루돌프 슈타이너 학교는 스코틀랜드 북동쪽 디 강 유역에 자리하고 있다. 북쪽으로는 평평한 골짜기가 이어지고 그 꼭대기에는 물결치듯 부드럽게 굽이치는 나지막한 구릉으로 구성된 풍경이 펼쳐진다. 이것은 돌투성이의 불모지를 쉬지 않고 일구며 그곳에서 대를 이어 살아온 농부들이 만들어낸 풍경이다. 남쪽으로 디 강을 마주하고 있고 북쪽으로는 황량한 고지로 향하는 가파른 골짜기가 있다. 이 땅은 농토로는 적합하지 않은 거친 황무지이나 여기서 좀 더 내려가면 킨카딘Kincardine 지역의 부유하고 기름진 땅이 나온다. 동쪽으로는 가벼운 나무로 만들어진 제방을 따라 한때는 물고기가 풍부했던 북해로 조용히 디 강이 흘러간다. 서쪽으로는 디 강의 기원이 되는 1200미터의 고원지역이자 중요한 화강암 지질 지대인 케언곰스Cairngorms 구릉지대가 있다. 여기에서 청정 연수軟水가 알프스와 같이 빠르게 저지대로 흘러가며 거품을 일으킨다.

이곳 풍경의 두드러진 특징은 화강암이 많다는 것이다. 들판에서 줍는 돌은 물론 들판에서 골라낸 암석 또한 둥근 화강암이다. 메마르고 배수가 잘되는 충적토도 원래는 화강암이었으며 오래된 집들도 대부분 화강암으로 지어졌다.

많은 사람들이 추천하는 이곳의 장관은 특별한 빛의 색감이다. 겨울에 태양이 낮게 뜨거나 한여름에 강렬한 햇빛이 공기 중에 있는 이산화규소와 결합하면서 만들어내는 마술과도 같은 광경은 형언할 수 없을 만큼 아름답다. 이제 캠프힐 루돌프 슈타이너 학교의 켄리Cairnlee, 캠프힐Camphill, 머틀Murtle 지역이 가진 각기 다른 특성을 살펴보도록 하겠다.

켄리 지구

켄리 지구는 아주 작은 단위의 독립 주거단지로 빌드사이드 마을에 위치해 있으며 디 골짜기의 남쪽 가파른 면을 마주하고 있다. 켄리 지구는 3.5헥타르까지 확장되었다. 이곳에는 캠프힐 학교의 시설뿐 아니라 '캠프힐 시미온'이라는 노인복지시설도 갖추고 있다. 이 작은 지구는 소규모의 텃밭, 과수원, 바구니를 만들기 위한 작은 버드나무 잡목 숲, 그리고 잘 가꾼 토양까지 놀랄 만큼 다양한 장점들을 지니고 있다. 켄리 지구의 남쪽 경계 주변 울창한 침엽수림은 주변 주택단지와의 사이에서 사계절 푸른 울타리를 이룬다. 북쪽의 낙엽수 지대는 북극지방에서 불어오는 차가운 바람을 막아 마을을 포근하게 감싼다. 고급 주택단지로 둘러싸여 있는 이곳은 늘 조용한 분위기다.

캠프힐 지구

캠프힐 지구는 켄리 지구에서 서쪽으로 5킬로미터 가량 떨어진 곳에 자리 잡고 있다. 10헥타르 가량의 충적토양으로 이루어져 있고 디 골짜기의 범람원에 위치한다. 이곳은 최초의 캠프힐 지구로, 수목이 우거진 외딴 곳에 현대적인 학교와 여러 채의 화강암 건물이 들어섰다. 울창한 수목은 웅장하고 훌륭한 식물 표본이 되며 천연의 휴식처일 뿐 아니라 평화로운 분위기를 조성해준다. 동쪽 지구의 반은 산림지로 이루어져 있다. 캠프힐 하우스[1] 남쪽의 나지막한 언덕 꼭대기는 디 강의 경치를 조망하기에 안성맞춤이다. 캠프힐 하우스의 동쪽에는 안락하고 목가적인 장미 정원이 있다. 이곳은 고요한 캠프힐 지구 내에서

---

1 캠프힐 지구의 첫 번째 집으로 캠프힐 운동이 시작된 곳-옮긴이

도 특히 평화로운 지역으로, 캠프힐 운동을 이끌었던 예전 코워커들의 발자취가 남아 있다. 여기에는 또한 학생들과 코워커들이 함께 일하는 낮은 벽으로 둘러싸인 정원이 있다. 이곳은 후각, 촉각, 시각을 자극하기 위해 디자인된 감각 정원이기도 하다.

머틀 지구

40헥타르 크기의 머틀 지구는 세 개의 지구 중 가장 규모가 크며 강 유역 지반 위 약 30미터 높이 작은 언덕에 위치해 있다. 하우스에서는 남서쪽으로 그램피언Grampian 산을 조망할 수 있다. 저 멀리 먼로Munro와 로크나가Lochnagar와 함께 뚜렷하게 보인다. 디 강은 들판을 따라 살아 움직이는 듯 굽이쳐 흐른다. 들판을 둘러싼 견고한 제방은 강의 범람을 막아준다. 머틀 지구는 농지와 삼림지대의 안쪽 경계선에 둘러싸여 있고 디 강과 머틀 개울을 향하는 가파른 급경사지에 위치해 있다. 이러한 경계선 안쪽에는 가정공동체와 학교 편의시설 그리고 캠프힐 강당이 자리 잡고 있다. 또한 이곳에는 높은 벽으로 둘러싸인 정원이 있는데 디 강의 범람원 가장자리에 위치해 있다. 폐기된 모래 채석장은 현재 농장 부지로 쓰인다. 잘 다듬어진 지구 구석구석, 확장된 농지, 경사진 삼림지대 그리고 경작하기 어려운 지역들이 모두 어우러져 머틀 지구 전체에 다양한 풍경을 만들어낸다. 이 지방 고유의 자작나무, 스코틀랜드 소나무, 주목나무, 개암나무, 느릅나무, 버드나무를 비롯해 외래종인 너도밤나무, 밤나무, 큰 단풍나무, 라임, 수많은 전나무와 가문비나무 등 온갖 종류의 나무들이 이곳의 다양성을 여실히 보여준다.

최초로 자리를 잡았던 캠프힐 지구

머틀 지구의 농장

환경을 통한 치료

이처럼 아름다운 전원이 이곳에 사는 아이와 성인 모두에게 아무런 치유적 영향을 미치지 않는다고 하면 거짓일 것이다. 분석에 따르면 시골 경관의 '자연' 환경은 건조하고 영혼이 없는 붉은 벽돌이나 콘크리트로 둘러싸인 도시 환경보다 훌륭한 치료효과를 가져올 수 있다고 한다(Ulrich, 1984). 이러한 환경에 둘러싸여 사는 것은 환경에 대한 관심을 일깨워줄 뿐만 아니라 지역을 유지 · 발전시키는 직접적인 경험을 제공한다.

이곳의 평화로운 주변 환경에서 시행하는 원예 활동이 학생과 성인들의 정신, 감정 그리고 사회 건강에 도움을 준다는 것은 조금만 관찰해보아도 알 수 있다. 또한 단체가 함께 원예 활동을 하면서 결속력이 높아지는 것도 종종 확인된다. 언어 혹은 비언어적인 의사소통을 통해 사회적 상호작용이 증가하고 촉진된다(O'Reilly & Handforth, 1955).

자연과 교감하는 아이들

푸성귀와 꽃이 자라나는 정원은 아이들이 함께 참여할 수 있는 공간 중 하나다. 정원은 교육과 치료효과 모두를 기대할 수 있는 곳으로, 아이들이 자연과 교감할 수 있는 좋은 기회를 제공한다. 씨앗을 심기 위해 흙을 준비하여 고르기, 도랑에 상추씨 뿌리기 등 생산을 위한 중요한 활동들에 아이들은 참여할 수 있다. 그로써 먹을거리가 식탁에 오르는 과정에 함께하고 실질적으로 이해할 수 있게 된다. 각각의 학생들은 필요할 때 코워커의 도움을 받으며 자기 집에서 먹을 상추를 생산하는 의미 있는 과정에 동참할 뿐만 아니라 씨앗의 발아와 성장, 기르기, 수확하기 그리고 음식과 같이 소중한 것을 공동체 각 가정에 배달하는 일에도 참여함으로써 자기만족을 얻는다. 무엇보다 아이들은 이 모든 활동을 놀이로 즐길 수 있다. 아이들은 잡초 뽑기나 씨앗 이름표 적기 등도 해볼 수 있고 그 외에 무수히 많은 다른 작업들에 동참한다.

맬컴의 텃밭 가꾸기 사례

맬컴은 나이에 비해 다소 작은 체구에 청각장애와 언어장애를 가진 해맑은 14세 소년이었다. 그는 바깥놀이를 좋아했으며 자신의 일에 몰두해 있을 때는 주변에 다른 사람이 있는 것조차 알아채지 못하고 집중하지만 그래도 늘 친구들에게 둘러싸여 있는 것을 좋아했다. 그는 장애에도 불구하고 예리한 관찰력으로 한 번 본 잡초와 경작한 식물의 차이를 아주 쉽게 구별해냈다. 야채 파종을 위한 작은 화단의 가장 기초적인 단계에서부터 최종 단계에 이르기까지 맬컴은 꾸준히 잡초를 제거했다. 맬컴은 이 일을 통해 작업을 성공적으로 마쳤을 때 느낄 수 있는 성취감과 환희를 얻었다고 확신한다.

텃밭 가꾸기는 야채를 기르는 것 외에도 전반적인 모든 단계의 일을 포함한다. 야채를 위한 배양토를 만들기도 하고 단지 내 화단을 가꾸기 위해 꽃을 기르기도 하며 묘목을 기르고 바자회에서 농산물을 팔기도 한다. 이런 활동을 통해 학생들은 자연 세계와 연결된다.

생명역동농법으로 운영되는 농장

칼 쾨니히는 캠프힐 운동에서 제일 우선해야 할 과업 중 하나로 땅을 돌보는 일을 꼽았다.

> 오늘날 정원과 농장은 기계화된 작업과 화학비료의 사용으로 파괴되고 착취되었다. 전 세계의 토양은 도움의 손길과 치료를 위해 울부짖는 사람들과 같은 처지다. 캠프힐 운동을 통해 이 땅을 치료하기 위한 알맞은 조력자들을 찾을 수 있기를 희망해본다.

머틀 지구의 농장에서는 학교에서 소비되는 가축과 채소를 위해 쇠고기와 양고기, 곡물들을 생산한다. 이 지구에서 쓰는 생명역동농법biodynamic farming method은 유기농법organic farming method과 크게 다르지 않다(Sattler & Wistinghausen, 1992). 유기농법과 생명역동농법의 차이가 무엇이냐는 질문에 나는 주로 "생명역동농법은 유기농법에서 좀 더 발전된 농업 기술이다"라고 말한다. 생명역동농법의 관점에서 볼 때 각각의 농토는 스스로 독립적이고 자립적인 하나의 유기체와 같다. 그러므로 토양을 기름지게 하기 위해서는 최소한의 비료를 사용해야 하고, 이때 비료는 반드시 '땅에서' 나온 것을 써야 한다! 음식 맛을 높이기 위해서는 생명역동농법/유기농법 재배 식품의 사용을 목표로 하고 음식에서 나오는 생명의 힘을 향상시키며 오염을 크게 줄여야 한다. 환경오염 가능성이 있는 불필요한 성분들을 토양에 첨가하는 위험성은 2005년에 개최된 열일곱 번째 연간 토양협회 회의Seventeenth Annual Soil

Association Conference에서 비비안 하워드에 의해 강조되었다. 그는 수천 가지의 오염물질들이 환경으로 방출되면서 유전자의 조합은 물론 발생되는 유해성을 어떤 연구조사로도 측정할 수 없게 된 이후 최고의 대안은 가능한 한 그것의 사용을 피하는 것뿐이라고 주장했다.

가축을 기르는 곳에서는 단일혈통을 유지하기 위해 가축 떼를 단속하는 것이 생명역동농법의 핵심 요소가 된다. 소위 '조제물'이라 불리는 퇴비는 모두 농장에서 제조되어야 한다. 그러나 불행히도 유럽 규정에 의해 생명역동농법 농장에서 '조제물'을 만드는 것이 더 이상 허용되지 않는다.

각별히 중점을 두어야 할 점은 가능한 한 가축이 스트레스를 받지 않는 환경에서 목축이 이루어져야 한다는 것이다. 이런 접근방법은 최종 생산물에 분명히 드러나게 되어 있는데, 고기의 맛과 육질 그리고 요리의 용이함 등에서도 차이가 난다. 가축에게 불필요한 예방 치료를 하지 않고 예외적인 경우에만 항생제를 쓴다. 우리는 땅이 자유롭게 산출하도록 하기 위해서 그리고 농장의 지속성을 유지하기 위해 오직 땅에서만 필요한 것들을 취하려고 노력한다. 퇴비는 아주 적은 양을 희석하여 쓸 뿐 아니라(동종요법), 가능하면 토양과 곡물이 자연으로부터 받은 힘을 상승시키는 용도로만 이용한다. 농장에서 일상적 의사결정의 기초가 되는 것은 오랫동안 이어져 내려온 농업 기법이며 파종, 경작, 비료 도포 활동은 모두 우주 행성계의 시계를 따른다(Thun, M. & M., 2005). 그러나 그것은 비료 조제와 우주 역학 사이의 연결이 균형과 조화를 이룰 때에만 오직 효과가 있음을 잊지 말아야 한다(Sattler & Wistinghausen, 1992). 또한 자연 환경을 파괴하지 않은 채 무한히 지속 가능한 농업은 에너지와 자원을 위해 아낌없이 투자할 때 가능한 것이다.

머틀 농장의 연구 활동

지난 5년 동안 머틀 지구는 유기농 감자의 병충해 예방관리를 위한 프로젝트뿐 아니라 유기농 식용 쇠고기의 항생물질 내성을 실험하는 다수의 국제적 조사 프로젝트를 애버딘, 에든버러, 뉴캐슬 대학과 공동으로 진행해왔다. 머틀 농장은 오랜 세월에 걸쳐 확립된 유기농 재배 자격을 갖춘 농장으로 인정받았기에 우리는 이 조사연구에 적극 동참하고자 노력했다. 주요 연구에 이용될 시설을 만들고 적절한 장소에서 이런 시도를 하는 것은 매우 중요한 일이다.

아이들을 성장시키는 농장 경험

농장에서 나이가 있는 몇몇 학생들은 경제 원리에 좌우되지 않으며 땅을 착취하지 않는 방식으로 이루어지는 특별하고 가치 있는 농장 일을 경험한다. 계절의 절기는 가축과 곡식을 생산하기 위해 필요한 자극을 준다. 농장 일을 통해서 학생들은 땅의 필요성을 인식하고 동시에 자신들이 돌보는 동물과 식물에 대한 책임감을 갖게 된다. 만약 겨울 동안 먹이를 제대로 주지 않으면 소떼는 죽고 말 것이다. 농장 일꾼들과 함께 적극적으로 일에 종사하는 학생들은 이 가혹한 현실에 대해서 빠르게 깨닫는다. 또 사람이 토양의 결실에 좌우되는 것처럼 토양 또한 인간의 충실한 관리에 좌우된다는 것을 학생들은 인식하게 된다. 이 상호작용의 개념은 특수교육의 철학과 실천의 중심이다. 즉 누군가로부터 무엇을 취할 때는 그만큼 되돌려주어야 한다는 것이다.

처음에 농장 일을 지루하다고 여기던 학생들도 이 일을 좋아하게 될 뿐 아니라 활동을 즐기게 되고, 또 그 경험이 계속되기를 바란다.

십대 소년들의 성취감

어느 날, 열대여섯 살 먹은 소년들 여섯 명에게 콘크리트를 혼합하여 손수레로 나르는 일을 부탁했다. 다리를 세우기 위해 콘크리트가 필요했던 것이다. 이를 도와줄 트랙터가 새로 구입한 농토에 들어섰다. 그룹 안에서는 이 상황에 대응하는 다양한 능력들이 복합되어 긍정적으로 나타났다. 차오르는 열정과 긴박감 속에서 이들은 놀라운 결과를 이루었다. 그날 하루 만에 10톤이 넘는 콘크리트가 혼합되어 수레로 옮겨졌는데, 이는 과거에는 상상도 할 수 없는 일이었다. 물론 그들의 성취감은 이루 말할 수 없었다.

이 역사적 사건에 힘을 한 데 모았던 그 학생들은 어른이 되어 학교를 방문할 때마다 그때의 일을 득의양양하게 회상하곤 한다. 이 사례는 어떤 일을 이루고자 진정한 목표를 세우는 것이 얼마나 중요한지를 분명히 보여준다. 공동체를 위해 다리가 건설된 이후 이것은 구성원들의 소속감도 강화시키는 결과를 낳았다.

자신의 재능을 발견한 로널드

수줍음 많은 열두 살 소년 로널드는 친구들은 사귀지만 성인들과의 관계는 아직 서툰 상태로 우리에게 왔다. 어렸을 적부터 이 아이는 건축과 배관에 특별한 흥미를 보였다. 생일선물로 무엇을 받고 싶은지 묻자 그는 "시멘트 한 포대를 받고 싶어요!"라고 말했다. 당연히 로널드는 이 선물을 약속된 날짜에 받을 수 있었다. 그는 작업을 위한 도구에도 관심을 갖게 되었는데, 언제나 최고만 선택했다. 로널드는 기계장비와 전기장치에도 점차 관심을 보였고 농장에서 사용하는 작은 트랙터와 같은 기계장비들을 보수하고 관리하는 일을 거드는 데도 천천히 자신의 재능을 키워가기 시작했다. 그는 이 방면에 탁월한 소질과 능력을 보여주었으며 이런 일이 주어질 때마다 언제나 자신의 존재를 인정받았다. 로널드는 학교를 마치고 머틀 지구의 배관과 전기수리 담당 견습생으로 임시 채용되었다. 그는 충분한 자격조건을 갖추기 위해 훈련 과정의 일부로 전문대학에 입학했다. 로널드는 현재 성공적으로 자신의 배관업과 전기장치 사업을 운영하고 있으며, 또한 실력을 인정받은 가스 설치 기술자이다.

농장—공동체의 심장

농장이 공동체의 심장이 되어야 한다는 것은 칼 쾨니히의 견해다. 요크셔 보턴 마을과 같은 몇몇 캠프힐 공동체의 사례에서 보듯 이 주장은 설득력이 높다. 그러나 학교에서 이를 실행하기에는 어려움도 많다. 캠프힐의 농부와 정원사를 위해 마련된 1989년 1월의 강의에서 바코프는 매일을 시작하는 데 있어 농부의 결단이 공동체 환경에서 필요한 전체 작업을 주도해야 한다고 주장했다. 그는 농장이 공동체의 먹을 것과 마실 것을 제공하는 곳일 뿐 아니라 도시환경에서 살아가는 사람들은 알기 어려운 다양한 삶의 과정들과 연계된 교육적 활동이 이루어지는 '발전기'라고 말했다.

이 장 첫 부분에서 인용한 시애틀 추장의 말처럼 우리가 땅을 소유하지 않왔다는 사실을 강조하는 것이 매우 중요하다. "땅은 우리에게 속하지 않으나 우리는 땅에 속한다." 우리는 우리에게 맡겨진 이 땅과 환경의 보호자들이다. 그러므로 우리는 반드시 이 세상을 돌봄으로써 우리의 책임을 다해야 한다. 생명역동농법의 적용은 가축과 곡물 그리고 토양에 대한 존중과 존경으로 각 지역의 건강과 복지를 위해 수년간 기여한 이들에게서 시작되었다.

이러한 존중은 우리의 식탁에 오를 농산물을 준비하는 방법으로까지 확장되어야 한다. 유기농/생명역동농법에 의해 만들어진 식품을 더 많이 이용하고 가정 내 식단에 요리의 전문지식을 반영해야 한다. 음식이 신체에 미치는 영향, 음식의 맛과 영양적 가치가 모두 우리의 건강에 보탬이 되도록 해야 한다. 식사는 끼니를 제때 챙기는 것도 중요하지만 특별한 축하 자리를 함께하는 것도 중요하다. 슬프게도 요즘 시대에 가족 식사는 더 이상 일상적인 일이 아니다. 식사의 시작과 끝에 감사의 기도를 함으로써 우리가 먹는 음식에 대한 감사를 보여줄 때 식사는 즐거운 일이 될 수 있다.

땅의 회복

아래 내용은 1963년에 열린 농업회의의 칼 쾨니히 연설문에서 발췌한 것이다.

> 나는 많은 땅이 회복되기를 간절히 희망합니다. 마을 전체에서부터가 아닌, 지금 우리의 보살핌 안으로 들어온 땅의 한 조각에서부터 시작해 이 땅이 조화롭고 균형 잡힌 건강 상태에 이르기를 바랍니다. 얼마간의 사람들이 얼마간의 대지와 나무와 살아 있는 동물들과 함께 일하고 숨 쉬다 보면 땅은 회복될 것입니다. 나는 개인적으로 이러한 것들이 캠프힐 운동의 농업 추진력을 위한 하나의 중심 과제

라고 보고 있습니다.

칼 쾨니히의 '땅의 회복'에 대한 견해는 각별한 관심으로부터 나온다. 어떤 면에서 이는 메말라가는 땅에 활력을 불어넣어준다는 의미로 해석될 수 있다. 그러나 다른 측면에서 농업 추진력은 사람들이 숨 쉬며 살 수 있는 환경의 균형과 조화를 창조하기 위한 것이다. 땅은 공동체에 심장박동과 리듬을 제공한다. '땅의 회복'의 일환으로 캠프힐 루돌프 슈타이너 학교는 추상적인 개념이 아니라 참으로 그 목적에 걸맞은 실천을 하고 있다.

어떤 이들은 캠프힐 공동체가 외딴 섬같이 도시에서 멀리 떨어진 전원에 위치해 있기 때문에 도시생활에 젖어 살아가는 대부분의 사람들이 매일 경험하는 것과는 동떨어진 삶을 산다고 비판한다. 이런 비판은 캠프힐의 환경이 올바른 발도르프 특수교육을 위해 반드시 고려되어야 할 인간의 구성요소인 신체, 영혼, 정신에 필수적인 자양분을 제공한다는 사실을 무시한 것이다. 발도르프 특수교육에서 자연친화적인 환경은 매우 중요한 위치를 차지한다.

3부
배움의 공동체

15장

일하며 배우는 캠프힐 교사양성과정

노마 하트 Norma Hart, 앤젤리카 몽퇴 Angelika Monteux

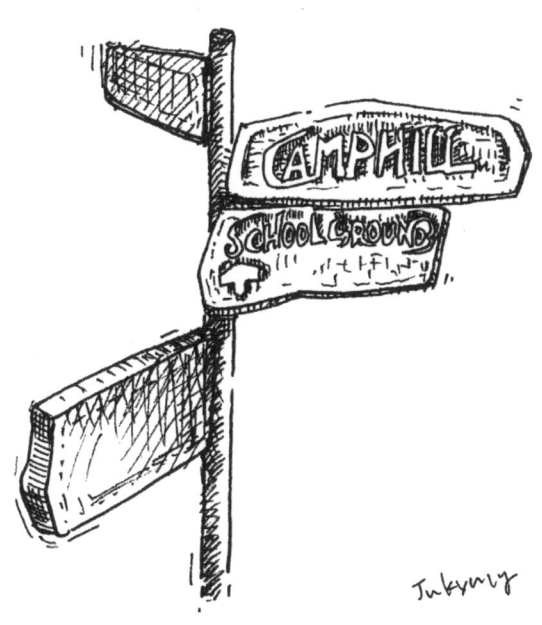

캠프힐 학교는 매일 운영되는 지속적인 프로그램 개발에 중점적인 역할을 하며, 이 프로그램은 캠프힐 학교 활동의 중심이 된다. 학위과정의 학생들은 모든 구성원들이 끊임없이 계획된 학습을 하고 발전을 위해 애쓰는 공동체 안에서 함께 생활하며 일하고 있다.

특수교육 및 치료교육 학사학위 과정

특수교육 및 치료교육 학사학위BACE 과정은 캠프힐 루돌프 슈타이너 학교와 애버딘 대학이 연계하여 실시하는 실습 중심의 훈련과정이다. 이 과정은 보육과 교육, 치료 활동 및 공예와 같은 특수교육 분야의 이론 교육에 실습 경험을 접목한 것이다. 모든 교육과정은 인간을 생물학적 · 사회적 · 심리적 그리고 정신적 존재로 보는 루돌프 슈타이너의 철학적 사상에 의해 이루어진다. 이처럼 다학문적인 특성을 지닌 특수교육 및 치료교육 학사학위 과정은 전문가 양성에 대한 전통적 개념에 도전한다. 또 이례적인 것은 이 프로그램이 영국에서 유일하게 고등교육기관과 서비스 제공자가 협력하여 제공하는 국가적으로 인정받은 보육교사 자격 과정이라는 것이다.

캠프힐 학교는 매일 운영되는 지속적인 프로그램 개발에 중점적인 역할을 하며, 이 프로그램은 캠프힐 학교 활동의 중심이 된다. 학위과정의 학생들은 모든 구성원들이 끊임없이 계획된 학습을 하고 발전을 위해 애쓰는 공동체 안에서 함께 생활하며 일하고 있다.

근본 정신

지난 10년간 캠프힐 코워커의 자격과 등록 조건에 관한 스코틀랜드의 정책은 캠프힐 학교에 심각한 문제로 대두되어왔다. 그러던 중 2003년 3월, 특수교육 및 치료교육 학사학위 과정은 이와 관련된 자격증과 졸업증서가 특수교육자를 위한 전문 자격증으로 공인되었다. 이는 스코틀랜드의 어느 보육 환경에서도 일할 수 있는 자격으로 스코틀랜드 사회복지협회로부터 인정받은 것이다. 영국에서 처음으로 특수교육 자격증이 전문적으로 공인된 것이다. 이 프로그램은 또한 스위스 도르나흐 괴테아눔에 있는 정신과학연구소School of Spiritual Science 의학 분야의 특수교육 및 사회치료 협회Council for Curative Education and Social Therapy로부터 공인을 받았다.

  이러한 결과는 개인의 발달과 전문가 양성의 중요성을 인식한 쾨니히의 노력에 의한 것이다. 쾨니히는 1949년 특수교육자들을 위한 포괄적인 훈련 프로그램을 개발했다. 캠프힐 특수교육 세미나The Camphill Seminar in Curative Education는 잘 알려진 바와 같이 전반적인 공동체 생활 경험을 바탕으로 하는 교육과정이다. 쾨니히는 코워커 그리고 학생들과 함께 캠프힐 학교를 협동 학습과 공유된 비전을 나누는 실습의 장으로 발전시키기 위해 노력했으며, 셍게가 이에 대한 전반적인 윤곽을 잡았다(1990). 셍게는 코워커들이 슈타이너의 업적을 연구하고 집중적인 연구와 실습 중심의 학습을 지속적으로 수행하도록 이끌면서 적극적인 배움의 문화를 조성하는 데 성공했으며, 인지학적 특수교육의 바탕이 되는 원리를 발전시키고 알리는 데 기여했다.

쾨니히는 사회 조직에 대한 슈타이너의 연구를 바탕으로 '공동체'에 대한 현대적 비전을 제시했다. 이는 슈타이너의 사회 삼원체성을 분명하게 공식화한 것이다.

> 사람들이 함께 일하는 공동체 안에서는 자신이 한 일에 대해 개개인의 성과를 내세우는 것보다 그 성과를 동료들과 함께 나누는 것이 공동체의 안녕을 위해 더 중요하다. 이와 같은 맥락에서 개인은 동료들의 성과 분배로 인해 자신의 필요를 충족시키는 혜택을 누릴 수 있다.(Steiner, 1919, p. 50)

이와 같은 비전에 대한 실제적인 구현 작업으로 배움의 공동체로서 특수교육 및 치료교육 학사학위 과정이 발전되었다.

쾨니히는 학습에 대한 윤리적 접근과 사고의 유대감을 중요시했다. 그의 이러한 의견은 캠프힐 학교 강령에 분명하게 반영되어 있다.

캠프힐에서 일하는 사람들은 지체장애와 정서장애 및 동기부족을 보이는 아동을 대할 때 이 아이들의 내적 영원의 존재는 손상되지 않았으며 완전하다는 확신을 가져야 한다. 그들은 장애아동이 아니라 장애를 지닌 아동일 뿐이다. 아이들이 우리에게 가르치는 것을 깨달을 때 그들을 더 잘 도울 수 있다.

우리가 스스로 변화하고자 하는 의지가 있다면 더 많은 변화를 이룰 수 있을 것이다.

배움과 지속적인 발전의 중요성을 강조하는 이러한 접근은 캠프힐의 근본 정신이며 오늘날 특수교육 및 치료교육 학사학위 프로그램이라는 배움 공동체 안에 생생하게 살아 있다.

기숙형 공동체 안에서 진정한 특수교육에 눈뜨다

인지학적 특수교육은 전문적인 분야이기 때문에 일상적으로 쓰이는 단어들을 가지고 정의내리기는 어렵다. 이는 교육 · 보육 · 치료 · 의학 · 다채로운 예술 및 공예 등 다양한 분야의 복잡한 활동이 모여 이루어진 것으로, 신체와 영혼과 정신의 통합을 통해 균형이 깨진 상태의 사람을 지원하는 전인적holistic인 접근을 만들어내기 위해 다양한 분야를 결합했다. 보다 효과적인 훈련을 위해 각 분야의 사람들은 서로 의사소통하고 지식과 통찰력을 공유하면서 긴밀하게 협력할 필요가 있다.

특수교육 및 치료교육 학사학위 과정의 교육 목표는 특수교육의 기본이 되는 지식과 가치관, 태도를 기르고 이를 실천에 옮기도록 하는 것이다. 이러한 프로그램의 목적을 토대로 특수교육 및 치료교육은 다음과 같이 정의내릴 수 있다.

아동과 성인의 신체적 · 정서적 · 정신적 안녕을 위해서는 여러 분야에 걸친 전문적이면서 복합적인 접근이 필요하다. 여기에는 보육, 교육, 공예, 예술 활동 및 의학적·치료적 요소들이 포함된다.(특수교육 및 치료교육 학사학위 과정 안내 소책자, 2005)

특수교육 및 치료교육의 근간을 이루는 다학문적이고 간학문적인 철학은 목적과 정체성 확립에 대한 공유된 환경을 조성하는 데 기초가 되는 창의적인 접근을 가능케 한다. 웽거는 이러한 접근을 다음과 같이 설명한다.

> 사람들은 공동의 계획을 추구할 때 시간이 지남에 따라 공유된 목적을 성취하기 위해 공동 실현common practice, 즉 서로 교감하며 함께 일하는 방법을 공유하게 된다. 시간이 지나면서 실행의 결과로 참여한 사람들 사이에는 강한 유대감이 형성된다.(Wenger, 1999 in Capra 2001, p. 94)

공동 실현을 통해 형성된 이러한 정체성이 지속적인 학습과 결합하게 되면 캠프힐 학교는 다음과 같은 집단으로 묘사될 수 있다.

> (…) 하나의 주제에 대해 관심과 열정을 나누는 사람들, 그리고 정기적인 상호작용을 통해 이 분야에 관한 지식과 전문성을 심화시켜나가는 사람들의 집단.(Wenger et al., 2002, p. 4)

이 프로그램을 특별하게 만드는 것은 기숙형 공동체 환경을 통해 '살아 있는 생생한 교육'을 받는다는 것이다. 특수교육 및 치료교육 학사학위 과정은 실습 공동체를 통해 발전했으며 공동체는 이 과정의 학생들에게 풍부한 학습

기회를 제공했다(Lave & Wenger, 1991). 전문 영역 사이에 장벽을 두지 않는 이러한 환경 안에서 학습 경험을 지속하다 보면 그것은 아이들을 포함한 많은 사람들이 참여하는 공동의 활동이 된다(Palmer, 1997). 또 공동체 오리엔테이션은 지속적인 피드백을 제공하고 모든 단계에 대해 철저한 관리감독을 실행하며 이론적 식견과 실제적 기술, 개인적 성장을 동시에 획득할 기회를 준다. 이러한 공동체적인 측면이 프로그램의 본질적인 특성 중 하나다.

인지학적 특수교육 및 치료교육의 전문가 양성 과정은 시간제를 기본으로 4년 학제로 구성되어 있으며 다음 활동이 포함된다. 다양한 장애를 가진 아동 및 성인과 생활하는 실제적인 경험, 인지학적 지식과 비인지학적 지식의 통합과 이해, 자아 표현과 개인 발달을 위한 예술 활동, 육체와 정신을 하나로 보는 전인적 특수교육의 방법에 대한 탐구가 그것이다.

세계 곳곳에서 모여든 학생들

특수교육 및 치료교육 학사학위 과정은 영국과 유럽 그리고 유럽 외 전 세계 국가에서 모인 학생들의 관심을 받고 있다. 이 과정은 아동 또는 성인들과 함께 일해본 경험이 있고, 이 과정의 학업을 수행할 만한 능력을 가지고 있으며, 장애인 공동체에서 일하는 데 관심이 있고, 영어를 모국어로 쓰지 않을 경우 IELTSInternational English Language Testing System에서 레벨 6 이상을 받았거나 이와 동등한 언어능력을 갖춘 19세 이상의 모든 사람들에게 열려 있다. 이전에 특수교육 환경에서 일해본 경험이 있는 학생들에게는 우선권이 주어진다.

대다수의 학생들은 캠프힐 학교 안에서 생활하며 일하며 공부한다. 캠프힐 성인 공동체에서 생활하는 학생들도 있다. 캠프힐의 후원을 받는 학생들은 자기가 지내고 있는 캠프힐 공동체에서 장학금을 받는다. 수업료와 숙식비가 제공되며 개인적으로 필요한 약간의 용돈도 지급받는다. 특수교육 및 치료교육 학사학위 프로그램은 전 세계에서 몰려든 60~70명의 학생들이 참가하고 90퍼센트 이상이 영국이 아닌 다른 나라 출신이라는 점도 특징적이다. 그들은 서로 다른 견해, 다른 삶의 경험, 다른 가치관을 가지고 있다. 이러한 다양성은 캠프힐 공동체에서 생활하고 공부하며 배우는 모든 아동, 청소년, 성인, 학생, 교사, 하우스 페어런츠, 치료사, 의사 그리고 공예 전문가들의 경험을 보다 풍성하게 해준다. 공동체 안에서 학생들은 스스로 발전하고 전문성을 향상시켜야 한다는 동기를 얻는다. 공동체의 일상적 생활에 중요한 필수조건은 공동의 책임감과 상호 유대감이다.

교수진과 동료지원팀의 도움

배움의 공동체로서 특수교육 및 치료교육 학사학위 과정은 캠프힐 학교를 넘어 캠프힐 공동체들과 애버딘 대학으로 확대되었다. 프로그램을 진행하는 이들은 주로 캠프힐 학교 및 학교와 연계된 공동체의 경력 있는 특수교육 관련자들이다. 대학 교수들은 세 단계의 학위과정 내내 교수와 평가를 담당하며 3단계에 이르러서는 최종 졸업논문을 위한 연구/프로젝트와 관련된 교수와 지도도 맡는다. 예전에는 학생이었던 이들이 동료지원팀으로 참가해 교수와 학습을 도와준다. 동료지원팀은 정기적인 모임을 통해 평가와 검토를 하고 팀의 발전을 위해 노력한다. 학생대표자들은 학생과 동료지원팀 사이의 지속적인 소통을 위해 1년에 두 번씩 모임을 갖는다.

캠프힐 세미나의 발전

초창기 세미나에도 수업과 강의, 스터디 그룹이 있었음에도 불구하고 이때는 비공식적인 학습이 가장 큰 범위를 차지했다(Tight, 1996). 학생들은 가정공동체와 교실 또는 공예 작업장 등의 환경에서 실습과 연계된 전문적 기술을 습득했고 경험 많은 코워커들을 통해 실례와 태도를 익혔다. 당시 가장 중요한 평가방법은 '마지막 세미나 토론Final Seminar Talk'이었는데, 이것은 모든 참여자들이 둥글게 모여 앉아 진행됐다. 학생들은 모두 동등한 자격으로 참여했으며 모든 공동체 구성원들이 상하 관계 없이 자신의 의견을 표현했다.

세미나 과정은 공동체를 전체적으로 아우르는 경험의 발달에 발맞추어 발전해왔다. 마지막 세미나 토론 역시 그러하다. 3년 동안 학생과 관련되었던 모든 교수들이 참석하고, 학생들은 자기가 원하는 누구라도 초대할 수 있었다. 학생들과 공동체 생활을 함께한 코워커들도 참석했다. 학생들은 먼저 자신의 경험과 강점, 발전된 영역들에 대해 얘기하고 자신의 배움을 스스로 평가했다. 이러한 자기평가가 이루어진 후에 다른 사람들이 각자의 의견을 말하고 학생의 진보에 대해 평가를 내렸다. 여기서 얻은 대화 내용을 중심으로 캠프힐 학사학위 수여에 대한 최종결정을 내렸다. 그리고 그 결과는 '평가의견서

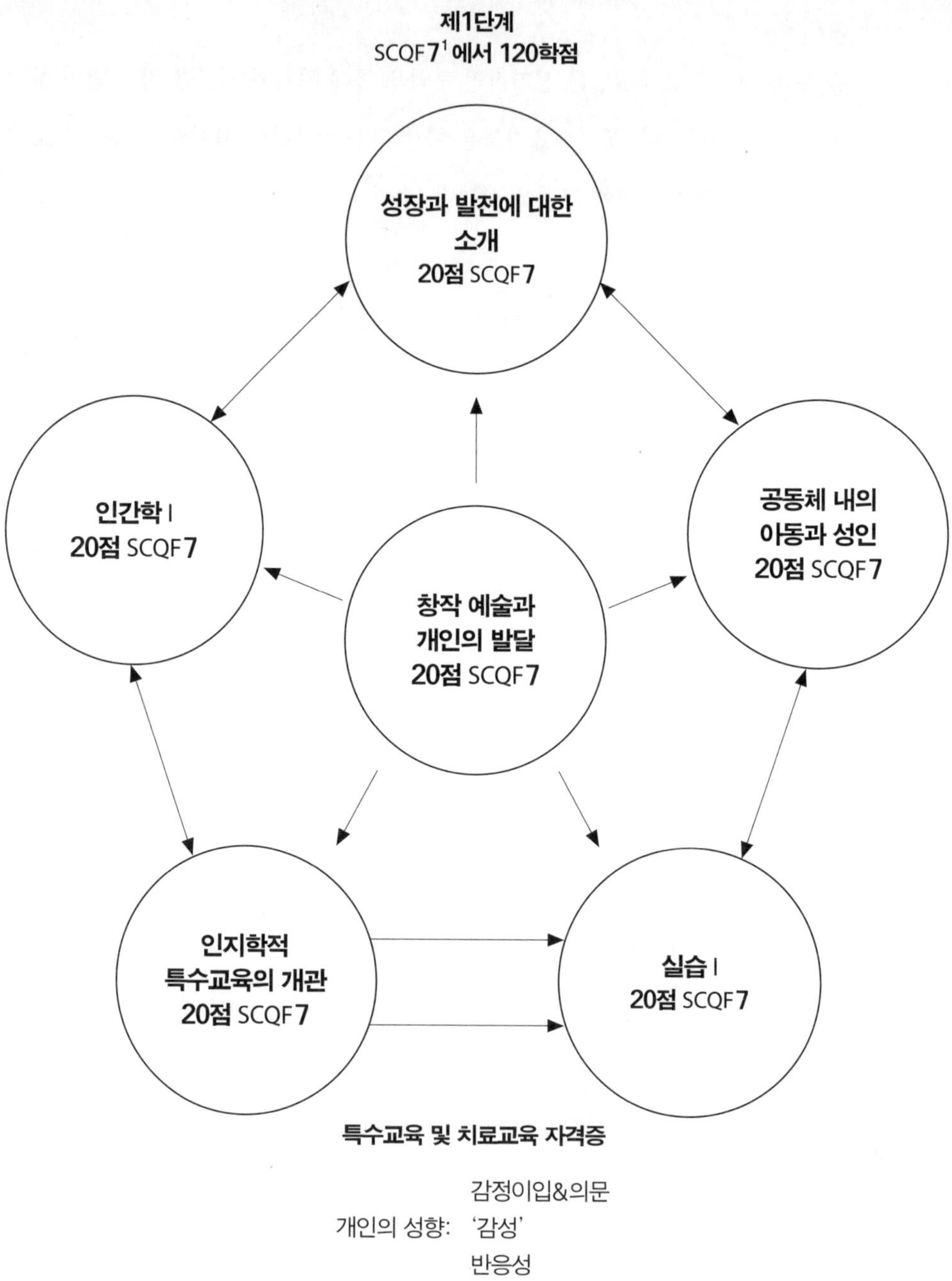

제1단계
SCQF7[1]에서 120학점

```
           성장과 발전에 대한
                소개
             20점 SCQF7

  인간학 I                    공동체 내의
  20점 SCQF7                 아동과 성인
                            20점 SCQF7
           창작 예술과
           개인의 발달
           20점 SCQF7

  인지학적
  특수교육의 개관       →      실습 I
  20점 SCQF7                20점 SCQF7
```

특수교육 및 치료교육 자격증

감정이입&의문
개인의 성향: '감성'
반응성

---

[1] The Scottish Credit and Qualfications Framework: 스코틀랜드에서 제공하는 학점은행 시스템. SCQF9 단계는 학사과정을 졸업한 경우를 의미.-옮긴이

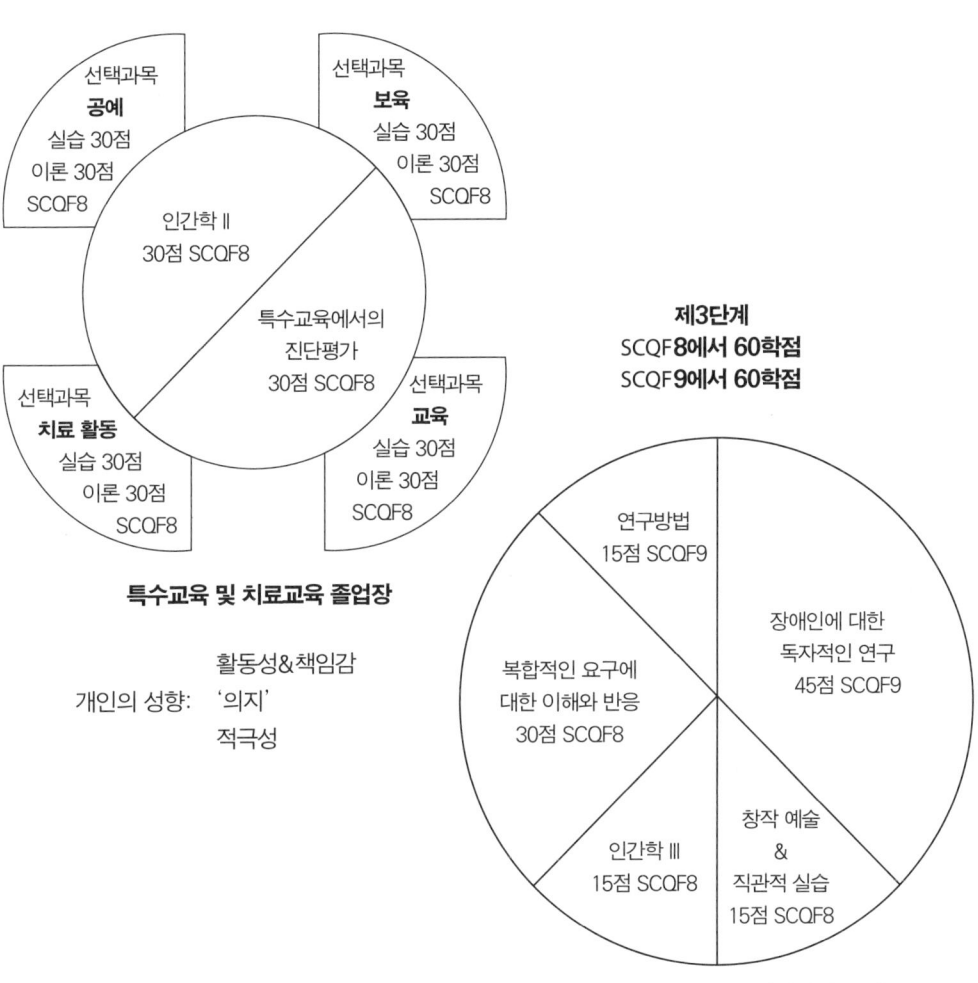

15장 일하며 배우는 캠프힐 교사양성과정 293

Appreciation'로 요약 정리되었다.

이러한 방법은 오늘날 특수교육 및 치료교육 학사학위 과정에 흡수됐다. 이는 프로그램 안에서 제공되는 전반적인 공동체 환경에 대한 그리고 다학문적 접근에 대한 의식을 증진시키고 일상생활 속에서 이론과 실습을 통합하는 기회를 제공한다. 그러나 지금은 실제적인 기술과 자질 및 필요한 지식을 습득하기 위한 분명한 방법론에 대한 인식이 늘어났다. 따라서 특수교육 및 치료교육 학사학위 프로그램은 스코틀랜드의 대학교육에서 요구하는 엄격한 학업적·전문적 평가와 질적 보장 체계를 성공적으로 갖추어나갔다. 특수교육 및 치료교육 학사학위 과정은,

- 학습자 중심의 학습에 대한 융통성 있는 접근을 제공한다.
- 세 단계를 거치는 동안 학생들 스스로 배움과 발전을 위한 책임감을 증대시키고 자신에게 주어진 길에 대해 격려를 받는다.
- 모든 일에 가치를 부여하고 팀작업과 공동체 조성을 장려한다.
- 평가, 조사, 분석, 문제 해결 및 창의성을 자극하기 위한 교수방법을 사용한다.
- 다양한 학습상황, 예를 들어 드라마나 음악·미술 등을 포함한 예술 활동을 활용한다.
- 다양한 평가방법을 사용한다(예를 들어 그룹작업, 세미나, 실행연구, 소규모 조사연구, 프로젝트 과제, 포트폴리오 등).

특수교육 및 치료교육 학사학위 과정이 만들어지기 전에는 특수교육자 양성 과정에서 비인지학적 이론과 방법에 대해서는 거의 언급하지 않았다. 그러나 1980년대 들어서 변화가 일어나기 시작했다. 공동체 안에서의 핵심 부분만

큼 주변에도 주의를 기울이고, 이러한 주변 경계선에서 새로운 배움이 일어날 수 있는 충분한 활동이 이루어지고 있음을 확인해야 한다는 인식이 생겨난 것이다. 웽거(1999)는 실제로 실습 공동체들의 '중심과 주변부'가 상호보완적인 방법으로 활성화될 때 이것이 조직의 자산이 될 수 있음을 관찰했다.

보다 큰 공동체와 전문성·우수성을 갖춘 학문기관들과 연계가 없었다면 캠프힐 세미나가 아무리 혁신적일지라도 자기만족에 빠져 침체되거나 고립됐을 것이다. 캠프힐 초창기의 훈련 프로그램이 가진 단단한 토대 위에 세워진 특수교육 및 치료교육 학사학위 과정은 특수교육자들의 훈련을 향상시키고 확장시킬 수 있었다. 애버딘 대학과 연계하여 배움 공동체로 확장됨으로써 학습의 기회는 보다 풍부해졌고, 공동체는 외적인 발전을 이루고 확실한 인력 개발을 촉진할 수 있었다.

배움의 실천

배운다는 것은 우리가 이미 아는 것을 이해하는 것이고,
행동하는 것은 우리가 아는 것을 실제로 해보는 것이며,
가르치는 것은 우리가 아는 것을 다른 이들도 알고 있음을 상기시키는 것이다.
우리는 모두 배우는 사람이자, 가르치는 사람이며, 행동하는 사람이다.
- 캠프힐 공예 작업장에 있는 시

배움 공동체에 대한 개념은 전통적인 훈련을 넘어서서 학생과 교수진이 협

력하여 어떤 주제를 집중적으로 연구하는 것으로 정의되어왔다(Angelo, 1999). 캠프힐 초창기의 세미나처럼 특수교육 및 치료교육 학사학위 과정의 시작도 전반적인 공동체 경험 속에서 발전되어 왔다. 수업시간에 배운 내용과 공동체 일상생활 속에서의 실습이 함께 병행되는 과정에서 배움이 이루어진다. 학생들은 '배움을 실천하며', 즉 배움을 생활 속에 엮어내며 살아가기 때문에 이론과 실제의 연관성 및 가치에 대해 잘 알게 된다.

특수교육 및 치료교육 학사학위 과정의 프로그램이 학생들에게 제공하는 것은 다음과 같다.

- 독특한 배움의 공동체 환경
- 지원받는 일상생활 속에서 실습 경험 및 평가를 통한 지속적인 도전과 가능성
- 새로운 능력을 개발함과 동시에 개인이 타고난 재능을 발휘할 수 있도록 학생의 학습 양식과 기질에 맞는 다양한 활동 기회 제공
- 특수교육자로서의 삶과 일에 대한 의미와 목적을 심어주는 정신성에 대한 인식

배움의 공동체는 또한 특수교육 및 치료교육 학사학위 과정 안에서 분명한 유대감을 강조한다. 이 과정에서 학생들, 교수들, 동료 및 캠프힐의 아이들 등 모든 사람이 각자 가치 있는 역할을 맡고 있다. 또한 이 과정의 특수교육 및 치료교육에 대한 전문적 접근은 전통적인 방법과 일반적인 전문적 장벽을 넘어서는 것이다.

특수교육 및 치료교육 학사학위 과정과 관련된 모든 활동은 공동체의 구조와 협력 및 상호지원적인 네트워크를 통해 지원받고 유지된다. 이는 앎과 가르

침, 배움이 공동의 행위임을 주장하는 오늘날의 교육 실천가들의 혁신적인 성과와 직접 관련된다고 볼 수 있다(Palmer, 1997).

교수와 학습 과정에서 문제 기반 학습problem-based learning이나 프로젝트 및 포트폴리오 작업과 같은 학생 중심의 접근법을 취하는 것은 상호작용적인 그룹 학습 및 자기주도적 학습 모두를 장려하는 것과 관련된다. 이처럼 대부분의 교수와 학습이 학생의 일과 속 '자연스러운 환경'에서 일어나기 때문에 학습은 절대적으로 경험을 통해 이루어진다. 그 가운데 다양한 코워커들과 교수들, 학생들에게 질문을 하고 배운 것을 평가하고 적용함으로써 동기부여를 받게 된다. 이것이야말로 진정한 지속적 문제 기반 학습이다.

학생 지원 시스템

학생들은 정기적인 하우스 이브닝의 토론 모임에서 자신의 과제를 사람들과 공유하고 캠프힐 아동들을 위해 창의적인 연구를 수행하며 평가의 한 과정으로서 아동들과 코워커들을 위한 공연을 하기도 한다. 또한 지식과 실제에 기반한 소규모 연구 프로젝트를 수행한다. 다양한 전문가 그룹의 일원으로서 아동들을 깊이 이해하기 위해 노력하며 일상생활 안에서 이를 적용한다.

만약 학생들이 적극적으로 자신을 돌아보는 과정에 참여하지 않는다면 그들은 자신이 무엇을, 어떻게 그리고 얼마나 배우고 있는지 깨닫지 못한 채 학습 과정에 그저 무의식적으로 머물러 있게 될지도 모른다. 이것은 4년간의 학위과정 내내 가장 중요한 '붉은 실red thread'이 된다. 이를 위해 학생들에게 '학습일기Learning Journal'를 쓰도록 요구하는데, 여기에는 자신들이 배운 내용을 정리하고 질문을 적고 평가하며 앞으로의 개선책 등을 쓰게 된다. 교수진들은 이 일기를 읽고 피드백을 주며, 이는 교수자와 학생의 적극적인 상호작용 과정으로 활용된다.

함께 공부하는 동료, 교수자, 아동 및 교수 · 학습 · 평가 과정에서 중요한 역할을 하는 모든 사람들과의 지속적인 상호작용과 지원 및 피드백은 끊임없이 이루어진다. 온전한 공동체가 다양한 방법으로 학생들을 참여시키고 수용하며 지원해준다. 어떤 것은 다른 것보다 형식적이기도 하지만, 그래도 모든 것이 다 중요하다. 그들은 다양한 지원을 받는다. 개인 교수자 혹은 실습 교수자들은 학생들이 학업에 매진하는 동안 지원을 해준다. 가정, 학급, 작업장의 동료들은 학생들이 담당한 아동을 대신 돌보아주거나 에세이나 프레젠테이션을 위한 아이디어를 공유하기도 하고 그들의 의견을 귀담아들어준다. 그리고 부모님들은 코워커가 연구를 진행하고 있음을 알고 자녀를 연구 목적으로 비디오 촬영하거나 논문에 쓰는 것을 동의해준다. 아동들이 학위과정 학생들을 가르치는 역할을 맡기도 한다.

이처럼 잘 개발된 학생 지원 시스템은 공동체가 코워커들에 대해 후원을 하고 그들의 학업을 위한 재정적 지원을 하며 시작된다. 각각의 학생들은 공동체 내에서 상당한 경험과 자격을 갖춘 동료들 중에서 선발된 두 명의 교수자를 만나게 된다. 첫째 '개인 교수자personal tutor'는 개인적인 지원과 학업적인 지원을 제공하고, 둘째 '실습 교수자practice tutor'는 학생들의 실습에 대해 지원하고 평가한다.

그러나 훈련과 코워커의 발전을 중요시하는 이러한 공동체 문화 안에서 우선순위는 항상 캠프힐 아이들의 안녕을 보호하고 촉진하는 것이다. 여기에는 불가피한 긴장과 갈등이 있을 수 있다. 이때 교수는 학생과 공동체 사이에서 중요한 교량 역할을 한다. 예를 들어 특수교육 및 치료교육 학사학위 과정을 위한 공부 시간과 공동체의 일원인 코워커로서 교실에서 아동들과 함께 보내야 하는 시간 사이에서 균형을 맞추어준다. 학생과 교수, 공동체 간의 지속적인 의사소통을 촉진하기 위한 업무합의서에는 다음과 같은 슈타이너의 견해가 담겨 있다.

> 개개인이 가진 무한한 차이점을 고려할 때 모든 학생들에게 같은 시간 동안 의학 공부를 하라고 요구하는 것은 비합리적이다. (…) 그리고 모든 학생들에게 정해진 횟수만큼 실습 훈련에 참여해야 한다고 요구하는 것은 원하는 길을 가고자 하는 개개인에게 하나의 척도를 만들어 그들을 묶어두려 하는 것과 같다.(Steiner 1898, p. 16, 앤젤리카 몽퇴가 옮김)

업무합의회의Working Agreement Meeting에는 학생들과 개인 교수자 및 실습 교수자들 그리고 하우스 코디네이터와 같은 관련자들이 참석한다. 회의의 목적은 다음과 같다.

- 관련된 모든 권리와 책임을 분명히 한다.
- 학생의 학습요구와 가능한 학습기회에 대한 열린 토론을 돕는다.
- 학생의 공동체에 대한 책임과 평가 과정의 특징을 확인한다.

업무합의서는 정기적으로 재검토하고 필요에 따라 수정할 수 있는 실질적인 문서다. 이를 통해 학생들은 주어진 공동체의 틀 안에서 그와 관련된 자신의 진로를 선택할 수 있는 가능성을 제공받는다.

계속적인 평가는 이 프로그램의 핵심적인 요소이다. 이는 모든 구성원에게 해당되고 그들에게 영향을 미친다. 평가 기법은 다양하고 창조적이며 융통성이 있고 엄격한 기준이 적용된다. 평가 수단으로는 에세이, 구두 발표, 그룹 작업, 예술 프로젝트 그리고 오픈북 시험 등이 있다. 학생의 능력과 잠재력에 대한 전반적이고 실제적인 이해를 위해 함께 모인 모든 사람들, 즉 캠프힐 교수진과 동료들과 대학 교수 및 학생들이 협력하여 통합된 평가를 실시한다.

실습 평가는 특히 중요하다. 특수교육 및 치료교육자들은 기술이나 능력뿐 아니라 융통성 있고 창조적이며 직관적인 방법으로 일할 수 있는 내적 자질과 소양을 갖추어야 한다. 이 과정에 공동체의 참여는 필수적이며 삼각 측정이 요구된다. 삼각 측정에는 교수의 직접 관찰, 동료의 피드백 및 학습일기 평가가 포함된다. 1단계, 2단계 실습 평가에는 교수자들과 학생이 참가하는 평가회의가 실시된다. 평가회의는 구두 발표를 통한 자기평가와 이를 뒷받침하는 프레젠테이션으로 시작한다. 그 후 교수들은 그들의 관점에서 피드백을 주고 뒤이은 대화를 토대로 평가를 내린다. 이 과정은 초창기 세미나의 평가회의 Assessment Circle와 크게 다르지 않다.

1단계와 2단계에서의 업무동의서를 통해 제공되는 기초자료와 학생의 독립성에 대한 인식을 토대로 3단계에서는 개인발전계획Personal Development Plan이 준비되며, 이는 관련 교수자 등의 대화로 진행된다. 여기서는 학생들의 공동체에 대한 책임감과 개인적·전문적 성장 그리고 학생의 미래에 대한 조망

등 학생의 모든 측면을 다룬다. 이러한 최종 과정은 전반적인 공동체 경험의 특징인 상호유대감에 대한 인식의 중요성을 반영한다. 지도교수는 이 회의의 결과를 종합한다.

개인 교수 혹은 실습 교수로 일한 경험이 있는 코워커가 구두 발표와 서면 과제 그리고 실습에 대한 평가를 실시한다. 학생의 가정공동체 구성원들과 다른 동료들도 다양한 방법으로 평가에 참여한다. 예를 들어 업무 진행에 대해 의견을 제시하거나 구두 발표 리허설에 참석한다. 아이들은 자신들의 코워커가 에세이를 쓰거나 과제의 결과를 기다리고 있거나 혹은 좋은 결과나 좋지 않은 결과를 받았음을 눈치 채고 있을지도 모른다. 아이들은 또한 자신들이 특수교육 및 치료교육 학사학위 과정의 취지에 맞게 평가되고 있다는 사실을 알고 있을 수도 있다. 과제 제출 마감일에 대한 학생들의 스트레스와 과제를 다시 돌려받았을 때의 기쁨과 실망 모두 공동체 내에 전달이 된다. 압박감이 증가하거나 새로운 소식이 생겼을 때 결국 공동체의 모든 사람들이 어떤 방식으로든 영향을 받는다.

결론

'배움의 길로서의 공동체Community as a path of Learning'라는 초창기 캠프힐 세미나의 표제는 60년이 지난 오늘날에도 공동체의 삶과 결합되어 실제 경험을 기반으로 하는 가르침과 배움·평가라는 측면에서 그대로 유지되고 있다. 캠프힐 학교 공동체에 특수교육 및 치료교육 학사학위 과정 학생이 함께하고 있다는 것은 기존의 실습에 긍정적이고 계속적인 도전이 된다. 또 훈련과 지속적인 전문성 발전의 중요성을 인식함으로써 공동의 학습환경을 조성하고 유지하게 한다. 캠프힐 학교는 학습과 일 그리고 학습의 실제 적용을 공유함으로써 큰 효과를 얻었다. 이 프로그램은 대표 교사와 교수자, 실습 교수자로 활동하는 경험 많은 코워커들이 전문가로서 끊임없이 발전하도록 자극하고 실제에 적용할 수 있는 새로운 이론적 관점과 통찰력을 갖게 한다.

초창기 세미나의 학습 문화를 발전시키는 데 영향을 미친 코메니우스는 특수교육 및 치료교육 학사학위 과정의 학습 공동체를 오케스트라에 비유했다. 개별 연주가인 학생, 동료, 교수진, 평가자들이 아름다운 음악을 연주하기 위해 각자의 특별한 역할을 가지고 함께 모여 최상의 연주를 한다. 개인의 성장과 전문적인 발전은 개인 혼자만의 목적이 아니다. 그들은 개인의 학습과 능력을 다른 사람의 이익을 위해 사용하고 아동들의 안녕을 위해 지식과 기술을 배우고 실행하며 향상시키기 위한 훈련을 하는 것으로 인식된다. 이는 성공과 개인적인 안녕에 대한 일차적인 관심을 넘어 공동체적인 맥락에서 더 넓은 의미의 틀을 고려하는 것이며, 이것이 특수교육 및 치료교육 학사학위 과정 학습 공동체의 교수와 학습에 대한 전체론적 접근의 중심 요소다.

공동체가 효과적으로 운영되기 위해서 우리는 슈타이너(1920)의 다음과 같은 지침을 가슴에 새겨야 할 것이다.

> 치유healing는 개별 인간의 영혼의 거울이 전체 공동체 안에서 형상화될 때, 그리고 개별 인간의 강점이 공동체 안에서 유용하게 활용될 때 비로소 일어난다.(Steiner, 1920, p. 117)

16장
진정한 배움 공동체, 캠프힐

폴 헨더슨 Paul Henderson

학습조직은 사람들이 진실로 원하는 결과를 창조하기 위한 능력을 끊임없이 확장시키고 새롭고 광대한 사고를 키우는 장소이자 서로의 포부가 자유롭게 펼쳐지고 사람들이 모두 함께 알아가기 위해 지속적으로 학습하는 장소이다. 캠프힐의 정신과 문화 그리고 조직 체계 안에는 이러한 특징들이 발견된다.

변화하고 도전한다

폭넓은 의식을 가지고 학습능력을 기르는 것, 즉 지식의 습득과 실제적인 재능을 개발하는 것이 현 시대의 절박한 문제들에 대처하는 현실적인 방법을 제공할 것이다.(Probst & Buchel, 1997)

위의 글은 우리가 21세기에 맞닥뜨리게 될 문제에 대처하기 위해 '배움'이 얼마나 중요한지를 강조한다. 개별적인 학습이든, 팀 또는 조직적으로 하는 학습이든 학습은 하나의 조직이 효과적으로 운영되도록 하는 데 매우 중요한 역할을 한다. 점점 복잡해지고 다양한 요구를 지닌 보육 및 교육 환경에서 종사자들에게 정확한 목표와 양질의 훈련을 제공하고 발전을 촉구하는 것은 중요한 일이다. 이를 위해서는 학습요구를 인지하고 우선순위를 명확히 하며 프로그램 실행을 엄격하게 관리하는 체계적인 접근이 필요하다.

캠프힐 학교는 인지학적 교육과 특수교육학적 접근에 대한 연구와 실행에서 오랜 전통을 가지고 있다. 캠프힐 학교의 고유한 교육방법은 특수교육 및 치료교육 학사학위 과정이나 다른 자격 연구 과정에 참여하는 코워커들의 조사·연구·실습을 통해 끊임없이 보완되고 있다. 최근 캠프힐 학교는 특수교육을 발전시키고 공동체 형성을 장려하기 위해 '주류화mainstream'[1]의 사상과 개념, 실제도 수용하고 있다. 배움에 대한 이와 같은 열린 태도는 캠프힐 학교가 지속적인 발전에 전념해왔음을 보여주는 좋은 예라 할 수 있다. 이 장에서는 캠프힐 학교 학습의 중요한 기능을 밝히고 내부적 혹은 외부적으로 직면한 문제에 공동체가 어떻게 대응하고 있는지 대략적으로 설명하고자 한다.

조직의 학습 역량을 키우려면

학습조직체란 미래를 창조하기 위해 끊임없이 능력을 향상시키는 조직을 말한다. 이러한 조직은 단지 생존하는 것만으로는 충분하지 않다. 흔히 '적응학습adaptive learning'이라 불리는 '생존학습survival learning'은 매우 중요하며 꼭 필요한 것이지만 학습조직체에서 '적응학습'은 반드시 우리의 창조적인 능력을 향상시키는 '생성학습generative learning'과 결합되어야 한다.(Senge, 1994, p. 14)

---

1 장애학생을 일반교육에 통합시키기-옮긴이

조직 분석가인 피터 센지에 따르면 조직은 '현 상태를 잘 유지하는' 데 필요한 학습에 관심을 기울이는 동시에 사람들이 새로운 도전에 창의적으로 대응할 수 있는 능력을 끊임없이 기르도록 장려해야 한다. 이러한 측면에서 '적응학습'과 '생성학습'은 캠프힐 학교의 중요한 요소이며, 학교의 교사 연수 과정에 확실하게 드러난다. 센지는 조직학습을 위해 개별학습이 선행되어야 하지만 개별학습이 반드시 조직의 학습을 보장하지는 않는다고 강조했다(Senge, 1994). 이것은 명백한 사실인 듯하다. 조직 환경 내에서 그것이 이행되지 못할 때 학습으로 '보이는' 것들이 점점 결핍되어갈 것은 뻔하다. 그러므로 새로운 학습에 의해 변화가 촉진되도록 연수 활동과 개인적인 일 사이에 연관성을 갖도록 해야 한다. 좋은 생각과 의도들이 일상생활의 복잡하고 힘든 작업 환경에 묻혀 사라져버리고 연수 효과가 완전히 실패로 돌아가는 경우가 종종 있다. 따라서 모든 개별학습 활동은 가능한 한 조직의 가치와 목적, 기대와 분명하게 연관되도록 한다. 캠프힐 학교의 훈련 전략을 발전시키는 가운데 개인의 학습 활동은 캠프힐 학교의 요구와 관련되도록 힘써야 한다.

학습을 실천에 접목시키는 것은 대부분의 조직이 겪는 어려움이다. 센지는 학습하는 조직이 된다는 것은 조직이 어떤 목적지에 다다르는 것이 아니라 그것을 향한 지속적인 노력을 끊임없이 계속하는 것이라고 말한다(Senge, 1994). 학습조직이란 우리가 세상을 인식하고 세상과 관계를 맺어가는 수단이라고 한다. 그의 주장에 의하면 학습조직은 사람들이 진실로 원하는 결과를 창조하기 위한 능력을 끊임없이 확장시키고 새롭고 광대한 사고를 키우는 장소이자 서로의 포부가 자유롭게 펼쳐지고 사람들이 모두 함께 알아가기 위해 지속적으로 학습하는 장소이다. 캠프힐의 정신과 문화 그리고 조직 체계 안에는 이러한 특징들이 발견된다.

번스는 이렇게 적고 있다.

"전에 없이 변화의 속도가 빨라지고 있다. 조직은 점점 복잡해지는 환경에 대응하기 위한 계획을 세워야 한다는 생각이 상당한 지지를 받고 있다."(Burnes, 2000)

이것은 분명 캠프힐 학교에도 해당되는 것이다. 기숙제 특수학교에 대해 '통합inclusive' 교육이라는 의제가 도입되고 서비스 및 서비스 제공자들에 대한 지방당국 및 중앙정부의 검열과 규제가 강화되고 있다. 이러한 시점에서 우리는 스스로 학습 문화와 환경을 재정비하기 위해 다시 한 번 노력해야 한다. 빠른 변화에 유연하게 대처하고 질 높은 서비스를 내놓는 조직만이 살아남을 수 있다. 조직이 사람들에게 '온 마음을 다하고' 공유된 기대에 응하며 개개인의 학습 동기를 유발하는 것은 매우 중요하다. 이러한 조직은 조직원을 대하는 태도에서 근본적인 차이가 있다. 조직의 학습 역량은 조직의 구조, 구성원의 학습 태도, 실행을 장려하는 정도, 일할 때 제공되는 실용적인 도구의 종류, 근로자가 맞부딪히는 상황에서 그들을 이끌어줄 가능성에 의해 좌우된다.

가장 큰 자산이 무엇이냐고 물으면 많은 조직이 "물론 우리의 구성원들이다"라고 대답한다. 아무리 그럴듯하게 들려도 이 과장된 말이 우리의 현실과 얼마나 동떨어지는지를 보여주는 증거는 많다. 그 이유는 아주 다양하고 복잡하다. 많은 경우 이는 일을 어떻게 해야 하는지에 대한 조직 구성원들의 생각과 관련되어 있다. 단순히 주어진 일에 사람들을 어떻게든 훈련시키는 것만으로는 부족하다. 일이 보금자리와 생계유지를 위한 비용을 제공하는 데 그치지 않고 구성원의 자신감과 자아실현과 정신적 필요에 부응해야 한다는 인식이 점차 확대되고 있다. 캠프힐에서는 이미 이러한 인식이 뿌리를 내리고 있다. 캠프힐이 가지고 있는 이러한 이상은 많은 조직이 갈망하는 것이다.

캠프힐이 표명하는 자유와 역량 강화의 원칙들은 조직을 효과적으로 이끌어가기 위한 중요한 요소로 인식되고 있다. 만약 누군가가 자유롭게 일하지 못하고 동료들에게 지원과 격려를 받지 못한다면 장기적으로 작업의 질은 보장되지 못할 것이다. 이것은 캠프힐 코워커들에게는 자명한 일이다.

배움의 공동체가 되기 위해서

번스는 학습조직체라는 지위를 획득하는 것은 사실상 매우 어려운 일이라고 주장한다(Burnes, 2000). 이런 면에서 우리 스스로 캠프힐 학교를 학습조직체라고 말한다면 조금은 거만하게 들릴지도 모르겠다. 그러나 캠프힐 코워커들이 주어진 다양한 작업들과 공동체 경험을 통해 개인의 성장과 배움을 이뤄왔음은 분명한 사실이다. 캠프힐 학교는 그동안 공동체적인 삶과 일로 여러 가지 어려움에 대처하며 그 역량을 강화시켜왔다. 따라서 우리는 캠프힐 학교를 개인의 성장과 공동체의 성장이 동시에 이루어지는 '배움의 공동체'라고 당당하게 말할 수 있다.

'배움의 공동체'가 되기 위해서는 개인, 그룹, 대학 수준에서 실습 평가가 장려되고 조직 간의 학습이 촉진되며 조직의 학습요구가 지속적으로 평가되고 연간평가가 이루어져야 한다. 아동과 교사 모두의 발전이 가능한 통합된 학습환경을 조성하기 위해서는 많은 노력이 필요하다. 질적 향상을 위한 실습 체계를 마련하고 강화하는 것 역시 강조되어야 하며, 실습의 기회는 다양하고 내부적 · 외부적인 프로그램을 모두 포함하고 있어야 한다. 특히 건강과 안전 문제를 다루는 활동에는 모든 코워커 혹은 특정 집단의 코워커들이 반드시 참여해야 한다. 또한 내부 연수 담당자들은 학습활동들이 조직의 발전에 기여하도록 하기 위해 부단한 노력을 해야 한다.

모든 코워커들에게는 전문 분야의 발전에 대한 책임이 요구된다. 하지만 관리자나 단체 그리고 대학에도 역시 개인이 적절한 교육기회를 찾고 배운 것을 실제에 적용하도록 환경을 만들어줄 책임이 있다. 한편 모든 코워커들이 연구나 자기계발에 공평한 기회를 가질 수 있도록 동일한 기준을 적용하는 등 공정성을 유지하기 위해 세심하게 배려해야 한다.

연수 진행 과정

성과에 대한 평가
- 연수 계획을 검토하고 모니터
- 연수 담당자가 평가 실시
- 연수 담당자와 협회는 연수 계획 실행에 대한 보고서 수령

요구평가
- 지원과 조언/조력
- 개별적인 학습계획
- 피드백 점검
- 요구기록
- 계획 과정 개발

배움의 공동체
- 개인의 성장과 기대, 조직의 발전과 업무 수행 능력 향상 및 자격증을 얻기 위한 배움
- 일하는 사람과 공동체 간의 협력
- 공정성과 형평성
- 정기적인 지원과 감독
- 연간평가와 학습계획
- 진단, 계획, 실행, 평가

연수 실행
- 연수 담당자는 학습 체계와 연수 기회 창출을 위한 작업 실행
- 조언자/조력자들은 감독과 연간평가 실시
- 각 개인은 배운 것을 실제에 적용

실행 계획
- 연수 담당자들이 요구와 우선순위 확인
- 연수 계획 및 예산에 대한 협회의 동의
- 연수 기간과 방법에 대해 연수 모임의 계획

보육기관 규제

스코틀랜드는 현재 2001년에 제정된 보육규제법 실행 결과에 따라 사회복지 분야에서 큰 변화를 겪고 있다. 가장 큰 변화는 새로운 두 개의 비 부처 공공기관Non Department Public Body이 설립되었다는 것이다. 스코틀랜드 보육규제위원회Scottish commission for the Regulation of Care 혹은 보육위원회Care Commission는 국가 기준에 맞추어 보육 서비스 등록과 규제에 대한 책임을 지닌다. 스코틀랜드 사회복지협회SSSC 역시 국가적 인력관리 계획workforce planning과 사회복지 서비스 분야에서 일하는 사람들에 대한 등록 및 그들에 대한 교육과 훈련에 대해 책임을 갖는다.

2002년에 새로 소개된 모든 보육기관들이 지켜야 하는 새로운 복지 규정에 의해 캠프힐 학교는 지금 1년에 두 번씩 평가를 받고 있다. 이전에는 학교와 보육기관에 대한 감사가 각 당국에 의해 별도로 이루어졌다면 현재는 보육위원회와 왕립 교육감사단Her Majesty's Inspectorate for Education(HMIE)[2]에 의해 동시에 감사가 이루어진다. 이는 특수교육의 다양한 측면에 관한 구체적인 피드백을 제공함과 동시에 캠프힐 학교 운영에 관한 보다 넓은 안목을 제시하는 데 도움이 된다. 이러한 피드백은 캠프힐 학교의 연수와 발전에 관한 우선순위를 밝히는 데 중요한 역할을 한다.

모든 기숙제 보호시설의 종사자 및 관리자들은 협회에 등록을 해야 한다. 사회복지사들은 2010년까지 단계적으로 등록을 마쳐야 하는데, 장기적으로 등

---

[2] 중앙정부 차원의 교육에 대한 장학감사기관-옮긴이

록을 유지하기 위해서(즉 사회복지 서비스 분야에서 일할 자격을 얻기 위해서) 관련 종사자들은 그들의 직업과 관련된 자격증을 갖고 있어야만 한다. 최근 캠프힐 학교에서는 협회에 등록되어야 하는 코워커들의 자격조건에 대한 분석을 했는데, 그 결과 2005년 이후 등록을 해야 하는 사람들 대부분은 현재 이미 자격증을 가지고 있거나 특수교육 및 치료교육 학사학위 과정 혹은 스코틀랜드 직업 자격증Scottish Vocational Qualification 수여 프로그램과 같은 훈련 과정을 받고 있었다. 만약 코워커들이 협회 등록 시 관련 자격증을 가지고 있다면 완전한 등록증을 받게 된다. 그러나 자격증이 없는 경우에는 3년 내(즉 2008년 9월까지)에 이루어지는 재등록 전에 자격증을 취득한다는 조건하에 조건부 등록증을 받는다.

학령 전 유아와 아동을 돌보는 사람들에 대한 규정 또한 도입되었는데, 이는 캠프힐 학교 유치원에 영향을 미칠 것이다. 스코틀랜드 사회복지협회에서는 사회복지사 등록 규정을 위한 자격증으로 특수교육 및 치료교육 학사학위 프로그램의 자격증을 포함시키고 있다. 현재 캠프힐의 유치원에서 일하는 모든 교사들은 관련 교사자격증을 가지고 있거나 특수교육 및 치료교육 학사학위 프로그램의 자격을 가지고 있기 때문에, 2006년 규정이 도입될 때 우리는 모든 자격조건을 만족시킬 수 있을 것이다.

개인적인 등록 절차와 더불어 고용주와 사회복지사들도 관련 실행 법규 Codes of Practice를 따라야 한다. 이러한 법규는 고용주가 관련 종사자들에게 업무능력을 유지하고 향상시키기 위한 개인적 감독과 연수 및 발전의 기회를 제공할 것을 요구한다. 나아가 고용주는 종사자들의 지속적인 발전과 협회 등록을 위한 기준을 충족시킬 수 있도록 적절한 기회를 제공할 의무가 있다. 이에 따라 종사자들 또한 관련된 연수와 교육, 프로그램에 참여하여 자신의 지식과 기술을 향상시키는 노력을 통해 스스로 학습할 책임이 있다.

기숙제 아동보호시설에서 일하는 사람들만이 전문가 등록을 위한 관련 자격증을 취득해야 하는 것은 아니다. 특수교육의 다양한 분야에 대해서도 점차 규제가 강화될 것으로 보이는데, 이를 예상한 특수교사와 공예 교사 그리고 치료사들은 자신들의 기술과 능력·경력을 위해 필요한 학업적·전문적 인정을 받기 위해 노력하고 있다.

캠프힐 학교 대부분의 교사들은 스코틀랜드 교사위원회General Teaching Council for Scotland(GTCS)에 등록되어 있다. 공식적으로 인정된 교사자격증을 가지고 있지는 않지만 경험 많고 유능한 교사들도 일부 있다. 현재 스코틀랜드에서는 사립학교의 경우 교사들에게 국가교사자격증을 반드시 요구하지는 않으며, 또한 이미 캠프힐 학교에서 일하고 있는 교사들의 경우 계속적으로 일할 수 있도록 교사위원회의 승인이 있었다. 그럼에도 불구하고 캠프힐 학교는 교사들이 주에서 인정하는 교육대학원Postgraduate Diploma in Education(PGDE)[3]에서 관련 교사자격증을 받도록 하고 있다. 이는 교사들로 하여금 GTCS에 등록할 수 있는 자격을 갖추는 훈련이 되며 학교에서 실제 교수에 이용할 수도 있다. 공예 과목을 가르치는 학교가 드물기 때문에 공예 교사들의 경우 특정 기관에 의해 규제되지 않았다. 그러나 공예 활동은 특수교육에서 매우 중요한 부분으로, 보육위원회와 왕립 교육감사단에서도 이를 인정하고 있다. 따라서 캠프힐 학교에서는 최근 공예 교사들에게 요구되는 자격을 구체화하기 위해 이

---

[3] 대학 졸업자들이 초·중등 교사자격증을 받기 위한 과정-옮긴이

두 기관과 긴밀한 관계를 유지하며 대책을 강구하고 있다.

　인지학적 치료사들은 현재 법령에 의해 규정되어 있지는 않지만 몇 년 안에 특정 자격요건이 요구될 것으로 예상된다. 많은 치료사들이 자신들의 전문 분야에서 공식적인 전문가가 되기 위해 받아야 하는 특정 교육 프로그램을 이미 받았거나 현재 받고 있다. 몇몇 인지학적 치료사들은 비록 검증되기 어렵긴 하지만, 자신들의 훈련과 기술에 대한 대외적인 인정을 받을 방법을 찾고 있다. 오이리트미나 언어형성치료 · 승마치료와 같은 특정 인지학적 치료학 분야는 적절한 대외적 전문기관이 없는데, 이에 새롭게 만들어진 인지학적 보건사회협회Council for Anthroposophical Health and Social Care가 보건전문협회Health Professions Council와 유사한 인정을 받아 인지학적 치료사들이 정식으로 등록될 수 있기를 바란다.

교사 연수 제도

규정이 점차 강화되고 있는 상황에서 캠프힐 학교는 포괄적이고 탄탄하며 신뢰할 수 있고 융통성 있는 교육과 훈련, 발전 체계를 구축할 필요가 있다. 캠프힐 학교의 교사 연수 제도는 교사들의 훈련과 개발을 위한 우선순위와 활동 및 비용에 대한 지침을 두고 있으며 이를 위한 계획과 결정에 대한 틀이 마련되어 있다. 또한 이 제도 안에는 다양한 특별 연수, 예를 들면 모든 신입 교사들을 위한 기초과정과 조력자 연수회 등이 포함되어 있다. 교사 연수에 드는 비용이 개인, 단체, 공동체의 프로그램 운영에 공정하고 균등하게 배분될 수 있도록 명확하게 명시하고 있으며 또한 교사 연수 제도의 효과적인 운영과 관련하여 개인과 단체의 책무성에 대해서도 밝혀놓았다. 핵심 훈련 과정은 신입 코워커들을 위한 특별 연수 프로그램을 포함해 자신의 일을 보다 안전하고 유능하게 수행하고자 하는 사람은 누구나 받을 수 있는 교육들이다.

근무환경 내에서 코워커들에 대한 지원

코워커들에게는 연수 과정과 같은 구조화된 학습기회뿐 아니라 생활 속에서 자기계발을 위한 기회와 조언 및 지도가 주어지고 자신의 일과 좀 더 밀접하게 관련된 사람들에게 지원을 받을 수도 있다. 캠프힐 학교에서 조언/조력과 팀 작업이 중심이 되는 것은 그 때문이다. 모든 코워커들은 자신의 일과 관련된 사적인 고민이나 전문적인 문제들에 대해 의논할 조언자/조력자를 갖고 있다. 하우스 이브닝과 학급 모임, 작업장 회의나 치료 회의 등에서 코워커들의 다양한 문제들과 관련된 정기적인 학습의 기회를 갖는다. 이러한 모임에서 아이들의 안녕과 발전에 대해, 그리고 어떻게 하면 코워커로서 아이들에게 효과적인 교육과 양육·치료를 제공할 수 있을지에 대해 중점적으로 논의한다.

 새로운 시도의 하나로 코워커들을 위한 연례평가 및 발전을 위한 과정 회의가 시작되었는데, 이는 다른 곳에서의 업적평가회의appraisal와 유사한 것으로 코워커 개인의 연간 공헌 정도를 돌아보고 앞으로의 일과 학습에 대한 계획을 세우는 자리다. 이러한 체계적인 과정을 통해 드러난 학습에 대한 요구는 캠프힐 학교의 연수 교육 과정과 연간계획에 영향을 미칠 뿐 아니라 개인의 학습목표와 활동을 분명히 할 수 있는 기회를 제공한다. 이러한 연간평가회의를 통해 많은 사람들은 자신들의 특별한 학습요구를 고려하여 미래 발전을 위한 계획을 세우게 된다.

결론

학습은 변화를 촉진한다. 캠프힐 학교에서 우리는 아이들을 위해 개인과 공동체 사이의 유대감을 형성하고자 노력한다. 따라서 캠프힐에서의 학습은 개인의 이익을 위한 것이 아니다. 공동체 전체의 계획 안에서 특수교육이 원활하게 이루어지도록 공헌하는 것이어야 한다. 다가오는 시대의 캠프힐 교사 교육과 발전을 위한 과제는 보다 넓은 세계로부터 최선의 실제best practice를 받아들이면서 특수교육의 중요한 요소들을 계속하여 실행해가는 것이다.

17장
예비 특수교사의 캠프힐 체험기

파블리나 랭거로바 Pavlina Langerova, 갈 레비 Gal Levy

학생들이 우리와 동등한 파트너라는 것을 해를 거듭할수록 삶 속에서 깊이 알아가게 된다. 그러나 아직도 나는 코워커와 학생들 사이에 구분이나 차이가 없다고 말하는 나 자신이 정직하지 못함을 느낀다. 그보다 나는 우리들의 만남은 신비로운 것이며, 이를 이해하는 것은 일생에 걸쳐 탐구해야 할 부분이라고 생각한다.

아이들은 나를 비춰주는 거울

파블리나 랭거로바Pavlina Langerova(체코)

나의 여동생은 스코틀랜드에 있는 캠프힐 청소년 공동체 베나허에서 1년 동안 살았다. 나는 동생을 통해 장애인과 함께 일하는 것에 관심 있는 사람들을 만나게 되었고 인지학을 접하게 되었다. 나는 캠프힐로 가야겠다고 마음먹었다. 캠프힐은 나에게 많은 것을 제공해주고 가르쳐줄 비교적 안정된 곳이라 생각됐다.

나는 베나허에서 찍은 사진을 본 적이 있고 여동생을 통해 많은 이야기를 들었다. 나는 코워커(하우스 페어런츠)들과 나와 같은 단기 코워커 그리고 빌리저들과 함께 캠프힐 가정공동체에서 살고 싶었다. 또한 작업장에서 다른 사람들과 함께 일하고 싶었다. 캠프힐에서의 생활은 힘든 경험이자 도전이 될 것임을 알고 있었다. 처음 몇 주 동안은 매우 지칠 것이란 생각이 들었다. 그러나 포기하지 않겠다고 스스로에게 약속했다. 나는 이내 집과 같은 행복함과 안락함을 느끼게 되었다. 이 아름다운 곳에서 나 자신을 발견했다. 처음 몇 주 그리고 몇 달 동안은 모든 것이 흥미로웠다. 내가 잘 적응할 수 있도록 다정하게 도와주고 지지해준 사람들이 있었고 나의 도움을 필요로 하는 매력적인 빌리저들을 만났다. 그들은 부족한 내 영어 실력을 잘 참아주었다. 그들은 내가 전적으로 의지할 수밖에 없었던 처음 며칠간 마음을 열고 관대하게 받아주었다.

베나허에서 1년을 보낸 뒤 체코로 돌아왔지만 곧 다시 스코틀랜드로 가기로 결심했다. 나는 특수교육 및 치료교육 학사학위 과정에 입학해 젊은 학생들과 함께 공부했다. 첫 1년은 베나허에서 살았고 이후 2년 동안 아이들이 생활하는 캠프힐로 거주지를 옮겨 생활했다. 학사학위 과정의 마지막 1년은 청소년 및 청년들을 위한 또 다른 공동체인 켄리 캠프힐 공동체에서 지냈다. 지금도 나는 켄리 공동체에 살고 있다.

캠프힐에서 지낸 지 거의 5년이 되었다. 여기에 살면서 얻은 것과 지금도 계속 얻고 있는 것들을 간단하게 설명하기란 어렵다. 지난 5년간의 삶은 내 생애에 아주 중요한 시간이었다. 강렬한 경험을 통해 배우고 성장한 시간이다.

스물네 살, 처음 이곳에 왔을 때는 미래에 대한 약간의 호기심과 막연한 생각을 품고 있었다. 배움에 대한 열망이 있었으나 그 안에는 많은 두려움과 걱정, 불안함, 상처, 고통이 있었다. 특수교육 및 치료교육 학사학위 과정을 시작한 이후는 나 자신과 나를 둘러싼 사람들의 존재를 인식하는 시간이었다. 내가 감정, 생각, 바람, 요구를 잘 표현하지 못한다는 걸 사람들이 알기 전까지 나는 많은 좌절을 경험해야 했다.

이곳 캠프힐 공동체에서 생활하면서 나는 많이 변화되었고 좀 더 성숙하고 안정되어감을 느낀다. 남들은 나에게서 큰 변화를 발견하지 못한다고 해도 나는 이곳의 삶이 나에게 중요한 역할을 했다고 믿는다. 나는 깊은 불안감과 나약함에 직면해야 했고 다음 단계로 나아가기 위해 무언가를 해야만 했다.

특수교육 및 치료교육 학사학위 과정 공부를 시작했을 때 가장 어려웠던 일은 '내가 되는 것'과 '나의 의견과 그것을 표현하는 능력에 대해 자신감과 확신을 갖는 것'이었다. 나는 그것을 학습일기에 썼다. 팀으로 일을 하거나 느끼고 생각하는 것에 대한 내적 확신이 부족하고, 타인과 타인의 견해를 존중하고 그에 대한 관대함과 유연성을 보이는 것에 어려움을 느낀다고 말이다. 나 자신을 너무 많이 포기하지 않는 것과 다른 사람들에게 열려 있는 것 사이에서 균형을 유지하는 것이 나에게는 가장 큰 도전이었다. 최근에 나는 내가 살고 있는 가정공동체 안에서 내 감정을 분명하게 표현하는 용기와 능력이 생겼고, 스스로 통제할 수 있는 성숙한 사람이 되었음을 느끼고 큰 감동을 받았다. 여기까지 오는 데 얼마나 많은 노력이 있었는지, 그리고 아직도 얼마나 많은 것을 더 배워야 하는지 잘 알고 있다.

캠프힐에서의 삶은 주변 사람들과 감정을 나누고 소통하고 더불어 사는 것의 즐거움을 가르쳐주었다. 나는 다른 사람들 역시 두려움과 불안함으로 인한 무의식적인 행동을 보일 때가 있다는 것을 알게 되었다. 그들을 비난하지 않고 그들 안의 좋은 점을 발견하며 불안함과 맞서 싸울 수 있도록 용기를 주는 것이 나의 일임을 알게 되었다. 나는 좀 더 관대한 사람이 되었다. 나는 사람을 함부로 판단하지 않으려고 노력하고 있다. 그러나 지금도 사람들을 쉽게 판단할 때가 있다. 내 판단이 잘못되었다는 것을 알면 부끄러움을 느낀다.

사람들은 누구나 대처하기 어려운 결점과 특징들을 가지고 있다. 코워커들에게서 그런 점을 잘 볼 수 없는 건 그들이 워낙 잘 숨기기 때문이다. 학생들은 자신들의 특징을 숨김 없이 드러낸다. 그들은 자신들만의 강한 개성을 가지고 우리를 대한다. 그러는 와중에 그들은 우리가 보지 못하는 것(학생들에게 잘 대처하지 못하게 만드는 우리 자신의 나약함)을 보여주는 거울이 된다. 그들은 그들이 필요로 하는 지원을 알고 대처하고 제공해줄 것을 우리에게 요구한다. 올바른 방법으로 이러한 요구를 받아들이기 위해서는 겸손과 용기가 필요하다. 우리는 모두 각자 다른 강도로 열심히 이를 수행하고 있다. 학생들이 우리와 동등한 파트너라는 것을 해를 거듭할수록 삶 속에서 깊이 알아가게 된다. 그러나 아직도 나는 코워커와 학생들 사이에 구분이나 차이가 없다고 말하는 나 자신이 정직하지 못함을 느낀다. 그보다 나는 우리들의 만남은 신비로운 것이며, 이를 이해하는 것은 일생에 걸쳐 탐구해야 할 부분이라고 생각한다.

내가 경험한 캠프힐의 가장 두드러진 특징 중 하나는 바로 축제다. 많은 사람들의 마음을 충만하게 하는 축제의 시간은 나에게 깊은 감동을 주었다. 학생들과 거주자들은 아주 환상적인 방법으로 이 순간을 함께한다. 특히 베나허에서 처음 지낸 부활절이 기억에 남는다. 물론 나에게는 매일 행해지는 일상적인 축제들, 예를 들어 함께 모여 노래하는 것과 같은 의식들도 큰 의미가 있다. 때때로 가장 우주적인 순간은 일대일의 상황에서 누군가와 함께 시간을 보내거나 눈에 보이는 장애를 넘어서서 그들과 진정으로 가까워지는 시간을 가질 때다. 이럴 때가 가장 즐겁고 유쾌하다.

캠프힐을 떠나게 된다면 이곳을 무척 그리워하게 될 것이다. 지난 5년 동안 나는 내가 공동체의 삶에 무언가 기여를 할 수 있게 해주고 그로 인해 충만함을 느끼도록 도와준 많은 사람들과 관계를 맺었다. 존경할 만한 사람들을 많이 만났으며 다양한 것들을 배웠다. 그들은 내가 도움을 청할 때 언제나 열린 마음으로 기꺼이 도와주었다. 캠프힐을 떠난다면 나를 둘러싸고 있는 이러한 지지적인 관계를 더 이상 갖지 못한다는 게 상당히 힘들 것이다. 물론 학생들은 이러한 지원 체계의 중심이며 목적이고 그 안에서 가장 중요한 역할을 한다. 가장 중요한 것은 바로 그들이 내가 그들을 도울 수 있도록, 또한 도움이 필요함을 느낄 수 있도록 해주었다는 것이다. 그것이 내가 여기에 있어야 하는 이유임을 알게 하는 근본적인 확신이다.

학생들, 코워커들과 함께 가정생활 공동체를 이루어 살아간다는 것은 캠프힐에서 가장 중심이 되는 중요한 특징이다. 가정을 운영하고 경험이 부족한 코워커들을 지도하는 책임을 지닌 사람들이 열려 있고 소통적이라면 그 경험은 더욱 중요해진다. 그들은 캠프힐 생활의 이면에 있는 것들을 전달하고자 노력해야 한다. 각자의 사람들이 자신의 경험에서 나오는 자신만의 새로운 인식을 발전시키는 것이 점점 중요한 일이 될 거라 생각한다. 오직 그러한 방법으로만 치유적이고 풍요로운 삶을 함께 살아갈 수 있다.

캠프힐에서의 삶은 1년의 계절 순환 속에서 더 선명하게 마음에 간직되었다. 캠프힐은 영적 공동체이다. 자연의 힘에 대한 경외심을 갖고, 중요한 축제를 기념할 때마다 이교도와 기독교의 전통을 함께 살리기 위해 노력한다. 인지학은 의미와 관계를 구현하고 추구하는 또 하나의 차원을 포함하고 있다.

고요와 평화의 순간을 발견하기 위해 공동체 안에서 함께하는 것과 같은 일상적인 의식들은 지속될 가치가 있다. 그것을 같이 이해하고 성취할 때 그 의미는 더욱 고취될 것이다. 따라서 올바른 방법으로 이를 수행하고 이러한 순간들을 준비하기 위해서는 경험과 생각을 공유해야 한다.

캠프힐은 특별한 도움이 필요한 사람들의 공동체적인 삶을 실현하고 넓은 의미의 가족을 창조하며 하루, 일주일, 한 달, 1년의 리듬 안에서 관계를 형성하는 상호작용과 배움과 변화에 열려 있는 곳이다.

나는 단지 한 가지의 유익한 행동을 알고 있는데, 그것은 바로 기도다.
또한 나는 모든 행동이 다 기도임을 알고 있다.
만약 당신이 그것을 통해 자신에게 몰두한다면,
자신이 되기 위하여.

- 앙투안 드 생텍쥐페리

내가 캠프힐에 온 진짜 이유

갈 레비|Gal Levy(이스라엘)

3년 반 전, 캠프힐에 처음 왔을 때 나는 왜 이곳에 왔는지 잘 알고 있다고 생각했다. 나는 이스라엘에서 인지학과 미술 기초과정을 이수했다. 나는 음악치료와 인지학을 공부해야겠다고 마음먹고 있었다. 내가 캠프힐에 온 것은 매우 단순한 이유인 것 같지만 나를 이곳으로 이끈 강한 바람에는 다양한 이유들이 존재했고 그것은 후에 다양한 측면으로 나타나기 시작했다.

학생들과 첫 만남과 가정공동체 생활의 첫인상은 매우 강렬했다. 나는 전에 장애아동이나 장애를 가진 청소년들과 함께한 경험이 전혀 없었기 때문에 의아심과 놀라움으로 가득 찼다. 특수교육 및 치료교육 학사학위 과정을 시작하기 전에 나는 이미 최고의 교사들을 몇몇 만나게 되었다. 학생들은 나에게 인간의 새로운 측면을 보여주었으며 내가 직접적인 방법으로(때로는 도전적인 방법으로) 배우고 변화하는 데 많은 도움이 되었다.

나는 많은 의문을 품고 있었다. 다양한 경험을 통해 많은 것을 배웠다고 생각할 수도 있었지만 그것만으로는 충분하지 않았다. 특수교육 및 치료교육 학사학위 과정은 나의 의문과 경험에 명쾌한 답을 주었다. 학생들과 함께하는 일과 수업 내용이 서로를 지원하며 가르침을 주었다.

처음에는 그저 멀찍이서 지켜보기만 하던 나는 삶에 얼마나 많은 측면들이 있는지를 느끼게 되었고 그동안 현실의 일부분과 왜곡된 이미지만을 보아왔음을 알게 되었다. 특수교육 및 치료교육 학사학위 과정에서 가장 중요한 점은 다양한 관점에서 인간을 관찰하는 법을 배우는 것이다. 인간의 무한한 복잡성을 다루는 데 있어 한 가지 관점만을 선택하는 것이 아니라 다양한 '관찰 방법'들을 사용해야 하고, 특정 시간에 특정 한 개인을 이해하기 위해서는 가장 가치 있는 방법을 선택해야 한다.

인간 본질을 이해하는 데 가장 도전이 된 사람은 바로 나 자신이었다. 그 과정은 나 자신을 이해하는 것뿐 아니라 함께하는 아이들을 이해하는 데도 도움이 되었다. 아동 발달과 같은 주제들은 함께하게 될 학생들을 아는 데 도움을 주었고 그것은 내가 그 나이였을 때를 회상하면서 더욱 실제적인 것이 되었다. 나는 인간의 인식에 대해 이해하기 위해 노력하면서 학생들이 현실 세계를 얼마나 다르게 경험하는지를 알기 위해 나 자신의 감각 경험에서부터 시작하여 계속 탐구하고 확장시켜 나갔다.

  특수교육 및 치료교육 학사학위 과정이 시작되고 얼마 되지 않아 나는 내가 배운 모든 것이 평생의 배움 과정에서 첫걸음이 될 것이라는 점을 깨달았다. 이 과정은 내가 특수교사가 되기 위해 무엇을 배우고 무엇을 함양해야 하는지를 일깨워주었다. 그 과정 동안 나는 내가 정말로 무엇을 배우기를 원하는지 명확히 알게 되었다. 그것은 장애를 가진 아이들과 함께 일하기 위해 특별히 요구되는 인간의 자질이었다. 관찰하는 능력과 경청하는 능력, 인내심과 공감, 용기를 갖고 그것을 발달시키는 데에는 아이들의 도움이 컸다. 그것은 책상에 앉아서 배울 수 있는 것이 아니었다. 학생들을 만나고 그들과 함께하고 실수도 하면서 비로소 배울 수 있는 것이었다.

  이러한 어려움과 도전 속에서 과정 내내 공동체의 지원을 받을 수 있었다. 나는 하우스 마더와 매주 이야기를 나누었는데, 이는 나의 일과 학업 그리고 건강과 안정에 도움이 되었다. 개인 교수자와의 대화를 통해 학업적인 지원뿐 아니라 어려움을 공유하고 해결할 수 있는 장소도 제공받았다. 선택과목인 음악치료의 전문가로부터 지도와 조언을 받을 수도 있었다. 4학년 때는 대학에서 더 많은 학업적 지원을 받았다.

  캠프힐에 오기 전에 다른 공동체 생활도 경험해보았지만 캠프힐에서의 생활은 내가 아직도 얼마나 더 많은 것을 배워야 하는지, 공동체가 얼마나 소중한 것인지를 알게 해주었다. '공동체'를 더 깊이 체험하면 할수록 공동체가 무엇인지를 이해하기는 더 어려웠고 그 대신 공동체에서 살고 싶은 마음은 더욱 간절해졌다. 처음에는 내가 있는 집만이 나의 공동체라고 생각했는데 시간이 흐르면서 그런 공동체 의식이 '캠프힐'을 통해 변화했음을 알게 되었다.

공동체에서 함께 생활하는 것은 복잡하고 어려운 점이 많지만 시간이 흐르면서 이러한 어려움과 공동체를 만들어가려는 끊임없는 의식적인 노력이 사실상 함께 존재해왔음을 인식하게 되었다. 내게는 특수교육도 캠프힐도 모두 새로웠지만 공동체, 특히 오랫동안 일해온 경험 많은 코워커들이 나의 질문이나 공헌과 솔선을 높이 평가해주었다고 생각한다. 나는 공동체에 무언가 되돌려줄 것이 있을 거라는 생각이 들었다.

학생들, 공동체 생활 그리고 특수교육과의 만남이 내가 캠프힐로 오게 된 '진짜 이유'였던 것이다. 이곳에서의 경험과 배움으로 나는 처음 캠프힐에 오게 된 동기인 음악치료에 대해서는 거의 잊어버리고 말았다. 어느 순간, 나는 내가 여기에 온 이유가 단순히 부모가 되는 것을 배우기 위한 것이라는 생각이 들었다.

특수교육 및 치료교육 학사학위 과정 2학년 중간 즈음에 과정이 셋으로 나뉘었다. 나는 결국 음악치료 과정을 선택했지만 한편으로는 교육과 보육 과정도 경험해보고 싶었다. 나는 캠프힐 특수교육의 강점이 바로 교육과 보육, 치료의 통합이라고 생각한다. 그러나 캠프힐은 점점 더 '전문적으로' 각 영역을 세분화해가는 것으로 보인다. 특수교육 및 치료교육 학사학위 과정은 캠프힐과 함께 변화하며 사람들의 요구와 시대의 흐름에 맞춰가기 위해 노력한다. 나는 이러한 노력이 본질을 유지하면서 변화에 대한 충분한 융통성을 갖는 것이라 생각한다.

특수교사는 하나의 직업으로 간주된다. 그러나 특수교육 및 치료교육 학사학위 과정을 시작하면서 나는 이것이 직업임과 동시에 예술임을 확신했다. 그림 그리기, 채색하기, 소조, 음악, 오이리트미는 인간 본질에 대한 이해를 보다 깊게 할 수 있도록 해주었고 더 나은 특수교사가 되기 위한 한 가지 방법으로 나 자신을 탐구할 수 있게 했다.

내 삶은 음악에 의해 흘러왔다. 공동체 안에서, 수업시간에, 치료실에서 음악은 더욱 의미 있는 것이 되었다. 하지만 나는 폭넓은 관점에서 음악을 바라보려 한다. 나는 지금 음악치료에 푹 빠져 있다. 학생을 대할 때 음정을 듣기 위해 노력하고 가정공동체 안에서도 조화를 찾고자 한다. 나는 생활 속에서 매일, 매주 그리고 매년의 리듬을 알아가고 있다. 또 나는 음악과 인간의 만남에서 침묵과 경청의 중요성에 대해 더 많이 이해하게 되었다.

처음 나의 관점은 학생들에게만 한정되어 있었다. 그러나 시간이 흐르면서 나는 커다란 것의 일부로서 보다 넓은 맥락에서 내 일을 보기 시작했다. 도르나흐에서 열린 특수교사 및 치료사 국제 컨퍼런스에 캠프힐 학교를 대표하여 참석했을 때 나는 캠프힐 특수교육이 세계적인 동향이며 내가 하는 일이 그 한 부분이라는 생각을 품게 되었다.

앞으로 캠프힐을 떠나게 될지라도 캠프힐이 나를 떠날 것이라고는 생각하지 않는다. 많은 경험과 어느 정도의 지식을 얻었지만 내가 캠프힐로부터 얻은 가장 가치 있는 것은 바로 나를 자극시켰던 그리고 나를 나아가게 했던 수많은 의문들이었다. 사람들과의 만남을 통한, 공동체를 통한 그리고 음악을 통한 치유에 관한 의문들이다. 그것을 그대로 가슴에 품고 이스라엘로 돌아가 내가 하는 일에서 답을 찾아가려 한다.

18장

자녀를 캠프힐에 보낸 학부모 이야기

스튜어트 부부, 부스필드 부부, 아그니스 그레이

잭은 캠프힐에서 삶의 목적이 있다. 1년 동안의 일과가 계획되어 있고 이를 통해 잭의 능력이 발달한다. 캠프힐에서 일하는 사람들이 보여준 한결같은 의지로 우리 가족과 캠프힐 공동체 사이에는 돈독한 관계가 형성되었다. 이는 '서비스 제공자'와 '서비스를 받는 사람' 사이의 관계를 넘어서는 것이다. 같은 목적으로 일하는 그들 모두가 제2의 가족 그 이상이 되었다.

잭을 캠프힐에 보내기까지

카렌 스튜어트Karen Stewart, 크리스 스튜어트Chris Stewart

우리가 잭의 가족으로서 한 일들 가운데 가장 힘들었던 것 중 하나가 바로 우리 아들 잭이 거주 보호를 받아야 한다는 걸 관계 당국에게 설득하는 일이었다. 잭의 잠재력을 개발하기 위해서는 꼭 필요한 일이라고 생각했다. 우리는 물론 공공보호시설에 있는 아이들은 감독을 당한다는 것을 알고 있었다. 아마도 계속해서 죄책감에 시달릴 것이다. 그럼에도 불구하고 우리는 위기 개입crisis intervention 단계에 이르기 전에 조치를 취하고 싶었다.

처음에 우리는 모든 도움은 다 필요한 것이라 생각했는데 나중에는 잘못된 도움에 대해서는 "노"라고 말할 수 있게 되었다. 이는 '까다로운 부모'가 되겠다는 의미가 아니다. 우리가 누구보다도 우리 아들에 대해 잘 알고 있고 아들을 위해 옳은 것을 원한다는 의미다. 잭의 교육과 관련된 전문가들에게 잭에 대해 알린 지 1년이 지난 후 우리는 여러 전문가들이 모인 다학문적 팀 미팅을 요청했다. 이후 사회복지사의 지원이 제공되었다. 나(잭의 어머니)와 특히 다른 가족들이 잘 대처하지 못하는 일들을 개선하기 위한 그 미팅에서 솔직하게 마음을 열기란 정말 어려웠다. 그런 일을 다시는 반복하고 싶지 않았다.

우리는 잭의 자폐라는 장애를 받아들이기가 너무 힘들었다. 우리 아이가 정상적인 미래를 갖지 못할 거라는 생각에 몹시 마음이 아팠다. 그리고 우리는 이런 죄책감도 느꼈다.

'우리가 무엇을 잘못했을까?'

'우리 책임인가?'

'유전과는 얼마나 관련이 있는 것일까?'

우리는 이 문제를 공개적으로 이야기하지 않았다. 그리고 했던 일이나 하지 못한 일들에 대해 서로를 책망했다. 우리는 자폐 혹은 장애라는 것에 대해 거의 알지 못하는 상태에서 잭의 다양한 요구를 접했다. 그것은 무척 힘든 일이었다. 두 살 무렵 잭은 좋은 특수학교에 입학했고 우리는 지역 자폐협회Autistic Society의 회원이 되었다. 이 시기에 우리는 거의 잠을 자지 못했다. 그리고 점점 은둔생활로 빠져들었다. 예기치 못한 상황에서 잭이 이상행동을 보이는 것에 대처하기가 너무 힘들었기 때문이다. 예를 들어 쇼핑을 할 때 잭은 갑자기 낯선 여자에게 달려가 다리를 만지곤 했다. 잭은 말을 못 했고 위험에 대한 인식도 하지 못했다. 과잉행동을 보이고 많은 강박에 사로잡혀 있었다. 잭은 서너 살 때 지역 내 보육원에 입학했다. 이것이 다른 아이들과의 통합에 도움이 될 거라고 기대했으나 단지 잭이 또래들과 얼마나 다르고 그들과 비교해 장애가 있다는 걸 강조하는 것에 지나지 않았다. 몇 주가 지나자 참기가 어려워졌다. 우리는 '지역사회 안에서의 보육'은 곧 집에서의 고립을 의미함을 알게 되었다. 잭은 소위 '정상'처럼 보이기 때문에 사람들은 잭의 행동을 단순히 품행이 좋지 않은 것으로 여겼다.

잭은 두 살부터 다섯 살까지 물에 집착을 보였다. 기회만 있으면 변기에서 물장난을 치고 욕조 수도꼭지를 틀고 마개를 막은 후 수건을 채워 욕실에 물이 넘치게 했다. 우리는 문 밖으로 자물쇠를 달고 잭이 물에 데지 않도록 특수한 자동 온도조절장치를 설치했다. 그와 함께 화장실 사용 훈련을 시켜보려 노력했다. 하지만 잭은 언어 이해 능력이 부족했기 때문에 쉽지 않았다. 잭은 창문을 열고 닫는 것도 좋아했다. 우리는 잭이 창문 밖으로 떨어지는 것을 방지하기 위해 잠금장치를 설치했다.

5세 6개월 무렵 잭은 내 등에 올라타는 것을 좋아했다. 한번은 내가 계단 꼭대기에 있을 때 갑자기 등에 올라타 우리 둘 다 계단 아래로 굴러 떨어졌다. 다행히 둘 다 다치지는 않았다. 또 한번은 잭이 소파 뒤로 떨어지면서 팔이 먼저 바닥에 닿았다. 우리는 잭이 다쳤을까 봐 응급실로 데려갔다. 응급실 의료진에게 잭의 문제에 대해 설명했지만 두 시간 동안이나 기다려야 했다. 그동안 잭이 보인 행동 때문에 다른 사람들의 주의를 끌게 되자 우리는 계속 불안했다.

잭이 세 살 때였다. 뒷마당에는 1.2미터 높이의 담장이 있었기에 우리는 그곳이 안전하다고 생각했다. 그러나 잭은 담을 타고 올라가 꼭대기에서 걸어 다니곤 했다. 그래서 그 앞에 높은 나무를 심었다. 그런데 어느 날 뒷마당에서 잭과 함께 있을 때 손님이 찾아왔다. 잠시 현관문으로 간 사이 잭은 나무 사이로

담을 기어 올라가 길가로 나가서는 자동차 앞에 서 있는 것이었다. 다행히 차를 정지시킬 수 있었다. 우리는 지역사회의 직업치료사에게 잭의 안전을 위해 보호 장치를 해야 하고 재정적 지원이 필요함을 납득시키려 해보았지만 이것은 또 다른 도전이었다.

집을 깨끗하게 유지하는 노력은 끝없는 악몽과도 같았다. 잭은 책장의 책을 모두 꺼내놓고 장난감을 바닥에 내동댕이쳐 놓은 채 가지고 놀지는 않았다. 책과 장난감을 치우고 정리를 해놓자마자 또 다른 것들을 가져다 늘어놓았다. 이는 결코 끝나지 않는 일이었다. 나는 그 일만 계속 하고 있을 여유가 없었다. 요리나 청소 같은 집안일을 할 때는 잭이 위험한 행동을 할까 봐 늘 나와 같은 공간에 있게 했다. 이는 잭에게 습관처럼 되어버려 자신의 시야에서 내가 사라지는 것을 원치 않는 강박관념이 생겨버렸다. 잭은 형과 아빠는 안중에도 없었고 오로지 나에게만 붙어 있으려 했다. 이것은 우리에게 큰 문제였다.

끊임없는 수면 부족과 에너지 부족 그리고 일할 시간의 부족으로 우리 집은 사람들을 초대할 수 없는 상태가 되었고 이런저런 어려움으로 외출도 점차 자제하게 되었다. 다른 사람들의 걱정을 듣고 싶지 않아 별 문제가 없는 척했지만 계속 잭을 감시해야 했기 때문에 다른 사람이 집에 방문하는 것은 불편한 일이었다. 잭은 종종 물건을 부수고 퓨즈를 끊어 전기가 나가게 했으며 설탕을 쏟고 액체 비누를 몽땅 사용해서 피부에 발진이 생기기도 했다. 한편 우리 가족은 함께 할 수 있는 일이 거의 없었다. 그래도 날씨가 화창한 주말에는 차를 몰고 패스트푸드점에 갔지만 횟수를 세기도 어려울 만큼 매우 드문 일이었다.

우리는 잭에게 우리의 모든 것을 주었다고 생각한다. 우리가 끊임없이 잭을 돌보고 안전하게 보살펴주는 동안 큰아들 휴는 늘 기다려야 했다. 휴가 학교에 입학할 무렵에 잭도 래든 센터Readen Centre에서 매주 진단평가를 받게 되었다. 휴의 학교와 잭이 다니는 센터 두 장소를 왔다 갔다 하는 요술을 부리는 것도 힘든 일이었지만 잭에게 문제가 있다는 사실을 받아들이는 것이 더 큰 어려움이었다. 이 시기에 잭은 양말과 신발을 신거나 점퍼나 재킷을 입는 것을 싫어했다. 그애를 데리고 외출하려면 끊임없는 싸움을 치러야 했다. 외출 준비를 마치고 돌아보면 잭은 다시 옷을 벗고 있었다. 이는 하루를 시작하는 휴에게 매우 힘든 상황이었다. 나는 나대로 잭과 휴를 모두 제시간에 학교에 데려다주어야 하는 압박감에 스트레스를 받았다.

다행히 차가 있어 두 아들을 차 안으로 밀어 넣고 학교로 향했지만 잭은 두 살부터 여섯 살까지 탈출의 달인이었다. 다양한 카시트를 사용해보았으나 어떤 걸 설치해도 잭은 시트에서 탈출해 자유롭게 뛰거나 앞좌석으로 넘어왔다. 그걸 막으려면 내내 지켜봐야 했다. 결국 우리는 잭이 걸을 수 없어서가 아니라 잭을 움직이지 못하도록 하기 위해 커다란 유모차를 이용했다.

우리는 휴의 담임교사에게 우리의 상황을 설명하지 않았다. 굳이 설명할 필요가 없다는 생각도 들었고 한편으로는 다른 사람이 상관할 일이 아니라고 여겼다. 또 한편으로는 이러한 상황이 점점 나아질 거라는 희망도 있었다. 하지만 잭의 수면부족에 우리 가족은 모두 영향을 받았다. 수면 문제로 의사에게 약물치료도 받았지만 잭이 잠들려면 매일 밤 두세 시간씩 가족 모두 안간힘을 써야 했다. 잭이 위험한 행동을 할까 봐 우리는 밤낮으로 주의를 기울였다. 잭은 겨우 두세 시간밖에 자지 않았고 깨어나서는 계속 움직이고 싶어했다. 잭은 문 여닫는 소리나 변기 물 내리는 소리와 같은 아주 작은 소리에도 깨어났기 때문에 우리는 친구나 지인들에게 밤 9시 이후에는 전화를 걸지 말아달라고 부탁했다. 진공청소기 소리조차 잭에게는 너무 컸다. 어떤 소리는 너무 큰 스트레스가 되어 잭은 옷소매에 구멍이 나도록 물어뜯거나 자신의 팔을 물었다.

휴가 학교에 입학하고 몇 달이 지났을 때 담임교사가 나에게 연락을 했다. 휴가 수업시간에 늘 피곤해하는데 가능하면 일찍 잠자리에 들게 하라는 것이었다. 나는 결국 휴의 담임교사를 만나 매일 밤낮으로 우리 집에서 일어나는 상황에 대해 설명했다. 다행히 휴의 담임교사는 이해해주었고 우리를 지지해주었다. 하루는 휴가 집에 돌아와 친구들이 잭을 '바보'라고 불러 싸웠다고 말했다. 특히 휴는 숙제하기가 힘들었다. 잭이 우리 모두의 관심을 요구하기 때문이었다. 휴는 늘 기다려야 했고 우리가 막상 휴에게 관심을 돌렸을 때는 이미 지루해져 있거나 성질이 나 있었다. 나이가 들어감에 따라 휴는 스스로 자신의 일을 잘 해나가게 되었지만 자기의 것을 지키거나 혼자서 조용히 집중할 수 있는 시간을 갖기가 어려웠다. 휴는 이러한 모든 것에서 벗어나기 위해 자기 방에서 혼자 보내는 시간이 점점 많아졌다.

그 후 우리는 자폐 협회에서 만난 한 엄마에게 그녀의 아들이 캠프힐 루돌프 슈타이너 학교에서 얼마나 잘 지내고 있는지 듣게 되었다. 그녀와 오랫동안 깊은 대화를 나눈 뒤에 우리는 캠프힐을 방문했다. 학교 운동장에 도착했을 때 나는 안전한 천국에 온 것 같은 느낌을 받았다. 그곳에는 특별한 평화가 있었고 잭도 역시 그것을 느낀 것이 분명했다.

우리는 슈테판 박사와 잭에 대해 면담을 하면서 잭이 자신에게 맞지 않는 옷을 입고 있다는 것을 알게 됐다! 잭은 불을 켰다 껐다 하고, 문을 열었다 닫았다 반복하며 시간을 보냈는데, 이러한 반응 혹은 행동에 대한 무반응은 전형적인 증상이었다. 잭은 그곳에서 있는 그대로의 모습으로 받아들여졌다. 우리는 잭의 행동에 대해 끊임없이 사과하거나 변명할 필요가 없었다. 면담한 당일에 우리는 잭이 캠프힐 학교 학생이 될 수 있다는 말을 들었다. 마침내 우리의 길고 어두운 터널의 끝으로 서광이 비쳤다.

우리는 이제 잭이 캠프힐에서 더 많은 가족의 헌신적인 '돌봄'과 사랑 '안'에서 살고 있다고 자랑스럽게 말할 수 있다. 잭은 지금 행복하고 사랑스러운 소년으로 의미 있는 삶을 살고 있으며 다른 아이들과 함께 유익한 활동에 참여하며 지내고 있다. 일상적인 매일의 삶에 사회적 상호작용이 존재한다. 이것은 잭에게 필요한 일이었다. 잭은 이제 말도 할 수 있게 되었다! 그것도 거의 쉴 새 없이!

잭은 현재 열네 살이며 주말과 휴일에만 집에 오고 주중에는 캠프힐의 기숙사에서 지낸 지 7년이 되었다. 나는 매주 캠프힐을 찾아간다. 다른 가족들은 특별한 행사 때마다 정기적으로 방문하고 있다. 잭은 우리가 기대하고 꿈꾸었던 것 이상으로 성장하고 발전했다. 우리는 항상 잭의 개별화교육계획IEP에 참여하고 다양한 치료들의 장점과 잠재적인 문제점에 대해 논의할 기회를 갖는다. 우리는 항상 잭의 하우스 페어런츠와 좋은 관계를 유지해왔는데, 이는 매우 중요한 일이다. 장애를 가진 아이를 누군가에게 맡긴다는 것은 매우 어려운 일이다. 우리는 잭의 선생님과 코워커들에게 솔직하게 마음을 열고 서로 긴밀하게 협조해왔다. 그 결과 잭은 전인적인 방법으로 자신의 잠재적 능력에 최대한 도달할 수 있게 되었다.

잭은 특별한 개별적인 조언에 의해 발전해왔다. 잭은 고요하고 평화로워지면서 자신이 자연스럽게 도달하지 못하는 것들을 배우게 됐다. 어느 날 저녁 우리는 잭의 코워커로부터 전화를 받았다. 그는 흥분된 목소리로 잭이 처음으로 자발적으로 미니버스를 그렸다고 말했다. 우리는 잭이 경험한 획기적이고 특별한 사건들을 공유했고 특수교육에 자신의 삶을 헌신하는 특별한 사람들과 그들의 특별한 삶의 방식에서 많은 것을 배웠다.

코워커들이 캠프힐의 아이들에게서 많은 것을 배웠다고 말하는 것은 의미심장한 일이다. 한번은 어느 코워커가 나에게 이제야 처음으로 무조건적인 사랑의 의미를 알게 되었다고 말했다.

잭은 항상 자폐성 장애를 가지고 살아갈 것이고 그동안 잭에게서 나타난 일련의 문제들을 잘 다루어온 것처럼 앞으로도 잘해나갈 것이다. 잭의 하우스 마더와 코워커들 그리고 캠프힐의 모든 가족들의 도움과 지원과 충고로 우리는 지금 다시 행복한 삶을 살고 있다. 그저 하루하루를 겨우 살아내고 있다고 느끼지 않는다.

잭 덕분에 우리는 좋은 사람들을 많이 만날 수 있었다. 우리는 잭이 캠프힐로 인해 스스로에게서 벗어날 수 있었다고 생각한다. 잭은 자신의 페이스대로 성장하고 있으며 끊임없이 놀라운 성취를 보여주고 있다. 잭이 집에만 있었다면 이러한 지원이 있을 수 없었을 것이다. 집에서는 비록 잘 계획된 중재라 할지라도 목적이 없었고 일시적일 뿐이었으며 가족들의 중요한 요구들을 아우르는 데는 실패했다. 그 당시 도움을 주었던 전문가들은 몇 가지 공통점을 가지고 있었는데 서로 의사소통을 하지 않았고 우리가 무엇을 해야 하는지 항상 우리보다 더 잘 알고 있었다. 그리고 한숨 돌리고 싶은 사람들은 종종 지속적인 보호를 주선하는 데 시간을 다 써버리곤 했다.

잭은 캠프힐에서 삶의 목적이 있다. 1년 동안의 일과가 계획되어 있고 이를 통해 잭의 능력이 발달한다. 캠프힐에서 일하는 사람들이 보여준 한결같은 의지로 우리 가족과 캠프힐 공동체 사이에는 돈독한 관계가 형성되었다. 이는 '서비스 제공자'와 '서비스를 받는 사람' 사이의 관계를 넘어서는 것이다. 같은 목적으로 일하는 그들 모두가 제2의 가족 그 이상이 되었다. 그들은 모두 나의 아들 잭이 자신의 능력을 최대한 발휘할 수 있도록 지원해주고 있다. 캠프힐을 통해 우리는 다시금 희망을 가지고 꿈꿀 수 있게 되었다.

캠프힐에서 진정한 자신을 찾은 스콧

이반 부스필드Ivan Bousfield, 쉴라 부스필드Sheila Bousfield

우리 아들 스콧은 1996년 8월부터 2003년 5월까지 캠프힐 학교에서 기숙사 생활을 하고, 열여덟 살이 되던 해에 스스로 신문광고를 보고 찾아간 육류 도매상에서 정규 직업full-time job을 얻어 캠프힐을 떠났다. 스콧은 다른 육류 도매상으로 직장을 옮기기 전까지 그곳에서 일주일에 40시간 이상씩 1년 6개월 넘게 일했다. 몇 년 전까지만 해도 그가 일반적인 직장 환경에 적응하고 혼자서 일정 기간 동안 직업을 유지한다는 것은 상상조차 할 수 없는 일이었다. 현재 스콧은 학교 졸업 후 1년 이상 안정된 고용을 유지하고 있는데, 우리는 이것이 '캠프힐에서의 경험' 덕이라고 생각한다. 최근의 소위 '통합'이라는 시대적 추세에도 불구하고 스콧이 통합 환경이 아닌 캠프힐에 있었던 것이 더 나은 일이었을까? 스콧의 부모로서 캠프힐이 우리에게 미친 영향, 특히 다양한 하우스 페어런츠와 스콧의 성장기를 함께 공유했던 것의 긍정적인 측면은 무엇이었을까? 필요로 하는 재정적 지원을 공공기금에서 제공하는 사회가 일반적으로 유익한 것일까? 마지막으로 캠프힐에서의 '스콧의 경험'은 유익한 것이었을까? 분명 우리는 이러한 질문들에 대해 명확하고 객관적인 답을 할 수는 없다. 하지만 어쨌든 여기에 우리의 견해를 밝히고자 한다.

1988년, 우리가 스콧과 그의 형을 입양했을 때 스콧은 두 살 반이었고 '활발하고 장난기 많은' 아이였다. 그는 입양 전에 우리가 들었던 바와 같이 태아 알코올 증후군을 가지고 있었고 이로 인해 심각한 학습장애와 정서 및 행동장애의 가능성을 지니고 있었다. 스콧은 초등학교에 입학하기 전까지 다소 다루기 어려운 아이였지만 쾌활하고 귀여웠으며 카리스마가 있었다. 스콧은 열 살 무렵 따돌림을 받는 아이가 되었다. 학교에서 학업에 잘 대처하지 못했고 상스러운 말을 사용했으며 파괴적이고 통제할 수 없는 상태가 되었다. 학급 친구들 대부분이 스콧을 싫어했고 교사들도 자포자기했다. 어쩔 수 없이 그는 학교에서 배제된 채 남은 학년을 애버딘 아동병원Aberdeen Children's Hospital의 평가실Assessment Unit에서 보내게 됐다. 그는 그곳을 매우 싫어했다. 집에서의 행동은 참을 수 없을 만큼 점점 난폭해져갔다. 욕설을 퍼붓고 공격적이었으며 어머니에게 신체적인 폭력을 사용하고 말로 설명할 수 없는 통제 불가능한 분노를 보이곤 했다. 스콧의 부모로서 우리는 다양한 전문가들과 셀 수 없이 많은 논의를 해보았으나 그 어떤 전략과 계획도 잘 실행되지 않았다. 우리는 완전히 좌절하고 말았다. 최후의 수단으로 캠프힐이 떠올랐다. 아이들이 최후의 수단으로 캠프힐로 보내진다는 말을 얼마나 많이 들어왔던가. 그러나 그곳이 아주 많은 아이들을 위해 최초의 수단이라면 얼마나 좋을까!

캠프힐을 보자마자 우리는 이곳은 무언가 다르다는 것을 알았다. 그곳은 학교 혹은 특별한 기관이나 시설로 보이지 않았다. 그때까지 우리는 아동 전문가들과 이야기를 나누는 것에 매우 익숙해져 있었음에도 불구하고 캠프힐 코워커들과 면담을 할 때에는 오랫동안 느껴보지 못했던 낙관적인 태도에 감동을 느꼈다. 특히 다음의 두 가지가 특히 우리를 감동시켰다. 첫째, '충분히 검증된 전략'에 대한 자랑이니 "우리는 스콧과 같은 많은 어린이들을 성공적으로 잘 다뤄왔습니다"라는 식의 단언이 없었고, 대신 허식 없는 신중한 말투로 "우리는 아마 스콧을 잘 도울 수 있을 것입니다"라고 했다. 둘째, 코워커들은 진심으로 우리의 이야기를 듣는 데 관심을 가지고 있는 것 같았고 우리가 말하고 있는 것들이 정말로 그들이 알아두어야 할 사항들이라는 인상을 주었다. 이러한 인상은 스콧이 처음 캠프힐에 갔을 때부터 지금까지 내내 우리에게 남아 있다. 한두 차례 예외적인 경우도 있었지만 이는 우리가 이전에는 거의 경험해보지 못한 일이었다. 약 5분 동안 머틀 소유지를 둘러보고 난 후 우리는 이곳이 바로 스콧이 있어야 할 곳이라는 것을 알았다. 자전거와 장난감을 가지고 올 수 있다는 말을 듣자 스콧도 이곳에 있고 싶다고 말했다.

 드디어 스콧을 위한 장소를 찾았다는 확신에도 불구하고 캠프힐에서 '특수교육'의 최대 효과를 얻으려면 기숙사 생활을 해야 한다는 충고를 듣고는 고민하게 되었다. 집에서 통학을 하거나 기껏해야 주말에만 기숙사 생활을 하게 될 거라고 생각하고 있었기 때문이다. 그러나 캠프힐 환경 안에서의 공동체 생활이 스콧의 치료에 기반이 되며 스콧이 자신의 문제를 극복하도록 하는 데 중요한 역할을 하게 될 거라는 설명을 들었다. 우리는 방문하는 문제에 대해 물었다. 그들은 엄격한 규칙은 없으나 처음 몇 주 동안은 너무 자주 찾아오지 않는 것이 스콧이 캠프힐에 적응하는 데 더 도움이 될 거라고 말해주었다. 우리는 이것이 더 이상 스콧을 양육할 수 없다는 상실감으로 느껴졌다. 그래서 우리보다 더 잘 돌봐줄 사람들에게 아이를 맡기게 된 것이라는 말을 들었음에도 불구하고 어쩐지 그렇게 할 수가 없었다. 여기에는 분명 많은 고통과 번민이 있었지만, 우리는 이것이 사실상 스콧에게 마지막 기회이며 우리의 감정 이전에 스콧의 요구가 우선되어야 한다는 사실을 충분히 알고 있었다. 또한 스콧의 문제들이 단지 아이에게 적합한 학교에 들어간다고 해서 해결되지 않을 것이라는 것도 마음속 깊이 깨닫고 있었다. 그의 악마들은 그의 몸 전체에 가득 차 있으며 대안적인 교육 체제가 결코 그 악마들을 몰아낼 수는 없을 것이다. 뒤늦은 깨달음으로 이제는 '특별한 요구special needs'라는 것이 편의상 '교육적educational', '사회적social', '의학적medical'으로 라벨을 붙여서 적당히 분류하여 분리되는 것이 아니라는 것을 알게 되었다. 스콧과 같은 아이들을 위해서 복잡하고 모두가 사용 가능한 포괄적인 접근이 필요하며, 여기에는 성공에 대한 희망이 함께 제시되어야 한다. 이것이 스콧과 나에게 캠프힐이 제공한 것, 바로 고통받고 길을 잃은 작은 소년을 위한 새로운 삶의 방법이었다.

스콧이 캠프힐에서 생활을 시작하기 며칠 전, 스콧과 우리는 캠프힐에 초대되어 하우스 페어런츠(그들 중 한 명은 7년 동안 스콧의 담임교사가 되었다)를 만나고 스콧이 살 공간을 둘러봤다. 그들은 오랫동안 알고 지낸 것처럼 반갑게 맞아주었다. 우리가 스콧을 단념하여 전문가에게 맡기는 것이 아니라 오히려 그들과 깊은 협력 관계를 시작하는 것임을 깨닫고 우리는 모든 걱정을 다 날려버릴 수 있었다. 그리고 이는 이후 7년 동안 계속 확인되었다.

캠프힐에 간 후 스콧에게 즉각적인 기적이나 갑작스런 변화는 없었다. 그는 여전히 극단적인 행동을 보였고 자신을 돌봐주는 사람들에게 욕설을 내뱉었으며 젊은 코워커들이 약간의 약점이라도 보이면 잔인하게 공격하곤 했다. 그러나 그들 대부분은 이를 초월하여 스콧을 지속적으로 격려해주고 보살펴주었다. 수년 동안 우리는 캠프힐에서 일하는 훌륭한 젊은 청년들을 만났다. 그들이 스콧과 함께 이야기를 나누고 놀아주고 외출도 하고 무엇보다도 친구가 되어주며 아이에게 끼친 영향력은 헤아릴 수 없다. 이러한 좋은 영향은 캠프힐에서 스콧을 돌보아준 다양한 하우스 페어런츠들의 태도에 의해 더욱 강화되었다. 예기치 않은 상황들로 인해 스콧은 계획했던 것보다 더 자주 가정을 옮겨 다녀야 했는데, 어떤 변화가 있으면 스콧은 항상 동요한다는 것을 알고 있었기 때문에 혹시 스콧이 안정을 찾지 못하게 되는 것은 아닌지 때때로 걱정이 되었다. 스콧은 능력도 있고 분명하게 말을 할 수 있는 아이이며 타인의 관심을 끌고자 하는 강한 성향을 가지고 있어서 가정 내에서 충분히 잘 지낼 수 있을 거라 생각했지만, 하우스 페어런츠가 자주 바뀌고 그것에 계속 적응해야 하다 보니 어려움이 따랐다. 게다가 스콧은 더 많은 사람들, 즉 아이들과 코워커들과도 관계를 맺게 되었다. 이로 인해 그는 적응의 중요성을 배웠다. 스콧은 모두 다섯 쌍의 하우스 페어런츠를 만났다. 그들은 각각 다르긴 하지만 상호보완적으로 매일의 삶에서 가치 있는 것들을 스콧에게 가르쳐주었다.

학교에서 스콧은 운이 좋게도 그 아이의 상상력을 잘 알아채는 유능하고 직관력 있는 담임교사를 만났다. 그는 스콧의(그리고 우리의) 가까운 친구가 되었다. 첫날부터 담임교사는 단순하지만 효과적인 장치로 스콧이 수업을 방해하는 것을 막았다. 스콧은 맨 앞줄에 있는 '칸막이 책상sentry box'에 앉게 되었다. 그곳에서는 선생님은 볼 수 있지만 다른 사람들은 보이지 않고, 또 학급 아이들도 스콧을 볼 수 없었다. 갑자기 학급의 광대 스콧은 무기력해져버렸다. 그는 반 아이들에게 감추어져 있었다. 스콧은 곧 의미 있는 방법으로 수업에 참여할 수 있게 되었고 이내 믿을 수 없을 정도로 학업에 향상을 보여 그 칸막이는 치워졌다. 그러한 처치는 주관적인 생각에 의한 것이 아니라 교육심리학자들의 의견을 반영한 것이다. 머지않아 그는 실제로 자신보다 약간 부족한 학급 친구들의 역할모델이 되었다. 정말 믿을 수 없을 정도였다.

스콧은 학급에서 친구들의 관심을 집중적으로 받으려 노력하는 것은 단념하고 〈한니발Hannibal〉, 〈마젤란Magellan〉, 〈크리스마스 캐럴A Christmas Carol〉, 〈노이즈 오프Noises Off〉와 같은 학교 연극에 참여하는 것으로 과시욕의 성향을 발산했다. 스콧이 캠프힐에서 보내는 두 번째 해에 우리에게 최고의 순간이 다가왔다. 스콧의 반 전체 친구들과 봉사자들이 셰익스피어의 〈헨리 5세〉를 공연한 것이다. 내용을 요약하여 각색한 축소판이 아니라 작품 전체 그대로의 완결판이었다. 우리는 다운증후군과 자폐성 장애, 뇌성마비 및 태아 알코올 증후군을 가진 청소년들이 혼신의 힘을 다해 아주 어려운 이 연극을 공연하는 것을 보면서, 만약 일반학교에서였다면 이들 중 몇 명이나 이런 연극에서 주연배우의 역할을 맡을 수 있었을까 생각했다. 우리에게는 이것이 진정한 '통합'이었다. 양육자들과 자신들이 만든 환경 안에서 아이들은 편안하게 서로 열광적으로 상호작용하면서 자신들의 재능을 부모와 친구들에게 마음껏 발휘했다. 소규모의 학급 연극이었지만 우리는 그동안 참석해왔던 학기말 축제 분위기를 느꼈다. 우리가 보기에 열렬한 차별 폐지론자들[1]은 중요한 것을 놓치고 있는 듯하다. '통합'을 단순히 '학생들을 물리적으로 일반학교에 있게 하는 것'으로

---

1 여기서는 장애학생의 분리교육 반대자, 즉 통합교육 지지자들을 의미한다.-옮긴이

여기고 있는 것 같다. 그러나 그것이 다가 아니다.

스콧은 캠프힐의 안정적이고 비판단적non-judgmental인 분위기 속에서 성장할 수 있었기 때문에 그애의 진정한 인성이 서서히 꽃피울 수 있었다. 그는 자신이 무가치하지 않다는 것을 깨닫고 항상 자신에 대한 큰 신뢰를 보여주는 공동체의 중요한 일원이라고 생각했다. 그것은 그의 본성 안에 있던 돌봄의 성향을 싹틔웠다. 스콧은 자신보다 부족한 아이들을 돌보고 그들의 친구가 되기를 원했으며 자신이 무언가를 줄 수 있음을 알게 되었다. 스콧은 자신이 누군가를 존중하면 그들도 자신을 존중하게 된다는 것을 깨달았다. 사실 스콧의 행동에 여전히 문제가 있을 때도 있었다. 그러나 그런 경우는 전보다 줄었으며 스콧 자신이 문제가 되는 행동을 인지하게 되었다. 그래서 어떤 제제가 내려지더라도 기꺼이 수용하는 모습을 보여주었다. 캠프힐에서의 마지막 2년 동안 스콧은 많은 시간을 머틀 농장에서 보냈다. 그애는 자기 자신과 주위의 모든 사람들에 대해 이렇게 글을 쓴 적이 있다. "특별한 요구를 지닌 장애인으로서가 아닌 직업을 가진 사회 일원으로 대해주는 것이 좀 더 쉽게 정규 직업의 세계로 나아가도록 도와준다"라는 것이었다.

우리가 이 글을 쓰고 있는 토요일 저녁, 스콧은 월급으로 구입한 모터스쿠터를 타고 친구들을 만나러 나갔다. 평범한 십대 청소년으로 주중에는 일을 하고 주말이면 여가를 즐기기 위해 외출을 한다. 스콧을 오랫동안 가르쳤던 교사의 말대로 그애는 자신이 늘 원하던 곳에 마침내 이르렀다. 캠프힐이 없었다면 불가능했을 것이다.

제니퍼의 느린 성장을 응원해준 캠프힐

아그니스 그레이Agnes Gray

내 인생에서 가장 힘들었던 일은 나의 귀여운 딸 제니퍼에게 꼭 필요한 도움을 줄 수 없는 것이었다. 제니퍼가 원하는 사랑은 다 줄 수 있었지만 제니퍼의 삶에 필요한 자극이나 교육을 제공할 수는 없었다. 사실은 내가 딸아이를 앞으로 나아가지 못하게 막고 있었다. 이 말의 의미가 무엇인지 처음으로 돌아가 이야기를 시작하려 한다.

제니퍼는 1992년 3월에 태어났다. 제니퍼는 아주 천천히 세상에 나왔는데, 아직까지도 그애는 어떤 일을 할 때 천천히 하는 습성이 남아 있다!

임신 중에는 한 가지 사항을 제외하고는 모든 것이 '정상'이었다. 그리고 그 당시에는 그 한 가지를 별로 중요하게 여기지 않았다. 임신 34주째에 정밀검사를 받았을 때 아이가 그 시기에 움직여야 하는 만큼 움직이지 않는다고 했다. 간호사는 크게 동요하지는 않은 채 아기가 평소에 많이 움직였느냐고 내게 물었고, 나는 내가 생각하기에 그랬기 때문에 '그렇다'고 대답했다. 사실 그 질문은 내가 대답하기에는 어려운 질문이었다. 이전에 아기를 가져본 적이 없어 비교할 만한 것이 전혀 없었기 때문이다. 어쩌면 무언가 잘못되었을지도 모른다는 첫 번째 의심의 씨앗이 내 머릿속에 싹텄던 때가 그때였다. 모든 것이 다 괜찮은지 스스로에게 물었던 기억이 난다. 나는 임신 중에 매우 조심했다. 그때까지만 해도 아무 문제가 없었다. 무엇이 잘못된 것일까? 간호사는 아기가 그저 잠을 자고 있는 것이고 걱정할 만한 것은 없어 보인다고 말했다. 그녀는 나에게 다음 날 다시 와서 검사를 한 번 더 받아보라고 했다.

병원을 떠나면서 걱정스러운 마음이 들었지만 평정심을 찾으려고 애썼다. 잉글랜드에서 일을 하고 있었던 제니퍼의 아버지는 그날 저녁 전화를 해서 내 상태가 어떠한지, 병원에는 잘 다녀왔는지 물었다. 나는 그날 병원에서 있었던 일을 이야기하면서 불안해했다. 그는 나의 두려움을 진정시키기 위해 노력하면서 모든 것이 다 잘될 거라고 말했다. 그리고 울지 말라고 했다. 그때 나는 알지 못했다. 그것이 앞으로의 폭포수 같은 내 눈물의 첫 번째 눈물방울이었음을….

다음 날, 병원에 가서 검사를 받았는데 아무런 문제가 없다고 했다. 오, 하느님, 감사합니다. 나는 조용히 기도를 드렸다.

출산 예정일이 다가와 병원에 갔다. 그런데 아기가 나올 조짐이 전혀 보이지 않아 유도분만을 해야 한다고 했다. 그것은 길고도 어려운 일이었지만 제니퍼가 태어난 순간 모든 것을 잊어버렸다. 제니퍼는 내가 본 아기 중에서 가장 예쁜 아기였다. 그애가 내 딸이라는 것이 너무나 자랑스러웠다! 아버지가 나에게 아이들은 사람의 삶을 변화시킨다고 말씀하셨던 기억이 난다. 그 말은 사실이었다. 제니퍼가 태어난 순간 나는 이것이 삶의 전부라는 것을 깨달았다. 제니퍼는 우리에게 커다란 기쁨을 주었고 우리의 삶을 완전하게 해주었다. 남편과 나는 아이를 집으로 데리고 와서 함께 새로운 삶을 시작할 기쁨에 들떠 있었다. 우리는 아이를 많이 낳을 계획이었다. 제니퍼가 우리가 낳게 될 많은 아이들 중 맏이가 될 것이라 생각했다. 우리의 꿈이 산산이 부서지기 불과 8개월 전의 일이었다.

처음에는 모든 것이 놀랍기만 했다. 우리 모두는 새로운 가족이 생긴 삶에 잘 적응했으며 매우 행복했다. 제니퍼는 나무랄 데 없는 아이였다. 많이 울지도 않았고 잠도 잘 잤다. 경제 사정상 나는 직장으로 돌아갈 계획을 하고 있었는데 내가 일하는 산업 단지 내에 최근 새로 생긴 탁아시설에 제니퍼를 맡기기로 했다. 제니퍼는 생후 2개월부터 탁아소에 가기 시작했다. 일하러 가는 길에 제니퍼를 맡기고 점심시간에 잠시 보러 갈 수도 있었기 때문에 나에게는 정말 편한 곳이었다. 게다가 차로 2분밖에 걸리지 않아 매우 안심이 되었다. 나의 귀한 아이를 보살피는 사람이 어떤 자격이 있는지 혹은 얼마나 잘 보살피는지를 상관하지 않을 수는 없었다.

순회 보건원이 정기적으로 와서 기본 검사를 했고 모든 것이 정상인 것처럼 보였다. 가족과 친구들도 우리 예쁜 딸을 좋아했다. 어느 누구도 무슨 문제가 있으리라고는 상상조차 하지 못했다. 그리고 얼마 후, 우리의 삶을 영원히 바꾸어놓은 그날이 찾아왔다. 탁아소에 있던 간호사 중 한 명이 제니퍼가 다른 아이들과 발달이 다른 것 같다며 의사에게 가볼 것을 권했다. 8개월 된 제니퍼는 도움 없이 혼자 앉을 수 없었고 주변에 있는 장난감에도 아무런 관심을 보이지 않았다. 제니퍼는 스스로 움직이려는 시도를 전혀 하지 않았다. 두려움이 엄습해왔다. 나는 탁아소에 있는 다른 아이들과 비교하여 제니퍼가 분명히 '다르다'는 것을 내 눈으로 확인했음에도 불구하고 간호사의 말을 인정하고 싶지 않았다.

그 후 제니퍼에게 정확히 무슨 문제가 있는지 알아보기 위한 고통의 여정이 시작됐다. 그것은 끝나지 않는 길인 듯했다. 이 병원으로 갔다가 저 병원으로 가고 검사 후에 또 검사(유발전위 청력검사, 뇌파검사, 자기공명영상 등)가 계속됐다. 그리고 각각의 검사 후에 되돌아오는 말은 '정상'이라는 것뿐이었다. 그러나 무언가 큰 문제가 있는 것이 분명했기에 실망은 거듭됐다. 우리는 제니퍼의 문제를 알아야만 한다고 생각했다. 문제의 정체를 알면 미래에 대해서도 어느 정도 생각할 수 있을 것이다. 다음에 낳게 될 아이도 비슷하게 영향을 받게 될까? 우리에겐 많은 의문이 있었지만 어떤 답도 얻지 못했다.

마침내 담당의사는 우리에게 제니퍼의 상태를 정확하게 진단할 수는 없지만 자폐 및 뇌성마비와 비슷한 증상을 보이며, 둘 다 전형적이지는 않다고 했다. 굳이 이름을 붙이자면 그것은 아마도 '제니퍼 그레이 증후군'이 될 것이다. 의사는 또한 둘째 아이를 가질 때도 제니퍼에게 나쁜 영향을 준 그 조건들을 산전 검사로 알아낼 수는 없다고 말했다. 많은 자녀를 두겠다는 우리의 계획은 그날 산산조각이 나고 말았다. 그 고통은 참을 수 없는 것이었으며 지금도 나는 이 잔인한 운명이 우리에게 다가왔다는 사실을 믿을 수가 없다. 남편과 나는 매일 그 사실을 받아들이면서 스스로 체념해갔다. 우리는 제니퍼가 심하게 발달이 지연되는 것을 바라보면서 한 해 한 해를 슬픔 속에 살아야 했다. 이후 몇 년이 느리게 지나갔고 양육에 대한 부담은 점점 커져만 갔다.

친지와 친구들은 그들이 할 수 있는 한 지원을 해주려 노력했지만 우리에게 가족으로서의 의무는 점점 참을 수 없는 것이 되었다. 우리는 열심히 노력했다. 그러나 생활은 점점 더 어려워져만 갔다. 제니퍼가 네 살이 되었을 때 남편은 직업을 바꾸고 교대 근무를 하는 새로운 일을 시작했다. 혼자서 제니퍼를 봐야 하는 시간이 많아진 나는 내가 잘 다루지 못하고 있는 것이 제니퍼만이 아니라는 것을, 나 자신도 추스리지 못하고 있다는 것을 알았다.

제니퍼는 지역 '특수학교'에 다니기 시작했다. 훌륭한 교사들의 최선의 노력에도 불구하고 제니퍼는 잘 적응하지 못했고 눈에 띄는 발전도 없었다. 나는 여러 차례 학교에 불려갔다. 제니퍼가 학교 생활에 잘 적응하지 못했고 교사들도 어떤 것이 최선의 방법인지를 몰랐기 때문이다. 그럴 때마다 나는 제니퍼를 집으로 데리고 와서 무엇이 잘못되었는지 알아내기 위해 질문을 던지고는 하나씩 제외해나갔다. 몸이 어디가 안 좋은가? 배가 고픈가? 목이 마른가? 피곤한 건가? 화장실에 가고 싶은 건가? 때로는 답을 찾을 수 있었고 때로는 찾을 수 없었다. 그럴 때는 실패감과 무력감, 무능함을 느낄 수밖에 없었는데 특히 절망감이 엄습해왔다. 모든 것이 점점 더 어려워져만 갔다. 고통스럽고도 슬픈 시간이 3년간 지속되었다. 지금도 나는 종종 그 당시의 어두웠던 시간을 되돌아보면서 내가 어떻게 그 시간을 버텨왔는지 놀랍기만 하다. 처음에는 보모로 시작해 나중에는 내가 기댈 수 있는 든든한 '바위'가 되어준 제니퍼의 보모, 그녀의 지원과 우정이 없었다면 나는 아마 무너지고 말았을 것이다.

일곱 살이 된 제니퍼는 여전히 혼자 힘으로 아무것도 할 수 없었고 매우 의존적이었다. 제니퍼는 걷지도 못했다. 울거나 자신의 팔을 때리는 것(제니퍼가 당황하거나 흥분, 고통스러움을 표현하기 위해 사용하는 신호) 외에는 어떤 방법으로도 자신의 요구를 표현할 수 없었고 모든 상황에 대해 소위 '정상' 아이들이 하는 것처럼 대처할 수 없었다. 제니퍼를 행복하게 해주는 것은 전혀 없어 보였지만 제니퍼를 흥분시키는 것은 아주 많았다. 제니퍼는 많은 관심을 요구했으며 이는 커갈수록 더욱 심해졌다. 모든 상황을 더욱 악화시켰던 것은 바로 제니퍼가 우리가 누구인지 알아보고 있는지조차 확신할 수 없었다는 것이다. 제니퍼는 자신의 감정을 드러내지 않았다(혹은 드러낼 수 없었을지도). 그러던 중 어떤 변화가 필요하다는 생각이 들게 해준 사건이 일어났다. 나는 그 일을 지금도 분명히 기억하고 있다. 어느 날 나는 또다시 학교에 불려가게 되었다. 제니퍼는 계속 울고 교사들은 제니퍼를 달래지 못하고 있었다. 제니퍼는 그저 울고, 울고,

또 울었다. 나는 제니퍼를 집에 데리고 왔다. 집에 돌아와서도 '이 과정'은 계속되었다. 결국 나는 의사에게 전화를 걸어 도움을 청했다. 평소에 쉽게 당황하는 성격이 아니었는데도 그때는 정말 불안했다. 불행히도 의사조차 어찌할 바를 몰랐고 무엇이 문제인지 잘 모르겠다고 했다. 그저 상황이 더 악화되면 자신에게 바로 전화하라고만 했다.

제니퍼는 닷새 동안 소파에 누워만 있었다. 아무것도 먹지 못했다. 나는 내가 할 수 있는 한 최선을 다해 간호했지만 날이 갈수록 지쳐갔다. 더 이상 이렇게 지낼 수는 없겠다고 생각했다. 제니퍼는 아주 잠깐 동안만 잠들었고 밤에는 거의 울기만 했다. 제니퍼는 '절름발이 봉제인형'처럼 보였다. 나는 아무것도 할 수 없었다. 우리의 삶을 이대로 더 이상 지속시킬 수 없다고 생각한 것은 바로 그 순간이었다. 나는 제니퍼를 진심으로 사랑했고 지금도 여전히 그렇지만 점점 의문이 들기 시작했다.

'만약 나에게 무슨 일이 생기면 제니퍼는 어떻게 되는 것일까?'

1999년 7월, 나는 사회복지국에 전화를 걸었다. 이는 내가 도움을 요청하기 위해 처음으로 한 접촉이었는데, 그들은 나의 요청에 깜짝 놀란 것 같았다. 나는 그들에게 더 이상 제니퍼를 감당할 수가 없어 주거시설로 보내려 하는데 어떻게 해야 하는지를 물었다. 내가 보기에 그들은 내가 진심이 아니라고 생각하는 것 같았다. 하지만 내가 어떻게 할 수 있겠는가. 나는 지금까지 그들 도움 없이 해왔고 이것이 첫 번째 요청이었다!

그들은 집으로 사회복지사를 보내주었는데 아주 좋은 사람이었다. 그동안 사회복지사들에 대해 좋지 않은 이야기를 많이 들었지만 우리는 운이 좋았던 것 같다. 그는 우리 이야기를 잘 들어주었고 우리의 상황에 진심으로 공감해주었으며 무엇보다도 매우 솔직했다. 그는 제니퍼를 위한 기관을 찾기는 매우 어려울 것 같다고 말했다. 하지만 그는 모든 방면에서 우리를 지원해주겠다고 했다. 그리고 실제로 그렇게 해주었다.

우리가 원하는 결과를 얻기 위해 우리는 지역의 관계 당국에 눈물로 호소도 하고 편지도 쓰고 미팅도 했다. 그렇게 지역 당국의 많은 직원들에게 수치스러운 취급을 당한 지 8개월이 지났다. 그리고 결국 교육부와 사회복지국에서 우리가 요청한 공적기금 지원에 공동으로 승인을 해주었다. 비록 8개월간의 우여곡절이 있었지만 매 순간이 모두 가치 있었고 그 결과 제니퍼는 캠프힐에 배치될 수 있었다.

처음 캠프힐에 가는 도중 구불구불하게 나 있는 도로로 접어들 때부터 나는 여기가 제니퍼를 위한 곳이라는 느낌을 받았다. 어떻게 혹은 왜 그런지 말로 설명할 수는 없지만 그것은 분명 완전한 고요와 평화의 느낌이었다.

우리는 몇몇 가정들을 둘러보았다. 그 중 하나가 (당시에는 알지 못했지만) 제니퍼의 집이 되었다. 캠프힐 스태프들은 매우 따뜻하게 우리를 맞아주었다. 그것은 캠프힐에 자신의 아이를 맡기기 위해 심사숙고하는 부모들에게 보여주기 위한 '쇼'가 아니라 늘 한결같은 모습임이 분명했다. 각 가정에는 다양한 능력을 가진 많은 아이들이 있었다. 캠프힐에서 제공하는 양육과 교육에서의 전인적인 접근을 어렴풋이 감지한 나는 충격을 받았다. 이는 진정한 의미의 '공동주거(공동체 생활)'에 대한 첫 번째 경험이었다. 캠프힐에서 이루어지고 있는 생활방식은 매우 특별한 것이었다.

각각의 아이들은 모두 개별적인 존재로 대우를 받고 각자 개인의 요구에 맞는 자신만의 '학습 프로그램'을 가진다. 그러나 내가 가장 강한 인상을 받은 것은 그 아이들 모두가 존중받고 있다는 느낌이었다. 이곳은 모두가 아이들을 먼저 생각하고 그런 후 아이들이 가진 장애를 인식하는 그런 환경이었다. 제니퍼가 자신을 성실하게 돌보아주는 사람들의 보살핌 속에서 자신만의 속도로 배우고 발달할 수 있는 장소였다. 캠프힐은 희망의 언덕이었다. 우리는 캠프힐이 바로 제니퍼를 위한 곳이라는 확신을 가지고 집으로 돌아왔다.

최종적으로 배치가 결정되기까지는 몇 개월이 더 걸렸다. 2000년 6월, 제니퍼가 캠프힐에서의 생활을 시작할 수 있는 준비가 완료되었다. 제니퍼가 캠프힐에 잘 정착할 때까지 내가 가서 한동안 함께 지내기로 했다. 캠프힐이 제니퍼를 위해 정말 좋은 기회가 될 것이라는 점을 알고 있었음에도 불구하고 어리게만 보이는 제니퍼를 그곳에 두기에는 걱정이 앞섰다. 제니퍼를 캠프힐에 보낼 준비를 하면서 하우스 마더에게 전화를 자주 걸었다. 지금에 와서 그 전화에 대해 생각하면 입가에 미소가 번진다. 지금 나에게 그 전화는 제니퍼가 얼마나 많이 향상되고 있는지를 알 수 있는 많은 척도 중 하나다.

하우스 마더는 제니퍼가 처음 캠프힐에서의 생활을 시작하는 날이 캠프힐의 연례행사인 캠핑을 가는 날이라고 알려주었다. 제니퍼가 살게 될 하우스 위티코Witiko의 모든 가족은 해마다 6월 즈음에 날씨와 상관없이 짐을 꾸려 캠핑을 떠난다! 아이들의 능력과 관계없이 모든 아이들과 코워커들이 강아지, 텐트, 통나무배, 수영복, 장화, 먹을거리 그리고 필요하다면 특수 침대까지 가지고 간다. 나는 그때로서는 어떻게 그런 거대한 규모의 캠핑을 갈 수 있는지 쉽게 상상할 수 없었으며 제니퍼가 잘 적응할 수 있을지 의문이 들었다. 하우스 마더는 제니퍼가 잘할 수 있을 것이라고 나를 안심시켰지만 나는 고심 끝에 캠프가 끝난 후 제니퍼를 보내기로 했다. 하우스 마더는 내 의견을 존중해주었다. 그리고 캠핑 장소인 디 강에서 돌아온 후 모임을 갖자고 했다. 이 캠핑은 제니퍼가 캠프힐에서 지내기 시작한 후 유일하게 참여하지 않은 행사이다.

제니퍼는 현재 5년째 캠프힐에서 생활하고 있고, 내가 캠프힐이 여러모로 제니퍼에게 도움이 될 거라고 기대했던 것 이상으로 많은 진보를 보였다. 제니퍼가 캠프힐에서 생활을 시작했던 여덟 살 때와 지금을 비교하면 실로 믿을 수 없을 만큼의 변화가 있다. 캠프힐이 제니퍼에게 얼마나 많은 도움이 되었는지를 설명하기 위해 제니퍼가 향상을 보인 다양한 영역들에 대해 간단히 언급하고자 한다.

걷기

캠프힐에 오기 전 제니퍼는 거의 걸을 수 없었다. 도움 없이는 전혀 걸을 수 없었으며 도움을 받더라도 아주 짧은 거리만 움직일 수 있었다. 제니퍼는 걸으면서 주변의 장애물들을 인식하지 못했다. 혼자서 몸을 돌리거나 사물을 피해가거나 울퉁불퉁한 곳을 걸을 때 몸의 균형을 잡을 수 없었다. 제니퍼가 최대한 걸을 수 있는 거리는 겨우 180미터 정도여서 외출을 하려면 유모차에 태워 가야 했다. 제니퍼는 또한 발이 아주 작고 팔자로 벌어져 있어 걸을 때 균형을 잡기가 어려웠다.

캠프힐의 스태프들은 수년에 걸친 경험을 바탕으로 치료와 인내, 격려를 통해 제니퍼가 독립적으로 걸을 수 있도록 도와주었다. 이제 제니퍼는 가끔 뛰기도 한다. 걷기는 캠프힐의 삶에서 큰 부분을 차지한다. 캠프힐에서는 아이들을 신선한 공기 속에 있게 하고 자연을 체험하게 한다. 아이들에게 탐색할 기회를 제공하고 강하게 성장하도록 해준다. 제니퍼는 지금도 발이 매우 작다. 우리 모두는 여전히 제니퍼가 '서 있을' 만큼 충분히 발이 커지기를 바라고 있다. 그러나 제니퍼는 우리의 기대 이상으로 걷는 능력이 향상됐다. 이제는 더 이상 유모차가 필요 없다.

섭식

캠프힐에 오기 전 제니퍼는 음식을 먹여주어야 했다. 제니퍼는 숟가락을 들 수도 없었고 과자조차 쥘 수 없었으며 아무것도 마실 수 없었다(이로 인해 제니퍼는 변비가 생기고 매일 변비약을 먹어야 했다). 제니퍼는 특별히 싫어하는 음식은 없었지만 씹지를 못했기 때문에 대부분의 음식을 '죽처럼' 만들어 먹여야 했다.

  캠프힐에서의 식사시간은 두 가지 목적이 있다. 하나는 가정에 있는 모든 사람들이 함께 모일 수 있는 기회를 제공하는 것이고 또 하나는 실례를 통해 학습할 기회를 제공하는 것이다. 제니퍼는 인내와 격려를 통해 지금은 스스로 음식을 먹을 수 있게 되었다. 아직도 누군가가 포크나 숟가락을 쥐여주어야 하지만 이제는 도구를 이용해 자신의 입에 넣고 먹을 수 있다. 지금 남은 과제는 숟가락질을 빠르게 하는 것뿐이다. 제니퍼는 식욕이 왕성하며 물은 빨대가 달린 특수 컵을 이용해 마시는데 컵도 혼자 힘으로 잡을 수 있다. 제니퍼가 이제 물이나 허브차를 잘 마시고 더 이상 물을 마시게 하기 위해 격려를 하지 않아도 된다는 이 말을 할 수 있어서 나는 기쁘다. 이는 섬유질과 유기농 음식을 충분히 섭취해 더 이상 장운동을 위한 약을 먹지 않아도 됨을 의미한다.

자신 및 타인에 대한 인식

앞서 언급한 대로 캠프힐에 오기 전 제니퍼는 자신과 주변 사람들 혹은 자신을 둘러싼 주변 환경에 대한 인식을 거의 하지 못하는 것 같았다. 우리는 제니퍼가 우리가 누구인지 알고 있는지도 확신할 수 없었다. 제니퍼는 어느 것에도 거의 관심을 보이지 않았고 일반적인 많은 상황에서 사람들을 지치게 했다. 집에서 캠프힐로 옮겨간 것은 제니퍼에게는 별 어려움이 없어 보였다. 제니퍼는 크게 혼란스러워하지 않았다. 나는 거의 매일 밤 제니퍼에게 전화를 걸었다. 제니퍼가 말을 할 수 없기 때문에 좀 이상하게 들릴지도 모르겠지만 나는 제니퍼에게 말을 하고 또 제니퍼를 돌보는 코워커들에게 제니퍼의 상태를 들어야 한다고 생각했다. 처음에 제니퍼는 전화에 대고 거의 소리를 내지 않았다. 때때로 거친 숨소리만 들리거나 어떤 때는 전혀 아무런 소리도 들리지 않았다.

단순한 진실을 말하는 것 말고 내가 무엇을 할 수 있겠는가! 제니퍼는 점점 깨어나고 있다. 제니퍼는 현재 자기 주변의 모든 것과 한때는 그 아이에게 끔찍하기만 했던 주변 세계가 지금은 그렇지 않음을 인식하고 있다. 제니퍼가 캠프힐로 간 첫해, 우리가 캠프힐에 방문하거나 주말에 집에 데려오는 것에 대해 아이가 인지하는 듯한 조짐을 보이기도 했다. 그러나 집과 캠프힐을 왔다 갔다 하는 것이 제니퍼를 혼란스럽게 하지는 않는 것 같았다. 제니퍼는 캠프힐로 돌아가는 것을 좋아했으며 거기에 가자마자 우리를 잊어버리는 듯했다. 그런데 얼마나 많은 변화가 생겼는지! 지금은 내가 캠프힐에 갔다가 떠날 시간이 되면 제니퍼가 안절부절못한다. 하지만 몇 차례 안아주고 코워커들이 적절하게 기분 전환을 하게 해주면 이내 안정을 되찾는다. 집에 왔을 때도 내가 학교에 돌아가야 한다고 말하면 갑자기 조용해지거나 울면서 자신의 감정을 표현한다. 제니퍼가 괴로움이나 보상과 같은 감정을 표현하게 된 것이다. 제니퍼가 캠프힐로 돌아가야 할 때 나는 섭섭한 마음이 들지만 한편으로는 이러한 의미 있는 정서발달이 너무 기쁘다. 제니퍼가 지금 자신의 감정을 표현할 수 있다는 것은 정말 놀라운 일이다. 캠프힐에 가기 전 제니퍼는 감정을 느끼든 안 느끼든 그것을 표현할 수 없었다. 이것은 분명 또 하나의 발달의 증거다.

행동

제니퍼는 다른 사람들과의 관계에서 위축되어 있었다. 다른 사람들도 제니퍼의 행동에 대처하기는 매우 어려웠다. 제니퍼는 흥분하면 큰소리를 지르고 아주 멀리서도 들을 수 있을 만큼 귀청이 찢어질 듯한 비명소리를 내곤 했다. 제니퍼는 당황하거나 마음이 혼란스러워지면 매우 '거칠어지고' 팔을 휘둘러댔다. 장난삼아 때릴 때도 있지만 있는 힘껏 세게 때리기도 했다. 제니퍼가 나이가 들어감에 따라 몸도 커지고 무거워지면서 이는 점점 다루기 힘든 일이 되었다. 또한 여전히 감정을 표현할 수 있는 방법이 없었다.

제니퍼는 지금 거의 대부분의 시간에 즐거움이 넘치는 아이가 되어 있다. 내가 요즘의 제니퍼를 가장 잘 묘사할 수 있는 말은 바로 조용함이다. 그애는 자신의 주변에 있는 사람들과 잘 지내고 있으며 예전처럼 소리를 지르지도 않는다. 이따금 자신을 때릴 때가 있지만 그런 경우는 매우 드물다. 제니퍼는 또한 사람들을 아주 많이 안아주곤 하는데, 어찌된 일인지 그애는 누군가를 안아주어야 할 때를 정확하게 알고 있는 것 같다. 심지어 위로받고 싶을 때는 '안기기를' 자신이 먼저 시도하기도 한다. 예전에 제니퍼는 이런 행동을 전혀 보이지 않았다. 아이의 엄마로서 나는 이러한 부분의 발달이 매우 가치 있다는 사실을 알고 있다. 제니퍼는 사랑스러운 아이가 되었다. 캠프힐에 온 이후 제니퍼와 교제하는 것을 좋아하지 않는 사람을 나는 만나보지 못했다.

의사소통

제니퍼는 괴로울 때면 울거나 자신의 팔을 때리고 흥분될 때는 크게 비명을 지르는 것 외에 달리 자신의 요구를 표현할 의사소통 능력이 없었다. 제니퍼는 누군가가 자신에게 말하는 것을 이해하지 못하는 듯했고 주의집중 시간도 매우 짧았다. 그러나 눈을 통해 그 사람의 생각을 말할 수 있다는 말이 사실이라면 아마 그것은 제니퍼에게도 해당되는 말일 것이다. 우리는 제니퍼를 잘 알고 있었기 때문에 대부분의 경우 눈을 보고 아이가 원하는 것을 알 수 있었다. 하지만 제니퍼가 눈맞춤을 거부할 때는 이러한 '의사소통'조차 어려웠다.

　제니퍼는 말을 하지 못하고 수화에도 반응할 수 없지만 자신만의 방식을 개발하여 주변과 소통하고 있다. 제니퍼는 이제 행복하거나 다른 사람이 말한 것을 잘 이해했을 때는 미소를 짓고(학교에 대한 이야기를 할 때 제니퍼의 반응에 대해서는 앞에서 언급했다) 밤에 전화벨이 울리면 그럴 만한 시간이라 할지라도 소리를 지른다. 제니퍼는 또 산책을 할 때 자신의 방식대로 의견을 표현하곤 하는데, 예를 들어 어딘가로 가고 싶다고 결정하면 더 이상 다른 사람의 손에 이끌려 가고 싶어하지 않고 자신이 가고 싶은 길로 간다. 제니퍼가 누군가를 껴안았다면 그 사람에 대한 애정을 나타내는 것이다. 길을 가다가 어떤 사람이 자기에게 인사를 하지 않고 그냥 지나가면 제니퍼는 스스로 그 사람의 얼굴을 바라보며 인사를 한다. 우리는 언젠가는 제니퍼가 최소한 손짓으로라도 표현을 할 수 있을 거라는 희망을 품고 있으며, 제니퍼의 하우스 마더는 제니퍼가 말을 할 수 있게 되는 것이 아직 불가능한 일은 아니라고 여기고 있다. 그럴지도 모른다. 우리는 계속 행운을 빌 것이다!

친구

캠프힐로 가기 전 제니퍼는 거의 고립된 삶을 살았다. 제니퍼는 대부분의 시간을 어른들과 보냈고 함께 공부할 또래 친구들이 없었다. 또래 아이들과는 다른 제니퍼는 다른 아이들에게 관심을 가지고 있었지만 아이들이 제니퍼와 가까이 지내려 하지 않았다. 제니퍼도 아이들과 상호작용할 수 없었다. 이것은 그 아이들의 잘못은 아니다. 제니퍼는 다른 아이들과 많이 달랐다. 대부분의 아이들은 이런 '이상한' 사람을 결코 본 적이 없었을 것이다. 나는 특수교육적 요구를 지닌 장애아동을 의뢰할 때 종종 '통합'이라는 용어가 사용되는 것을 듣곤 한다. 하지만 내가 보기에 통합은 그 사회가 장애아동을 충분히 수용할 수 있을 만큼 교육되어 있을 때 비로소 가능한 일이다. 제니퍼는 현재 캠프힐에서 다양한 연령층의 많은 친구들을 사귀고 있는데, 이들은 제니퍼를 있는 그대로 받아들여준다. 제니퍼는 지금 다른 아이들과 함께 놀 수 있는 기회가 주어진다. 그리고 자신이 특별히 좋아하는 것을 스스로 결정할 수 있다. 제니퍼가 다른 아이들과 어울릴 때에는 비록 아이들에 비해 뒤쳐질 수는 있지만 어떤 활동에서도 결코 배제되지는 않는다. 실제로 캠프힐의 스태프들은 모든 이들을 통합하기 위해 의도적으로 노력한다. 이것이 진정한 통합이다.

놀이

앞서 언급한 바와 같이 제니퍼는 원래 어떤 활동도 진정으로 즐기는 듯 보이지 않았다. 제니퍼가 좋아할 만한 일들, 예를 들어 수영이나 승마, 공원 방문하기 등을 해보았지만 그애는 아무것도 좋아하지 않았다. 제니퍼가 유일하게 좋아하는 일은 비디오를 보는 것이었다. 하지만 나는 제니퍼의 삶에서 비디오보다 좀 더 즐길 만한 다른 것들이 있을 거라고 생각했다. 어디서부터 시작을 해야 할까? 놀이는 캠프힐의 교육과정 중 큰 비중을 차지한다. 제니퍼가 아주 좋아하는 활동 중 '일부'만 여기에 실어본다.

- 수영
- 포크댄스
- 생일파티(캠프힐에서 거의 매주 하는 많은 아이들과 성인들이 함께하는 생일파티)
- 라운더스rounders(야구와 비슷한 놀이의 일종-옮긴이)
- 캠핑(제니퍼가 아주 좋아하는 일이다. 작년에 캠프를 함께 가보았는데, 이는 나에게도 경이로운 경험이었다. 스태프들의 그 에너지가 도대체 어디서 나오는 건지 알 수 없었다. 아이들은 모두 엄청난 시간을 보냈다!)
- 이야기
- 음악
- 걷기
- 그림 그리기
- 빵 굽기
- 야외학습(야외학습은 대개 해변이나 그 지역의 아름다운 장소에서 이루어지고, 심지어 레스토랑으로 가기도 한다.)

계속 써나갈 수도 있지만 내가 말하고 싶은 것은 캠프힐에서의 지원과 도움 그리고 캠프힐 스태프들로 인해 제니퍼가 지금 대부분의 아이들이 당연하게 하는 것을 할 수 있게 되었다는 점이다. 솔직히 전에 나는 위의 일들을 제니퍼가 즐기는 것은 고사하고 제대로 할 수 있을 거라고도 생각하지 않았다. 제니퍼는 항상 집에만 있었고 이런 활동을 할 기회는 전혀 없었다. 또 캠프힐에서는 아이들에게 비디오와 텔레비전을 보여주지 않는다. 아이들이 텔레비전을 볼 수 있는 때는 아주 특별한 경우로 주말에나 가끔 보게 된다.

지금까지의 모든 이야기는 제니퍼가 캠프힐에서 얼마나 많이 도움을 받았는지를 솔직하게 밝힌 것이다. 나는 캠프힐의 모든 사람들이 내 딸에게 해준 것에 대해 말로는 충분히 감사의 표현을 할 수가 없다. 수년간의 지식과 경험, 따뜻함과 정성어린 보살핌은 코워커들의 끊임없는 열정과 결합되어 장애를 가진 아동과 청소년들에게 품위 있는 삶을 살고 성장할 수 있는 기회를 제공해 준다. 캠프힐의 모든 코워커와 스태프들의 이타적인 태도를 보면 정말 놀랍다.

마지막으로, 자녀를 캠프힐에 보낼지 고민하고 있는 부모들에게 몇 가지 충고하려 한다. 캠프힐에서 하고 있는 전인적인 접근을 통해 아이가 유익함을 얻을 수 있다고 생각한다면 절대로 포기해서는 안 된다. 지역의 관련 당국으로부터 "안 됩니다"라는 대답을 듣더라도 받아들이지 말기를 바란다. 좀 더 강해져야 하고 어떤 전문가가 뭐라 말하든 내 아이를 위해 무엇이 최선인지를 알고 있는 사람은 바로 자신임을 결코 망각해서는 안 된다. 원하는 것을 얻을 때까지 계속 나아가기 바란다! 아이의 발달에 놀랄 준비를 하고, 지금의 캠프힐을 만든 특별한 사람들에게 고마운 마음을 갖길 바란다.

19장
진정한 통합교육이란 무엇인가

로빈 잭슨 Robin Jackson

어떤 가족들은 스스로를 고립시키고 장애 자녀가 친구들에게 따돌림이나 정신적·육체적 고통 또는 언어적 학대를 받을지도 모른다는 두려움에 빠진다. 많은 부모들이 자신과 아이가 함께 '감옥에 감금'된 것 같은 고립감을 경험한다고 한다. '감금'이라는 단어만큼 자신들의 상황을 잘 설명해주는 적절한 비유는 없다고 그들은 말한다.

이 장은 이 책의 다른 부분들과 달리《스코틀랜드 시설아동보육 저널*Scottish Journal of Residential Child Care*》[1]에 이미 출판된 것으로, 캠프힐 학교에서 일하는 모든 사람들의 주요 관심사이자 요즘 많은 논쟁이 되고 있는 '특수학교의 목적과 가치 및 통합교육의 의미'에 대해 생각해보고자 다시 싣는다. 놀랍게도 영국에서는 그동안 통합교육 정책과 실행의 기본이 되는 근본철학에 대한 심각한 문제제기가 거의 없었다. 또한 전문적인 문헌들에서도 기숙제 특수학교 교육의 장점에 대한 논의가 이루어지지 않았다. 이 장에서는 아동보육에 있어서 특수교육 및 교육사회학적 모델의 적절성에 대한 인식이 높아지고 있음을 강조하고 보다 전문적인 맥락에서 캠프힐 학교의 미래 역할에 대한 폭넓은 논의를 제시하고자 한다.

---

[1] Jackson, R. (2004). 'Residential special schooling: The inclusive option!', *Scottish Journal of Residential Child Care*, 3(2), 17-32.

장애를 바라보는 두 가지 시각 : 정상화와 통합

컬햄과 닌드(2003)는 정상화normalization와 통합inclusion은 궁극적인 목적은 같아도 그 목적에 도달하는 방법이 근본적으로 다른 철학이라고 주장했다. 물론 그 안에는 장애인을 이 사회의 가치 있는 구성원으로 보고자 하는 공유된 열망이 있지만 그 둘 사이에는 근본적인 차이가 존재한다. 통합은 개인의 차이를 인정하고 가치 있는 것으로 여기지만 정상화는 차이가 최소화될 때 공동체의 존재와 가치가 구현된다고 본다. 차이를 없애기 위한 한 가지 방법으로 동화assimilation를 들 수 있다(Allan, 1999). 그러나 동화는 자신들의 차이점을 알리고 집단의 정체성과 활동성을 환영하는 다양한 소외계층(예를 들어 소수인종, 여성, 지체장애인과 감각장애인 등)들이 자신의 차이를 부각시키려 하는 역량강화전략empowerment strategy과 상충한다.

정상화의 철학은 '정상'이라는 개념에 대한 부적절한 태도를 유산으로 남겼다. '정상'이라는 것은 도덕적 기준으로 여겨지기 쉽고 가치 있고 바람직한 것과 동일시되는 경향이 있으며 또한 규정될 수 있고 규정되어야만 하는 것으로 여겨진다.

통합은 장애가 있거나 불리한 조건에 놓인 사람들 혹은 그 외 사회에서 소외된 사람들뿐만 아니라 모든 사람을 위한 것으로, 장애가 있는 사람과 그렇지 않은 사람 사이의 전통적인 경계를 극복하는 것에 일차적인 관심이 있다. 이에 대한 개념을 적용하는 것과 이것이 현실적으로 성취 가능한 것인지에 대해서는 종종 이견이 있다(Hornby, 1999; Low, 1997).

통합 옹호론자들은 통합은 하나의 권리라는 인식에서 출발한다. 이는 우리 모두에게 이러한 인간의 권리를 무시하거나 위반해서는 안 된다는 책무성이 있음을 시사한다. 그들은 통합의 효율성에 의문을 제기하는 비평가들에 대해 통합은 곧 인간의 권리이며 이 권리는 자명한 효용성을 지니기 때문에 통합의 가치에 대한 실증적인 증거를 찾을 문제가 아니라는 논리를 편다(Mittler, 2000).

그러나 울펜스버거(2003)는 의무와 권리가 분리되는 경향성에 대해 경고하고 급진적인 통합교육론자의 증가에 우려를 표했다. 대결적인 자세와 공격적인 언어를 사용하는 통합교육 운동은 자칫 반감을 살 수도 있기 때문이다. 그러면 특별한 요구를 지닌 사람들을 위한 서비스 개발에 꼭 필요한 지원을 해줄 이들의 동의를 얻지 못할 우려도 있다.

통합교육론자들이 여전히 철학적으로 해결해야만 하는 것은 통합교육을 받지 않을 권리를 행사하려는 사람들을 위해 무엇을 해야 하는가이다. 장애를 가진 사람들끼리 모여 있는 공동체는 좀 더 능력 있는 비장애 또래와 함께 섞여 있는 공동체보다 더 열등하다는 인식이 여전히 존재한다. 이 장에서는 이러한 인식에 문제제기를 하려 한다.

통합교육은 장애아동의 권리?

스코틀랜드 정부의 초중등 교육 및 통합교육국Pupil Support and Inclusion Division(2002)이 발행한 〈통합교육의 근거에 대한 지침서*Guidance on the Presumption of Mainstream Education*〉는 통합에 대한 시각을 널리 보급시켰다. 통합에 대한 이러한 시각은 전통적으로 모든 장애인의 시민권을 강조하는 것과 관런되어 있다. 그러나 이는 종종 어떤 사명감 혹은 도덕적 개혁운동의 일부로 받아들여진다. 개혁운동으로서 통합 철학을 실현하고자 하는 것은 위험한 일이며 기대와는 반대의 결과를 가져올 수도 있다. 우선 전문가들의 편협함과 분열·불평을 조장할 수 있고(Hansen, 1976), 이를 따르는 전문가들에게 무의식적인 강한 압력으로 작용할 수 있으며(Boucherat, 1987), 이를 비평하기 위해 근거를 찾는 사람들에 대한 가치를 무시할 수 있다(Mesibov, 1990). 객관성과 진실에 낮은 가치를 두는 선전 산업의 성장을 촉진하고(Jackson, 1989), 가르치기보다는 주입식 기술과 전략 사용을 강조하거나(Renshaw, 1986), 잘 훈련받지 않은 전문가들이 사회복지 서비스를 실행하는 데 있어 복잡한 문제에 단순한 방법을 적용해도 된다고 믿게 만들 수도 있다(Tadd, 1992). 또 아동의 요구에 민감하지 않고 책임을 느끼지 않거나 융통성 없는 서비스를 제공하는 결과를 가져올 수도 있다(Rhoades & Browning, 1977).

'시민의 권리로서의 통합'에 나타나는 또 다른 문제는 장애를 가진 사람을 동일한 집단으로 구성하지 않는다는 것이다. 그들은 실제로 전혀 동질감을 느끼지 않는다. 교육에서 통합은 시민권이라는 용어를 통해 실현할 것도 아니고, 인종 혹은 민족 문제처럼 감정적인 언어를 통해 지지를 끌어내서도 안 되는 것이다.

미국에서는 통합교육 운동에 대한 비판이 점차 증가하고 있다. 완전 통합교육이 다음과 같은 것을 강조하면서 학생들에게 별 도움이 되지 않는다고 여기기 때문이다.

- 완전 통합교육에서는 교육의 성과보다는 교육의 과정을 강조한다.

- 기능적 교육과정보다는 일반 교육과정을 강조한다.
- 학생을 위한 지원보다는 프로그램에 대한 지원을 강조한다.
- 실제적인 연구 결과보다는 설득을 통해 강조한다.

현재 통합교육 지지자들은 통합교육은 기술technology이 아니라 철학philosophy이라는 초기 학자들의 생각을 간과하고 있는 듯하다(Tizard, 1964; Nirje, 1969; Jackson, 1996). 철학은 사고와 행위를 명령하고 지시하기 위한 것이 아니라 사고와 행위를 인도하는 가치와 신념의 체계다. 여기에는 융통성 없고 독단적인 방법이 아닌 섬세하고 실제적인 접근 방법이 필요하다. 따라서 통합에 대한 논쟁에서는 경험주의적인 고찰이 필요하다. 그렇지 않으면 그것은 거대한 사회공학적 프로그램 안으로 들어가게 된다(Zigler et al., 1986).

장애아동을 일반아동 속에 흡수시키는 것에 대해

통합교육은 교묘하게 돌려서 소개되곤 한다. 예를 들어 10년 전에 스트래스클라이드Strathclyde 지역에서 〈모든 아동은 특별하다Every Child is Special〉(1993) 라는 제목의 특수교육 정책 문서가 발표되었다. 스트래스클라이드의 정책에 근간을 이루는 주요 지침은 다음과 같다.

- 각 아동은 개별적인 학습요구를 지닌다.
- 불리한 조건에 놓인 사람들을 위하여 역차별이 실행되어야 한다.

- 특수교육적 요구를 지닌 아동은 분리되어서는 안 된다.

이 자료에서는 특수교육적 요구에 대한 보다 넓은 시각이 필요하다고 주장하고 있다. 1978년 왕립 감사단HMI 보고서에 의하면 학습에 어려움을 가진 아동은 약 50퍼센트에 달하고(Her Majesty's Inspectorate, 1978), 워녹 위원회Warnock Committee에 의하면 20퍼센트 이상이 학습에 어려움을 가진 것으로 추정된다(Department of Education and Science, 1978). 이는 누구라도 어떤 상황에서는 어려움을 경험할 수 있다는 뜻이다. 즉 특수교육적 요구에 대한 정의는 점차 확대되거나 혹은 희석되고 있으며 사실상 무의미해지고 있다.

첫 번째 지침의 근거가 되는 논리는 이러하다. '모든 아동은 학습에 어려움을 갖는다. 특수교육적 요구는 학습의 어려움으로부터 나온다. 따라서 모든 아동은 특수교육적 요구를 지닌다.' 이와 같은 미심쩍은 주장에도 불구하고 도출된 결론은 스트래스클라이드 정책 문서의 제목과 같이 '모든 아동은 특별하다'는 것이다. 논리적인 최후의 일격coup de grâce은 만약 모든 아동이 특별하다면 결국 어떤 아동도 특별하지 않다는 뜻이 된다는 것이다.

이러한 선언과 그 슬로건을 받아들였을 때 도출 가능한 결과는 무엇일까? 우선 워녹 위원회에서 20퍼센트라고 한 수치를 감소시키기 위해 이 지역에서 특수교육 서비스(즉 특수학교)를 계속 시행하는 것이다. 그리고 또 하나는 정책 입안자들이 지나치게 신중하거나 또는 부적절한 심사숙고로 인해 결국 논리적인 결점 혹은 의미의 혼란을 가중시키는 결과에 이르는 것이다.

두 번째 지침은 다른 사람들보다 더 많은 요구를 지닌 사람들을 위한 역차별 정책이 실행되어야 하고 그들의 요구를 충족시켜주기 위한 자원을 마련해

줄 위원회가 구성되어야 한다는 인식이 일반화되어야 한다는 말이다. 그러나 스트래스클라이드 지역에서 역차별 정책을 통해 모든 아동은 특별하다는 인식이 얼마나 확산되었는지는 분명하지 않다.

세 번째 지침은 아이들은 자신의 요구에 따라 '최소 제한적인 환경the least restrictive environment'에 배치되어야 한다는 것이다. 이 지침은 미국의 판례와 법적 의사결정을 인도하는 '최소 제한적 선택'이라는 원칙에서 비롯된 것이다. 최소 제한적 선택이란 법적 기준 앞에서는 모든 사람의 인간성과 개별성이 존중되어야 하며 이는 상식적인 요구라는 것이다.

스트래스클라이드 지역의회는 이렇게 '특수교육적 요구'라는 용어를 무의미한 말로 만드는 데 성공했다. 최근 맥케이(2002)는 장애란 것은 존재하지 않는다는 견해를 가진 정책 입안자들에 대해 우려를 표명하며 다음과 같이 주장했다.

> 우리가 해야 할 일은 장애가 사라지게 하는 것도 아니고 장애가 없다고 여기는 것도 아니다. 대신 장애에 대한 다양성을 존중하고 솔직하고 있는 그대로 장애를 받아들이고 이해하는 것이다.(Mackay, 2002. p. 162)

비슷한 의견으로 지적장애인의 존엄성과 권리에 대한 2004 국제 심포지엄에 참여한 교황의 의견을 들어보자.

미묘한 장애인 차별의 한 형태는 장애인들의 현실과 동떨어진 생활방식과 목표를 제안함으로써 그들의 장애를 감추고 부정하려 하고 결국은 그들을 좌절하게

하는 정책이나 교육 계획 안에도 역시 존재한다.(Vatican, 2004, p. 1)

통합교육이 간과하고 있는 것

통합교육 정책을 실행하는 근거는 무엇인가? 감사위원회Audit Commission (2002)에서 실시한 영국 통합교육의 실제에 대한 최근 조사를 보면 정책의 기준이 되는 표준 의제standard agenda와 통합교육 정책이 상충하고 있음을 알 수 있다. 위원회의 인터뷰에 응한 대부분의 교장들은 각 학교의 순위를 비교하는 '리그 테이블league table'의 문제점을 제기했다. 이는 학교 교직원의 사기를 저하시킬 수 있고 또 일부 학교가 특수교육적 요구를 지닌 아동들의 입학을 꺼리게 만들 수 있다는 것이다. 위원회는 정부가 학교 감사와 중점 추진계획으로 정책의 인지도를 높이거나 통합교육 실행에 대한 상을 제정하는 등 각 학교들이 특수교육적 요구가 있는 아동을 기꺼이 받아들일 수 있도록 하는 새로운 시스템을 만들어야 한다고 보았다. 위원회의 보고에 의하면 특수교육적 요구를 지닌 아동 중 일부는 특정 교과수업이나 방과 후 활동에서 지속적으로 배제되고 있으며 학교에서 영구히 제명되는 아동 대부분이 특수교육적 요구를 지닌 아동이라고 한다. 초등학교에서는 거의 열 명 중 아홉이, 중등학교에서는 열 명 중 여섯이 학교에서 제외되고 있다는 것이다. 또한 위원회는 학교에서 특수교육적 요구를 지닌 아동들이 국가 표준 성취도와 비교하여 어느 정도로 성취를 하고 있는지 거의 알려지지 않고 있다고 결론 내렸다. 위원회에서 조사한 지역교육청Local Educational Authorities(LEAs)의 겨우 절반만이 특수교육적 요구를 지닌 아동의 학업성취도를 체계적으로 평가하고 있었으며, 관리자에 의한 평가는 비정기적으로 이루어지고 있었다.

통합교육에 대한 최근의 문헌연구에서 도크렐과 그 동료들(2002)은 통합학교에서 '효과적'이라거나 '통합적'이라고 할 만한 특성을 밝혀낸 연구는 거의 없다고 지적했다. 이는 통합교육의 '효과성'과 '통합성'에 대한 정의의 어려움 때문이기도 하고, 한편으로는 두 영역에 대한 연구와 평가가 분리되어온 경향 때문이기도 하다. 도크렐과 동료들은 통합교육의 성과는 평가하기 어려운 것이며 평가를 시도한 연구들은 대부분 결론을 내리지 못하고 있다고 했다. 사실 특수교육적 요구를 지닌 아동을 위한 '어떤 형태의' 준비에 대해서도 그 성과를 진지하게 평가하고자 하는 노력이 있었다는 증거는 없다.

도크렐과 동료들(2002)은 장애아동들이 학교 안에서 일상적으로 배제되어왔다는 사실을 발견했다. 그들의 주장에 의하면 교육과정 내에서 통합에 대한 대부분의 일상적인 결정은 매우 복잡하고 교사들의 상당한 도덕성과 전문성을 요구하는 일이다. 특수교육적 요구를 지닌 장애아동에 대한 지식과 이들을 위한 준비 사이에는 매우 심각한 차이가 있는 것이다.

최근 한 연구에서는 일반학교에서 장애학생을 위한 직업전문학교further education college로 전학한 지체장애 학생들을 대상으로 일반학교에서의 경험에 대해 조사했다(Pitt & Curtin, 2004). 이 연구는 소규모로 진행되었지만 가치 있는 결과를 보여준다. 이 연구 결과 학생들이 학교를 옮긴 이유는 다음과 같았다.

- 통학의 어려움
- 자료 및 특별학급에 대한 지원 부족

- 치료 서비스 이용의 불편함
- 교직원과 다른 비장애 학생들의 부정적인 태도

일반학교에서 엄청나게 힘든 경험 중 하나가 사회적 고립과 외로움, 비장애 또래들로부터 수용받지 못한 채 대놓고 혹은 은밀하게 따돌림을 당하는 것이라고 말한 학생도 있었다.

직업전문학교는 학생들이 교직원과 긍정적인 관계를 유지할 수 있고 각자 치료나 수업을 조절할 수 있도록 시간표 운영에 융통성이 있다. 직업전문학교에 다닌 이후 그들은 자신의 장애에 대한 관점이 변화했으며 스스로에 대해 보다 긍정적이고 자신감을 갖게 되었다고 했다. 이러한 자아상의 변화는 교직원과 또래 학생들의 지지적인 태도에 의한 것이다. 그들은 장애학생이 스스로 자기의 강점이나 약점에 따라 일반학교와 특수학교 중 선택할 수 있어야 한다고 주장했다. 여기서 가장 중요한 것은 바로 선택의 기회다.

커밍스와 라우(2003)는 일련의 실험연구들에서 일반학교가 모든 아동들에게 긍정적인 경험이 된다는 일관된 결과가 나오지는 않았음을 지적했다. 장애를 가진 모든 아동이 통합된 환경에서 더 많은 발달적 향상을 보이고 학업적 진보를 나타낼 거라 가정할 수는 없으며 모든 장애아동이 비장애 또래에게 잘 수용될 것이라 가정할 수도 없다는 것이다. 커밍스와 라우(2003)가 주목한 또 한 가지는 학급 내 장애학생의 통합에 대한 교사들의 태도이다. 통합을 선택하는 교사는 거의 없으며 어떤 교사는 다양한 이유로 장애아동의 통합을 부정적으로 여길 수도 있다. 다양한 능력을 가진 아이들이 있는 학급을 운영하기에 교사 자신의 개인적 능력과 전문성이 부족하다는 생각과 학급 구성원에 대한 시간

배분의 문제, 심지어는 통합교육에 대한 철학적인 반대 등이 그 이유가 된다.

2004년 전국여교사교장연맹National Association of Schoolmasters/Union of Women Teachers(NASUWT)의 연간 컨퍼런스에서는 통합교육 정책의 영향에 대해 우려의 목소리를 냈다. 대표단은 정부가 영재 학생을 위한 전문가 양성 및 작지만 영향력 있는 사립학교의 유지를 위해 적극적인 지원을 하는 상황에서 통합교육 정책은 이와 조화를 이루기 어렵다고 주장한 것이다. 대표단은 또한 통합교육 정책은 '목표 도달제target culture'의 채택과 리그테이블의 도입으로 인한 강력한 내·외부적 경쟁 압력과도 조화를 이루기 어렵다고 강조했다. 이는 장애학생들에게 심각한 불이익을 가져올 수 있음을 예측할 수 있게 한다. 뿐만 아니라 통합교육 정책은 학생들의 혼란과 불만을 증가시키는 결과를 초래할 수 있고, 또한 이미 어려운 상황에 놓여 있는 교사들의 이탈을 가속화시킬 수도 있다. NASUWT는 특수교육을 위해 만들어진 지원이 가능한 환경에서 경험과 전문성을 가진 교사들에 의해 적절한 교육이 제공되길 바라는 장애학생들을 위해서 전통적인 특수학교 체제를 유지해야 한다고 정부에 강력히 주장했다. 이러한 논쟁 끝에 대표자들은 중도장애 및 심각한 행동문제를 가진 아이들에게 그들의 요구에 가장 적합한 교육을 제공할 수 있는 특수학교를 더 지어야 한다는 주장을 압도적으로 지지했다.

통합교육 정책의 문제점에 대한 인식은 교육 전문가들에 국한되지 않는다. 2004년 스코틀랜드 교회 총회General Assembly of the Church of Scotland에서 커크 교육위원회Kirk's Education는 주류화에 대한 인식이 지속될 수 있는지에 의문을 제기했다. 그리고 스코틀랜드 교육연구협회Scottish Council for Research in Education의 위원회에서 위탁을 받아 두 개의 초등학교와 두 개의 중등학교에서 통합교육의 실행에 대한 연구를 수행했다. 위원회는 방문한 학교 모두가 특별한 요구를 지닌 아동을 통합할 역량이 부족했음을 나타내는 증거들이 있었다고 진술했다. 위원회는 학교가 모든 아이들의 요구에 효과적으로 응할 수 있으면서 동시에 특수교육적 상황을 수용할 수 있는 한계가 어느쯤인지 질문을 던져봐야 한다고 주장했다. 이 연구에 참여한 네 학교 중 세 개 학교에는 장애 아동들이 대부분의 시간을 보내는 장소와 수업이 따로 있었는데, 이는 주류화(통합)의 의미에 대해 의문을 자아낸다.

기숙제 특수학교에 대한 반대론

콜(1986)은 다음과 같이 기숙제 특수학교의 일반적인 문제점에 대해 지적한 바 있다.

- 기숙제 특수학교는 아동을 가족으로부터 분리하여 부모형제와 함께 자연스럽게 성장할 수 없게 한다.
- 기숙제 특수학교는 아동을 지역사회로부터 분리시킨다.
- 일반학교에서 비장애 아동과 생활하며 성장하는 전형적인 유년시절을 보낼 수 없다.
- 기숙제 특수학교에서는 폭넓고 다양한 일반적인 중등 교육과정을 제공받기 어려워 학생들의 교육 기회와 성취가 제한된다.
- 시설 안에서의 생활은 적절한 보호 없이 방치될 수도 있다. 그 결과 아동의 사회적·정서적 요구에 소홀해질 수 있다.

- 아동을 외부 세계의 가혹한 현실로부터 고립시킨 채 과잉보호할 수 있다.
- 더 심한 장애를 가진 아동들과 함께 생활함으로써 아동의 문제가 더 악화될 수도 있다.
- 성인기가 되었을 때 취업의 가능성을 감소시킨다.
- 비용이 많이 든다.

그러나 확실한 실증적 증거가 부족하기 때문에 기숙제 특수학교에 대한 이러한 반대론이 타당성 있는 의견인지를 판단하기는 어렵다.

다소 다른 관점에서 모리스(2002)는 장애아동을 기숙제 특수학교에 배치시키는 것은 유엔 아동권리협약의 이행과 관련해 문제가 있음을 지적했다. 유엔 협약은 다음과 같은 아동의 권리를 지지한다.

9조: 아동을 위한 최선의 선택이 아닌 한 아동은 자신의 가족과 함께 산다.
12조: 아동은 의견을 말할 권리가 있고 어른은 아동의 말에 귀를 기울여야 한다.
20조: 일시적 혹은 영구적으로 가족을 잃게 되었을 경우 아동은 '특별한 보호'를 받아야 한다.
25조: 아동이 집이 아닌 곳에서 살게 되었을 때는 그곳에 대한 주기적인 평가와 검토가 이루어져야 한다.

모리스는 최근의 연구에서 장애아동을 기숙학교로 보내는 결정을 할 때 장애아동을 직접 상담하는 일이 거의 없음을 지적했다. 이런 경우 대부분이 보육 기준에 대한 감사도 없고 장애아동이 '지역사회에 적극적으로 참여'할 권리에 대한 어떤 고려도 이루어지지 않는다고 했다. 더구나 부모들은 자녀와 연락을 취하는 것에 대한 어떤 도움도 받지 못한다고 한다(Abbott et al., 2001).

모리스(2001)의 연구는 많은 부모들이 장애 자녀를 기숙학교에 보내고 싶어한다고 생각하는 전문가들의 일반적인 인식과는 반대로 압도적으로 많은 수의 부모들이 기숙제 특수학교를 선호하지 않음을 보여주었으나, 이후 논문(2002)에서는 조금 다른 의견을 내놓았다. 교육 및 사회복지 당국이 최후의 수단으로 기숙학교에 대한 배치를 고려할 때 부모들은 자녀의 요구를 충족시켜 줄 수 있는 유일한 길이 기숙학교 입학이라고 생각하고 있다는 것이다. 부모들은 지역당국이 기숙학교 배치를 허가하기까지 오랜 시간이 걸리고 의사결정 과정이 종종 순탄치 못한 것에 어려움을 토로하곤 한다. 그때까지 부모는 인내심의 한계에 도달한다. 아동의 요구를 충족시키는 일을 해야 할 지역당국이 부모들과 협력하기를 원하는 것 같이 보이지 않는다는 부모들의 대답도 있었다.

모리스는 〈인간에 대한 가치부여 Valuing People〉[2] 백서가 기숙학교와 기숙시설에 있는 장애아동들에 대한 정보의 부족을 강조하고 있다는 사실에 주목했다(Department of Health, 2001). 모리스는 가족과 떨어져 생활하는 장애아동의 요구를 충족시키는 데 있어서 주된 어려움 중 하나는 그들의 경험이 잘 드러나지 않는 것이라고 했다.

(…) 우리는 그들이 누구인지, 어디에 있는지, 그들이 자신들의 삶을 어떻게 생각하는지, 그들이 삶의 질을 향상시키기 위해 무엇을 생각하는지에 대해 충분히 알지 못한다. 그들이 경험하는 것에 대해 그들만큼 알고 있었다면 아이들에게 가해

---

2 2001년 영국 정부에서 장애인에 대한 정책 계획을 담아 발행한 정치 백서-옮긴이

진 부당한 권리침해에 대한 깊은 인식을 통해 정책과 실제에 좀 더 자극을 줄 수 있었을 것이다. 너무 많은 아이들이 사회로부터 버림을 받고 있고 모두가 당연하다고 여기는 것들을 누리지 못하고 있으며 그들 중 대다수는 성인이 되었을 때 장기 기숙시설로 사라져버린다는 사실을 우리는 알아야 한다.(Morris, 2000, p. 31)

모리스의 연구 결과가 기숙제 특수학교에 반대하는 납득할 만한 사례라고 여겨지지는 않는다. 모리스도 인정하고 있지만 우리는 기숙제 특수학교에 있는 아이들의 삶의 질에 대해 거의 알지 못한다. 모리스는 이러한 연구 결과가 거의 없음을 안타깝게 여김으로써 자신의 주장을 정당화하고 있지만, 반대에 대한 증거가 부족하다고 해서 기숙제 특수학교에서 아이들이 경험하는 것들이 전적으로 부정적이라고 여길 수는 없다.

기숙제 특수학교에 대한 찬성론

콜(1986)은 우리의 특수교육 네트워크가 어떤 단점이 있든 견고한 경험적 기반 위에 수립되지 않은 대안만 가지고 혼란을 일으키는 것은 어리석은 일이라고 주장했다. 그것이 어떠한 도덕적이고 평등주의적인 논쟁이라 할지라도 말이다. 피시 보고서Fish Report(1982, 런던 교육국의 내부 문서)에 의하면 대부분의 부모들은 자녀가 특수학교에 배치되는 것을 만족스러워한다고 한다. 콜의 견해에 따르면 통합교육이나 분리교육을 선택하는 것은 매우 중요하다. 특수교육적 요구나 일상생활의 지원이 필요한 아동들이 지역사회 안에서 통합교육을 받는 것을 더 선호할 것 같지만, 가족들은 분리라는 대안을 거부하지 않는다. 기숙학교는 분리된 환경에서 가족의 요구를 더 잘 충족시켜줄지도 모른다.

장애아동 가족의 요구

기숙제 특수학교 교육의 장점에 대한 논쟁에서 종종 간과되는 사실이 있다. 어떤 가족들은 스스로를 고립시키고 장애 자녀가 친구들에게 따돌림이나 정신적·육체적 고통 또는 언어적 학대를 받을지도 모른다는 두려움에 빠진다. 많은 부모들이 자신과 아이가 함께 '감옥에 감금'된 것 같은 고립감을 경험한다고 한다. '감금'이라는 단어만큼 자신들의 상황을 잘 설명해주는 적절한 비유는 없다고 그들은 말한다. 편견과 거부, 적대감이 모여 감옥의 벽과 같은 영원한 장벽을 만들 수 있기 때문이다(Jackson, 1996b; Taylor, 1999).

기숙제 특수학교를 비판하는 사람들은 기숙제 특수학교의 가치가 단지 학생들에게만 국한되지 않는다는 중요한 사실을 간과하고 있다. 기숙제 특수학교는 두 가지의 중요한 목적이 있다. 하나는 아동의 요구를 충족시킬 수 있다는 것이고 또 다른 하나는 '가족의 총체적인 요구를 충족'시킬 수 있다는 것이다. 기숙제 특수학교는 부모와 형제자매들이 가정 밖의 세상과 다시 연결하여 살아가게 해주고 보다 '전형적인' 가족의 틀을 확립할 수 있는 시간을 준다. 기숙제 특수학교 비판론자들이 간과하고 있는 것 중 하나가 바로 통합교육에 대한 절대적인 추종은 단지 장애아동뿐만이 아니라 가족 전체에 심각한 문제를 야기할 수도 있다는 사실이다(Saunders, 1994; Jackson, 1996b).

모리스가 기숙제 특수학교 교육에 반대하는 주장을 뒷받침하기 위해 인용한 바 있는 애봇과 그 동료들(2001)의 연구는 직접면담을 통해 조사가 이루어졌다. 이 연구에서 면담을 했던 기숙제 특수학교의 아동과 청소년들 대부분은 학교를 떠날 생각이 없다고 했고 기숙학교 생활에 만족감을 표현했다. 이들이 든 기숙제 특수학교의 장점 중 하나는 우정을 형성할 기회가 많다는 것이었다. 대부분의 학생들은 기숙사 생활 중에 자신을 돌보아주는 성인들과의 관계가 매우 좋다고 대답했다. 또한 이 연구에서는 많은 부모들이 자신의 자녀가 기숙제 특수학교에 다니게 된 이후 학교와의 관계가 매우 만족스러웠음을 지적하고 있다. 그러나 이 연구는 기숙제 특수학교에서 겪는 학생들의 경험에 대해 명확하고 신뢰 있는 설명을 제공해주지는 못한다. 즉 이 연구의 제목인 '최선의 장소가 될 수 있는가'의 근본적인 질문에 대한 답을 주지는 못하고 있다.

개인 혹은 그룹의 의견 및 학생과 가족에 대한 사례에 관해 소규모로 이루어진 연구들을 과소평가해서는 안 된다(Campling, 1981; Jackson, 1996b; Jones, 1983; Taylor, 1999). 물론 대규모로 이루어진 연구 결과와 똑같이 평가될 수는 없겠지만 이 연구 결과들의 긍정적인 측면을 평가절하해서는 안 되겠다. 또 보육위원회와 왕립 교육감사단에서 발행한 감사보고서에서 기숙제 특수학교 교육의 효과에 대한 유용한 정보들을 찾아볼 수 있다.

기숙제 아동 보호에 대한 새로운 접근

기숙제 특수학교에 대한 모리스의 비평이 가진 두드러진 문제점은 그것이 영국 중심의 시각이고 다른 나라들의 기숙제 아동보호의 실제에 대해서는 어떤 언급도 없다는 점이다. 예를 들어 모리스가 덴마크나 독일 또는 네덜란드의 실례를 살펴보았다면 기숙제 아동보호시설에서 일하는 사람들의 주요 자격조건이 사회보육학 분야의 자격증을 가진 사람이라는 사실을 발견할 수 있었을 것이다(Petrie et al., 2002). 사회보육학은 단지 아동의 학교 교육에만 국한되지 않고 전인적인 아동 교육과 관련된다. 여기에는 아동의 신체, 영혼, 감각, 정신, 창의성 그리고 결정적으로 나와 타인과의 관계에 이르기까지 아동에 대한 모든 것이 포함된다(Hart & Monteux, 2004). 기숙제 환경에서 일하는 사회보육 교사들은 '아이들의 일상생활에서 일어나는 모든 측면'을 공유하기 때문에 사회사업이나 사회보호보다는 양육과 공통점이 많다. 페트리와 그의 동료들(2002)은 다음과 같이 자신들의 의견을 피력했다.

> 교육학적 견지에서 아이들에 대한 교육계획안은 어떤 아이들은 특별하고 부가적인 요구를 지니고 있음을 인식함과 동시에 아동 자체에 초점을 둔 통합적이고 정상화된 접근을 위한 가능성을 갖고 있어야 한다.(Petrie et al., 2002, p. 34)

페트리와 그의 동료들(2002)에 의하면 영국에서는 창조적 활동을 통해 아이들의 세계를 확장시키고 긍정적 역할모델을 제공함으로써 아동과 함께 생활하고 그들과의 관계를 강조하는 것을 매우 중요하게 여긴다. 여기서 주목할 것은 사회보육적 모델을 택한 기숙제 특수학교들은 좀 더 통합적이고 정상적인 환경을 제공하고 있으며 이들은 아동과 청소년의 개별적인 요구를 더 잘 충족시키고 있다는 것이다. 특히 아동을 돌보는 사람과 아동 사이의 관계가 보살핌의 관계에서 친구의 관계로 달라진다는 점을 주목해야 한다(Petrie et al., 2002).

우정friendship과 친절함friendliness은 동일하지 않다. 존 맥머리가 말했듯 친절함이 빠져서는 안 되겠지만 그것은 단지 우정의 모방일 뿐이며 진정한 우정을 대신하기에는 부족하다(Costello, 2002). 우정은 개인과 공동체를 함께 묶어주는 사회적 유대이다. 이런 관계가 가진 가장 중요한 특징은 상호적이라는 것이다. 이런 상호성은 서로 돌보아주고 돌봄을 받는 것에 대해 특별히 인식하지 않는다. 나아가 상호성을 바탕으로 하는 관계는 배움에 있어서 서로에게 동등하다. 이러한 모델을 수용하는 것은 통상적인 전문가와의 관계에 대한 분명한 도전이다.

울펜스버거(2003)의 견해에 따르면 아이가 운 좋게 자신을 돌봐주는 사람과 친구관계를 맺었다고 해도 그 사람은 규칙과 규제에서 자유롭지 못하고 아이와 진정한 우정을 나누는 데 제한을 받을 수 있다고 한다. 또 아동보호기관들은 어느 정도 부모의 역할을 가정하지만 그들이 부모로서의 사랑을 제공할 수는 없으며 사랑이 없거나 사랑이 부족한 환경에서 약자는 학대와 폭력에 노출될 위험이 있다고 했다.

사회교육신용기관The Social Education Trust(2001)은 영국에서 사회보육교육을 택한 것이 모든 해결책을 제공해줄 수는 없겠지만 다음과 같은 다양한 장점이 있다고 설명한다.

- 주어진 서비스에 아동을 맞추기보다는 아동 개개인의 요구에 적합한 서비스를 제공한다.
- 아동에 대해 병리적인 측면에만 초점을 둔 부정적인 관점 대신 아동의 삶의 모든 부분을 함께 살펴보며 전인적인 관점으로 바라본다.

- 사회보육교육의 기치 하에 아동 및 청소년들을 직접 대하며 일하는 사람들은 전문가로서의 이미지와 정체성을 지니고, 이를 통해 자부심과 자아존중감 및 자신감을 갖는다.
- 새로운 전문성의 확립과 관련된 논쟁이 아동에 대한 폭넓은 공동체적 사고와 아동 및 청소년들의 양육에 영향을 미칠 수 있다.

사회보육학적 접근에 대한 폭넓은 수용은 스코틀랜드 기숙제 아동보호시설에 주요한 변화를 가져왔을 뿐만 아니라 아동보호 서비스 분야에서 일하는 사람들을 위한 전문적 훈련 과정의 목적과 특성에 근본적인 변화를 일으켰다. 새로운 전문분야 확립의 장점과 단점에 대한 세부적인 논의를 이 장에서 다 할 수는 없지만 분명 논쟁의 성과는 기숙제 특수학교의 역할과 미래에 직접적으로 영향을 미칠 것이다.

결론

기숙제 특수학교의 미래에 대한 논쟁이 잘 인식되고 건설적인 것이 되려면 다음과 같은 연구가 시급히 요구된다.

- 특수교육적 요구를 지닌 장애학생의 배치와 관련된 의사결정 과정에 대한 연구
- 이 과정에서 부모 참여의 범위와 유형에 대한 연구
- 기숙제 특수학교 학생들이 경험하는 삶의 질에 대한 연구
- 일반학교 환경에서 특수교육적 요구를 지닌 학생들이 경험하는 삶의 질에 대한 연구

만약 연구 결과 기숙제 특수학교가 장애학생뿐 아니라 그들의 가족에게도 도움이 된다는 것이 명확하게 밝혀진다면 앞으로의 상황은 어떻게 될까? 통합정책을 강력하게 주장하는 정부와 지역당국, 전문가 및 학계는 기숙제 특수학교를 장애학생의 마지막 선택으로만 보려는 관점을 단념할 준비가 되어 있는가?

20장

캠프힐의 미래

샘 싱클레어 Sam Sinclair

과거에 중요시되었던 것들을 단순히 미래로 옮기는 것은 캠프힐 창설자들의 정신에 어긋나는 일이다. 21세기에도 20세기 중반 캠프힐 창설자들이 보여주었던 것 이상의 모험정신과 헌신이 요구된다. 오늘날에는 캠프힐 운동의 뿌리를 다시 연결시키고자 하는 열망이 존재하며, 이는 본래의 캠프힐 정신과 책무성을 오늘날에도 계속 지속시켜야 함을 시사한다.

21세기 변화된 환경

이 장에서는 최근 스코틀랜드의 캠프힐 공동체들이 경험하지 못한 문제들 혹은 미래에 공동체들이 직면하게 될 예측 가능한 도전적인 문제들을 다룰 예정이다. 이러한 문제를 다루고자 하는 것은 칼 쾨니히와 그의 동료들이 20세기 중반에 스코틀랜드로 와서 캠프힐을 세웠을 때보다 더 심각한 문제가 닥칠 수도 있겠다는 생각이 들어서이다(Bock, 2004). 얼핏 보기에 지금은 다른 문제인 듯하지만, 정말 그럴까? 그 당시 캠프힐의 과업은 공동체에 맡겨진 사람들의 교육과 보육에 대한 요구를 충족시키기 위해 안정되고 자극이 풍부한 환경을 제공하는 것이었다. 지금도 그것은 마찬가지다. 또 과거와 현재에 공통된 우리의 과제는 전인적인 인간이 되고자 하는 사람들의 요구를 충족시키기 위한 방법을 캠프힐 공동체가 알고 있고 또 수행할 능력이 있음을 외부에 확신시키는 것이다.

모든 조직의 상황과 미래의 발전은 외적·내적 요인들에 의해 영향을 받는다. 이는 캠프힐 공동체도 마찬가지다. 공적감사公的監査와 자금 제공이 자주 바뀌는 것은 검토와 변화가 필연적임을 뜻한다. 변화의 시점에서 중요한 것은 다름 아닌 '전통적인 가치'를 보존하고 공동체 감성과 가족의식을 유지하기 위해 노력하는 공동체 내의 역동성이다.

세기가 바뀔 즈음 새롭게 태어난 스코틀랜드 의회가 야심찬 보육 안건을 내놓았다. 여기에는 보육 서비스를 전달하는 단체 및 단체에서 일하는 사람들에 대한 규제가 포함되어 있었다. 국가보육기준National Care Standards이 도입되고 이러한 기준에 부응하는 스코틀랜드 보육규제위원회(보육위원회)가 설립되었으며 모든 인력의 적절한 자격을 보증하기 위한 스코틀랜드 사회복지협회SSSC가 창설됐다. 캠프힐 공동체도 규제에 응해야 함은 선택의 여지가 없다.

캠프힐의 코워커

그리 멀지 않은 과거에는 '코워커'와 '고용인' 사이에 구분이 있었다. '코워커'는 임금과 상관없이 공동체 안에 살면서 자신들의 요구를 충족시키며 함께하는 사람들을 부르는 말이었고 '고용인'은 임금을 받으며 공동체에서 요구하는 일을 하는 사람들을 가리켰다. 그러나 이것은 모든 직원들 사이의 유대관계를 위해서는 도움이 되지 않았다. 이러한 구분은 시대착오적인 것으로 보였다. 그래서 '코워커'라는 용어는 현재 함께 일하는 모든 사람을 부르는 말로 사용되고 있다.

　임금을 받는 것은 동기를 불러일으키는 요인이 될 수 있지만 본질적으로 그것은 외적인 요인이며 임금에 의해 동기화된 요인은 그리 오래가지 않는다고 코워커들은 생각한다. 오랜 기간 동안 사람의 동기를 유발하는 요인은 내적인 것이었다. 자신이 하는 일에 대한 애정과 존재의 가치에 대한 의식 그리고 개인적인 성취감과 같은 것들이다. 캠프힐 환경 내에서 코워커는 자원봉사자든 고용인이든 혹은 짧은 기간 머물든 장기간 함께하든 상관없이 외적인 동기보다는 내적인 동기로 일을 한다.

교육

영국의 정치가들은 장애를 가진 아동들이 일반학교에 통합되어야만 한다는 입장을 취해왔다. 당연히 가치 있는 훌륭한 목표이지만 그리 단순한 일은 아니다. 내가 가장 두려워하는 것 중 하나는 '모두에게 적합한 한 사이즈 one-size-fits-all' 접근[1]은 아이들의 개별적인 요구를 충족시켜주지 못하고 또한 통합된 환경에 배치된 아이들이 잘 대처하지 못하는 결과를 초래한다는 점이다. 그러나 희망을 버릴 수는 없다. 영국 특수교육의 선구자로 여겨지는 메리 워녹은 최근에 지난 20년 이상 강조해온 통합교육 정책이 일부 학생 및 아동에게는

1　모든 학생에게 동일하게 적용되는 개별화되지 않은 획일적인 교육 접근-옮긴이

효과가 없었다고 주장했다(Warnock, 2005). 최근 통합교육 정책의 효과를 평가한 소논문에서 메리 워녹은 다음과 같은 결론을 내렸다.

> 특별한 관심의 대상은 보호를 받고 있는 아이들인데, 이들은 아이들을 잘 알고 지원하는 교사가 있는 환경을 필요로 한다. 이를 위해서는 작은 학교가 필요하다는 것이 나의 강한 확신이다.(Warnock, 2005, p. 55)

정신성

정신spirit은 인간 존재의 핵심이다. 대부분의 사람들은 우리 정신의 건강 상태에 대해서 '건강한 정신', '건강하지 못한 정신', '나약한 정신' 등으로 쉽고 편안하게 이야기한다. 하지만 '정신적인spiritual' 또는 '정신성spirituality'이라는 단어를 사용할 때는 조심스러워지는 경향이 있다. 이러한 단어들이 종교와 연관된다는 점과 관련 있을 것이다. 그러나 종교적 신념과 정신성을 구별하지 못하는 것은 잘못된 판단이다. 종교적 성실성은 자신의 정신성에 대한 신념을 표현하고 정신을 고양시키는 하나의 방식이다. 하지만 종교에 대한 성실성 없이도 정신적인 요구를 다루는 데 동일하게 관심을 갖는 사람들이 분명 존재한다(Crompton & Jackson, 2004).

캠프힐의 초기에 기독교는 공동체가 앞으로 나아가기 위해 선택된 정신적 수단이었다. 칼 쾨니히는 1945년 캠프힐 학교 공동체에 대한 첫 비망록에 코워커를 '그리스도에 대한 헌신적 사랑으로 자신의 일을 하기를 열망하는 사람'이라고 썼다(König, 1945). 기독교는 여전히 캠프힐 공동체에 중요한 영향력을 지니지만 현재는 인간의 정신성을 고양시키는 방법에 대해 상당한 융통성이 존재한다. 이는 '교회'와 교회가 가진 신조, 의식의 신뢰성과 타당성에 의구심을 가진 사람들에 의해 정신성을 별개의 개념으로 받아들이려는 사회의 인식이 확장되고 있음을 의미한다. 이러한 방식으로 정신성을 해석하는 것은 우리가 모두 정신적 요구를 가진 존재임을 더 쉽게 이해하고 받아들이게 한다(Jackson & Monteux, 2003).

캠프힐은 철학과 실제에서 모두 인간의 정신건강을 촉진하는 방식으로 일할 것을 강조해왔다. 여기서 캠프힐은 다른 교육 형태들과 구별된다. 코워커는 아이들과 병든 사람, 고통받는 사람들에 대한 사랑 그리고 흙, 정원, 밭, 숲, 그 외 캠프힐 공동체에 있는 모든 것에 대한 사랑으로 일을 하는 사람들이라고 쾨니히는 주장했다(König, 1945).

교육의 질적 수준 확보

이 장에서는 사회의 변화에 대응하는 캠프힐의 진화에 대해 이야기하고 있다. 몇 가지 변화는 최근 제정된 법규에 의해 촉진되었으며 규약의 규정 및 조건들에 의한 변화도 있다. 그러나 동료들 간의 관계와 동료들의 안녕well-being에 대한 관심 증가로 더 많은 변화가 일어나고 있다. 대부분의 법규와 규정에서는 무엇이 행해져야 하는지에 대해, 좀 더 명확히 말하면 무엇을 평가해야 하는지에 대해 명시하고 있다. 그러나 평가 방법은 명확하게 설명되어 있지 않다. 오늘날 이러한 문제에 대한 결정은 서비스 제공자들에게 맡겨지는 추세다.

스코틀랜드의 캠프힐 공동체들은 공동체의 일상적인 업무를 수행하는 데 일관성과 효과성을 확보하여 교육의 질을 높일 방법을 찾기 위해 많은 시간과 노력을 들여왔다. 상업적·공적인 부문으로 체제를 이동시키려는 시도는 실패했다. 이는 캠프힐 환경에 수정하여 적용시키기에는 어려움이 있었기 때문이다. 그러나 지금은 한 가지 적절한 방안을 찾아냈으며 스코틀랜드에 있는 대부분의 캠프힐 공동체들은 그 원칙으로 교육된 코워커들을 보유하고 있다. 스위스에서 유래된 이 프로그램은 '교육의 질 향상을 위한 방안Way to Quality'이라 불리며, 이는 공동체 안에서 사람들이 협력하며 일하기 위한 기본적인 인식에 기초한다.

캠프힐 학교는 다른 공동체들과 공동으로 이 방안을 실행하기 위한 프로그램을 시작했다. 우리는 이것이 미래에 캠프힐 학교의 서비스 제공의 중심이 될 것이라는 기대를 갖고 있다. 캠프힐 학교는 아이들에게 제공되는 보육과 교육에서 매우 긍정적인 평가를 받아왔지만 우리 코워커들은 지난 업적에 기대어 만족하지는 않는다. '교육의 질 향상을 위한 방안'의 시도는 서비스를 결정하고 공동체 안에서 일하는 사람들과 조직체를 발전시키는 건강한 방법이다. 이러한 프로그램의 실행은 캠프힐 학교가 가진 특수교육의 역량을 더욱 강화시켜줄 것이다.

끝맺으며

앞으로의 발전을 위해 우리는 각자의 의제와 동기를 검토해야만 한다. 우리는 우리가 추구하고자 하는 것을 왜 추구하는지, 우리가 장려하고 있는 것을 왜 장려하는지, 거부하고 있는 것을 왜 거부하는지를 분명히 할 필요가 있다. 개인적인 의제들은 우선순위 목록에서 밀려나야 한다. 우리에게 양육과 교육이 맡겨진 사람들을 가식으로 대한다면 캠프힐의 존속은 어려울 것이다. 이 글을 쓰고 있는 이 시간에도 캠프힐 공동체들은 '캠프힐다움'의 중심을 이루는 것 중에서도 가장 핵심적인 것들을 판별, 규정, 명료화하고 개발 및 보존하기 위해 함께 노력하고 있다.

과거에 중요시되었던 것들을 단순히 미래로 옮기는 것은 캠프힐 창설자들의 정신에 어긋나는 일이다. 21세기에도 20세기 중반 캠프힐 창설자들이 보여주었던 것 이상의 모험정신과 헌신이 요구된다. 오늘날에는 캠프힐 운동의 뿌리를 다시 연결시키고자 하는 열망이 존재하며, 이는 본래의 캠프힐 정신과 책무성을 오늘날에도 계속 지속시켜야 함을 시사한다. 이는 캠프힐 운동의 미래와 캠프힐에서 함께하는 사람들의 행복과 교육, 발전에 좋은 전조이다.

무엇을 이루어야 하는가를 표명하기는 쉽지만 때를 아는 것이 중요하며 노력과 절충의 자세 역시 필요하다. 이 절충안에 대한 준비는 특히 규제 당국과의 협의에 중요한 역할을 한다. 어떤 상황에서도 일하는 사람과 의사결정자들은 원칙에 의거한 명확한 태도를 가져야 한다. 하지만 만족할 만한 타협에 도달하는 것은 언제나 쉬운 일이 아니다. 캠프힐의 코워커들이 개인적으로 혹은 공동체의 수준에서 직면하는 딜레마는 바로 언제 어디서 그리고 어떻게 타협

해야 하느냐 하는 것이다. 이것은 어쩌면 별것 아닌 것처럼 보일 수도 있지만 중요한 문제이다. 이는 '캠프힐다움'으로 나아가는 데 필요한 것은 바로 가치 있는 것들 중에 꼭 필요한 것을 구별해내는 능력임을 시사해준다.

미래에 타협을 하게 된다면 그것은 오직 주변적인 부분에서만 이루어질 것이다. 캠프힐에 이제까지 있어온 규제 변화도 특별한 요구를 지닌 사람들을 돌보고 교육하는 캠프힐의 원칙에 압도적인 위협이 되지는 않았다. 스코틀랜드의 한층 더 강도 높아진 규제가 우리가 하고 있는 일을 설명하지 못하는 것처럼 우리가 하고 있는 일의 본질을 크게 변화시키지도 못할 것이다. 그런 과정들을 통해 우리는 우리가 하는 일에 대한 가치를 보여줄 수 있다. 우리는 변화라는 것이 고통스럽고 문서화된 정책과 절차가 필요한 것임을 잘 알고 있다. 또 그런 과정이 공동체에 부담이 되어온 것도 사실이다.

앞으로 걸어갈 최선의 길에 대해 다양한 견해가 있지만 캠프힐 특수교육의 미래는 확실해 보인다. 캠프힐 공동체에 널리 퍼져 있는 분위기는 앞에 놓인 기회와 도전에 대한 강한 기대감이다. 캠프힐 운동의 내부에는 공동체의 근간이 되는 원칙과 신념을 바탕으로 쇄신해나가려는 움직임이 있다. 그런 노력은 멈추지 않을 것이며 캠프힐의 우수한 전인적 보육도 계속될 것이다.

참고문헌

Abbott, D., Morris, J. and Ward, L. (2001) *The Best Place to Be? Policy, Practice and the Experiences of Residential School Placements for Disabled Children*, Joseph Rowntree Foundation/York Publishing Services

Albert, T. (1981) *The equus factor*, World Medicine (August 22)

Allan, J. (1999) *Actively Seeking Inclusion: pupils with special needs in mainstream schools*, Falmer Press, London

Angelo, T. A. (1999) *Doing assessment as if learning matters most*, American Association for Higher Education

Audit Commission (2002) *Special Educational Needs: a mainstream issue*, Audit Commission, London

Ayres, A. J. (1979) *Sensory Integration and the Child*, Western Psychological Services, USA

Bergstrom, M. in D. Mitchell and P. Livingston (1999) *Handwork and Practical Arts in the Waldorf School — Elementary through High School*, Anthroposophic Press, Herndon, VA

Bertoti, D. D. (1988) 'Effect of therapeutic horseback riding on posture in children with cerebral palsy,' *Physical Therapy*, 68, 1505–15

Bettermann, H, von Bonin, D., Frühwirth, M., Cysarz, D. and Moser, M. (2002) 'Effects of speech therapy with poetry on heart rate rhythmicity and cardiorespiratory coordination,' *International Journal of Cardiology*, 84: 77–88

Bock, F. (Ed) (2004) *The Builders of Camphill — Lives and Destinies of the Founders*, Floris Books, Edinburgh

Boucherat, A. (1987) 'Normalization in mental handicap — acceptance without questions?' *Bulletin of the Royal College of Psychiatrists*, 11, 423–25

Brock, B. J. (1988) 'Effect of therapeutic horseback riding on physically disabled adults,' *Therapeutic Recreation Journal*, 22, 34–42

Burnes, B. (2000) *Managing Change: a Strategic Approach to Organizational Dynamics*, Prentice Hall, London

Campling, J. (1981) *Images of Ourselves*, Routledge and Kegan Paul, London

Capra, F. (2001) *The Hidden Connections*, Harper Collins, London

Clarke, J. (2000) 'Daylit coloured shadow display therapy buildings,' *Journal of Curative Education and Social Therapy* (Easter)

Cole, T. (1986) *Residential Special Education: living and learning in a special school*, Open University Press, Milton Keynes

Comenius, J. A. (1639) *Pansophiae Prodromus* In V. J. Dietrich (1991) *Johann Amos Comenius*, Rohwolt, Reinbek

Cooper, A. P. (2003) *How to Play the Lyre: Celtic Lyre Project*, Camphill Community Mourne Grange, Northern Ireland

Copeland-Fitzpatrick, J. (1997) 'Hippotherapy and therapeutic riding: an international review,' In North American Riding for the Handicapped Association (ed.) *Proceedings of the Ninth International Therapeutic Riding Congress* (pp.10–12), CO, Denver

Costello, J. E. (2002) *John Macmurray: a biography*, Floris Books, Edinburgh

Crompton, M. and Jackson, R. (2004) *Spiritual Well-being of Adults with Down Syndrome*, Down Syndrome Educational Trust, Southsea

Culham, A. and Nind, M. (2003) 'Deconstructing normalization: clearing the way for inclusion,' *Journal of Intellectual and Developmental Disability*, 28(1), 65–78

Cummins, R. A. and Lau, A. L. (2003) 'Community integration or community exposure? A review and discussion in relation to people with an intellectual disability,' *Journal of Applied Research in Intellectual Disabilities*, 16(2), 145–157

Cysarz, D, von Bonin, D., Lackner, H. Heusser, P., Moser, M. and Bettermann, H. (2004) 'Oscillations of heart rate and respiration synchronize during poetry recitation,' *American Journal of Physiology, Heart Circulation Physiology*, 287, 579–87

Denjean-von Stryk, B and von Bonin, D. (2003) *Anthroposophical Therapeutic Speech*, Floris Books, Edinburgh

Dennison, P. E. and Dennison, G. E. (1994) *Brain Gym© Teacher's Edition Revised*, Edu-Kinesthetics, Inc, Ventura, California

Department of Education and Science (1978) *Special Educational Needs* (The Warnock Report), HMSO, London

Department of Health (2001) *Valuing People: A New Strategy for Learning Disability for the 21st Century*, Department of Health, London

Dockrell, J., Peacey, N. and Lunt, I. (2002) *Literature Review: meeting the needs of children with special educational needs*, Institute of Education, University of London

Douch, G. (2004) *Medicine for the Whole Person*, Floris Books, Edinburgh

Down, J. L. (1887) *On Some of the Mental Affections of Childhood and Youth*, Churchill, London

Farrell, P. (2000) 'The impact of research on developments in inclusive education,' *International Journal for Inclusive Education*, 4(2), 153–62

Friesen, M. (2000) *Spiritual Care for Children Living in Specialized Settings: Breathing Underwater*, The Haworth Press, New York

Hannaford, C. (1995) *Smart Moves — Why Learning Is Not All In Your Head*, Great Ocean Publishers, Alexander NC

Hansen, D. G. (1976) 'Slogans versus realities — more data needed,' *Journal of Autism and Childhood Schizophrenia*, 6, 366f

Harris, J. C. (1995) *Developmental Neuropsychiatry*, v 2, Oxford University Press, London

Hart, N. and Monteux, A. (2004) 'An introduction to Camphill communities and the BA in

Curative Education,' *Scottish Journal of Residential Child Care*, 3(1), 67–74

Hauschka, M. (1978) *Fundamentals of Artistic Therapy*, Rudolf Steiner Press, London

Hegarty, S. (1993) 'Reviewing the literature on integration,' *European Journal of Special Needs Education*, 8(3), 194–200

Heipertz-Hengst, C. (1994) 'Evaluation of outcome of hippotherapy,' In P. A. Eaton (ed.) *Eighth International Therapeutic Riding Congress: the complete papers* (pp.217–21), National Training Resource Centre, Levin, New Zealand

Heitmann, R., Asbjornsen, A., and Helland, T. (2004) 'Attentional functions in speech fluency disorders,' *Logopedics Phoniatrics Vocology*, 29, 119–27

Henderson, D. (2004) 'Don't push inclusion too hard, warns Kirk,' *The Times Educational Supplement Scotland* (2 April)

Her Majesty's Inspectorate (1978) *Pupils with Learning Difficulties in Primary and Secondary Schools in Scotland*, HMSO, Edinburgh

Hewett, D. and Nind, M. (2000) *Access to Communication*, David Fulton Publishers, London

Hogenboom, M. (1999) *Living with Genetic Syndromes Associated with Intellectual Disability*, Jessica Kingsley Publishers, London

Hornby, G. (1999) 'Inclusion or delusion: can one size fit all? Educating students with disabilities,' *Support for Learning*, 14, 152–157

—, Atkinson, M. and Howard, J. (1997) *Controversial Issues in Special Education*, David Fulton Publishers, London

Husemann, A. (1989) *The Harmony of the Human Body*, Floris Books, Edinburgh

Inner London Education Authority (1982) *Educational Opportunities for All* (The Fish Report) ILEA, London

Jackson, R. (2003) 'The spiritual dimension in child and youth care work,' *The International Child and Youth Care Network*, Issue 57, (October 2003)

— (1989) 'The road to enlightenment,' *Social Work Today*, 21, 24

— (1996) 'The British roots of the normalisation principle: a study in neglect,' *Clinical Psychology Forum*, 93, 34–40

— (1996) *Bound to Care: an anthology*, Northern College, Aberdeen

— (2005) 'The origins of Camphill: The Haughtons of Williamston Part 1: Theodore Haughton,' *Camphill Correspondence*, 10–13 (Nov/Dec)

— (2006) 'The origins of Camphill: The Haughtons of Williamston Part 2: Emily Haughton,' *Camphill Correspondence*, 4–7 (Jan/Feb)

— (2004) 'Camphill pioneers: friendly enemy aliens!' *Camphill Correspondence*, 6–9 (November/December)

— and Monteux, A. (2003) 'Promoting the spiritual well-being of children and young people with special needs,' *Scottish Journal of Residential Child Care*, 2(1), 52–54

Jones, M. (1983) *Behaviour Problems in Handicapped Children*, Souvenir Press, London

Jordan, A. and Stanovich, P. (2001) 'Patterns of teacher-student interaction in inclusive elementary classrooms and correlates with student self-concept,' *International Journal of*

Disabilities, Development and Education, 48, 33–52

Kirchner-Bockholt, M. (2004) *Foundations of Curative Eurythmy*, Floris Books, Edinburgh

König, K. (1952) *Superintendent's Report*, Camphill Rudolf Steiner Schools, Aberdeen

— (1960/1993) *The Camphill Movement* (2nd ed.) Camphill Press, Danby

— (1945) *The First Memorandum*, Camphill-Rudolf Steiner-Schools, Aberdeen

Lave, J. and Wenger, E. (1991) *Situated Learning: Legitimate Peripheral Participation*, Cambridge University Press, New York

Lorenz-Poschmann, A. (1982) *Breath, Speech and Therapy*, Mercury Press, Spring Valley, N. Y.

Low, C. (1997) 'Is inclusivism possible?' *European Journal of Special Needs Education*, 12, 71–79

Luxford, M. (1994) *Children with Special Needs*, Floris Books, Edinburgh

Macauley, B.L. (2002) 'More research in the field?' *NARHA Strides*, 8, 35

Mackay, G. (2002) 'The disappearance of disability? Thoughts on a changing culture,' *British Journal of Special Education*, 29(4), 159–62

Maier, H. W. (2004) 'Rhythmicity: a powerful force for experiencing unity and personal connections,' *The International Child and Youth Care Network*, Issue 66 (July 2004)

McGibbon, N. H. (1997) 'The need for research,' *NARHA Strides*, 3, 32

Mees-Christeller, E. (1985) *The Practice of Artistic Therapy*, Mercury Press, Spring Valley, NY

Mesibov, G. (1990) 'Normalization and its relevance today,' *Journal of Autism and Developmental Disorders*, 20, 379–90

Mittler, P. (2000) *Working towards Inclusive Education: social contexts*, David Fulton, London

Morris, J. (2000) 'At arm's length,' *Community Care* (12 June)

— (2001) 'Is boarding the only option?' *Community Care* (13 December)

— (2002) 'Schools morass,' *Community Care* (11 April)

Nelkin, D. and Linde, S. (1995) *The DNA Mystique: the gene as a cultural icon*, W. F. Freeman, New York

Nirje, B. (1969) 'The normalization principle and its human management implications,' In R. Kugel and W. Wolfensberger (eds) *Changing Patterns in Residential Services for the Mentally Retarded* (pp.181–94). President's Committee on Mental Retardation, Washington, D. C.

Norfolk, D. (2001) *The Therapeutic Garden*, Bantam Books, London

O'Brien, G. and Yule, W. (1995) *Behavioural Phenotypes*, Cambridge University Press, London

O'Reilly, P. O. and Handforth, J. R. (1955) 'Occupational therapy with 'refractory' patients,' *American Journal of Psychiatry*, 111, 763–66

Palmer, P. J. (1997) *The Courage to Teach: Exploring the Inner Landscape of a Teacher's Life*, Jossey Bass, San Francisco

Petrie, P. (2002) 'All-round friends,' *Community Care* (12 December)

Phillips, D. (2001) 'Therapeutic speech in relation to the individual with Down's Syndrome,' *Journal of Curative Education and Social Therapy*, Easter 2001: 15–19

Pietzner, C. (ed.) (1990) *A Candle on the Hill: Images of Camphill Life*, Floris Books, Edinburgh

Pitt, V. and Curtin, M. (2004) 'Integration versus segregation: the experiences of a group of disabled students moving from mainstream school into special needs further education,' *Disability & Society*, 19, 387–401

Poplawski, Thomas (1998) *Eurythmy — Rhythm, Dance and Soul*, Floris Books, Ediburgh

Probst, G. and Buchel, B. (1997) *Organizational Learning*, Prentice Hall, London

Ralph, J. (2005) *Eurythmy: Frequently Asked Questions*, available online at: www.eurythmy.org.uk/faq

Renshaw, J. (1986) 'Passing understanding,' *Community Care*, 17, 19–21

Rhoades, C. and Browning, P. (1977) 'Normalization at what price?' *Mental Retardation*, 15, 24

Rogers, C. (1994) *Client Centred Therapy*, Constable, London

Rolandelli, P. S. and Dunst, C. J. (2003) 'Influences of hippotherapy on the motor and socio-emotional behaviour of young children with disabilities,' *Bridges: practice-based research syntheses*, 2(1), 1–14

Rubin, J. A. (ed.) (2001) *Approaches to Art Therapy: theory and technique*, Brunner-Routledge, New York

Ruland, H. (1992) *Expanding Tonal Awareness*, Rudolf Steiner Press, London

Salter, J. and Wehrle, P. (2005) *Colour: Twelve Lectures by Rudolf Steiner between 1914 and 1924*, Rudolf Steiner Press, London

Sattler, F. and Wistinghausen, E. (1992) *Bio-dynamic Farming Practice*, Cambridge University Press, Cambridge

Saunders, S. (1994) 'The residential school: a valid choice,' *British Journal of Special Education*, 21(2), 64–66

Scottish Executive (2002) 'Standards in Scotland's Schools Etc Act 2000: Guidance on Presumption of Mainstream Education,' *Scottish Executive Circular* 3/2002

Sempik, J., Aldridge, J. and Becker, S. (2003) 'Social and Therapeutic Horticulture: Evidence and Messages from Research,' Thrive in Association with the Centre for Child and Family Research Loughborough University, Loughborough

Senge, P. (1990) *The Fifth Discipline: The Art and Practice of the Learning Organization*, Doubleday, New York

— (1994) *The Fifth Discipline Fieldbook: Strategies and Tools for Building a Learning Organization*, Doubleday, New York

Simson, S. P. and Strauss, M. C. (eds.) (2003) *Horticulture as Therapy: Principles and Practice*, The Haworth Press, New York

Social Education Trust (2001) *Social Pedagogy and Social Education: a report of two workshops held on 11–12 July 2000 and 14–15 January 2001*, at Radisson Hotel, Manchester Airport

Steiner, R and Steiner-von Sivers, M. (1981) *Poetry and the Art of Speech*, Published in agreement with the Rudolf Steiner Nachlassverwaltung, Dornach, Switzerland

— (1999) *Creative Speech*, Rudolf Steiner Press, London

Steiner, R. (1898) *Hochschulpädagogik und öffentliches Leben*, Dornach/Schweiz: Sektion für

redende und musische Künste
— (1919) *The Inner Aspect of the Social Question*, Rudolf Steiner Press, London
— (1920) *Verses and Meditations*, Rudolf Steiner Publications, London
— (1923) 'A Lecture on Eurythmy: 26th August,' 1923 (GA0279). Available online at: wn.rsarchive.org/Eurhythmy/19230826p01.html
— (1924/1995) *Manifestations of Karma*, 4th ed, Rudolf Steiner Press, London
— (1959) *Speech and Drama*, Anthroposophic Publishing Co, Spring Valley, N. Y.
— (1983) *Curative Eurythmy*, Rudolf Steiner Press, London
— (1988) *The Child's Changing Consciousness and Waldorf Education*, Anthroposophic Press, Hudson, N. Y.
— (1993) *The Inner Nature of Music and the Experience of Tone: Seven Selected Lectures 1906 through 1923*, Anthroposophic Press, Herndon, VA
— (1998) *Education for Special Needs*, Rudolf Steiner Press, London
Strathclyde Regional Council (1993) *Every Child is Special*, Strathclyde Regional Council, Glasgow
Swinton, J. (2001) *A Space to Listen: Meeting the spiritual needs of people with learning disabilities*, The Foundation for People with Learning Difficulties, London
Tadd, V. (1992) 'Dogma or needs?' *Special Children*, 59, 20–21
Taylor, M. J. (1999) *My Brother. My Sister: a study of the long term impact of sibling disability on the brothers and sisters within families*, Northern College, Aberdeen
Thun, M. and M. (2005) *The Biodynamic Sowing and Planting Calendar*, Floris Books, Edinburgh
Tight, M. (1996) *Key Concepts in Adult Education and Training*, Routledge, London
Tizard, J. (1964) *Community Services for the Mentally Handicapped*, Oxford University Press, London
Ulrich, R. S. (1984) 'View through a window may influence recovery from surgery,' *Science*, 224, 420–21
UN Charter (1999) *Convention on the Rights of the Child* (Second Report to the UN Committee)
Vatican (2004) *Message of John Paul II on the Occasion of the International Symposium on the Dignity and Rights of the Mentally Disabled Person*, Vatican: 5 January 2004
Warnock, M. (2005) 'Special Educational Needs: a new look,' *Impact* 11, Philosophy of Education Society of Great Britain
Wenger, E. (1999) *Communities of Practice: Learning, Meaning and Identity*, Cambridge University Press, London
—, McDermott, R. and Snyder, W. (2002) *Cultivating Communities of Practice*, Harvard Business School, Boston
Weihs, A. (1975) *Fragments from the Story of Camphill*, Internal Camphill Paper
Weihs, T. (1962) *The Camphill Rudolf Steiner Schools for Children in Need of Special Care Report 1955–1962*; Aberdeen, Greyfriars Press, Aberdeen

— (1972) *The Camphill Rudolf Steiner Schools for Children in Need of Special Care Report 1962–1972; Aberdeen*, Greyfriars Press, Aberdeen

— (1983) *Annual Report 1982–1983; Aberdeen: Camphill Rudolf Steiner Schools*, Greyfriars Press, Aberdeen

West, J. (1996) *Child Centred Play Therapy*, Arnold Publishers, London

Wigram, T., Pederson, I. N. and Bonde, L. O. (2002) *A Comprehensive Guide to Music Therapy*, Jessica Kingsley, London

Wolfensberger, W. (2003) *The Future of Children with Significant Impairments: what parents fear and want, and what they and others may be able to do about it*, Training Institute for Human Service Planning, Leadership and Change Agentry (Syracuse University), New York

Woodward, B. and Hogenboom, M. (2002) *Autism: a Holistic Approach*, Floris Books, Edinburgh

Zigler, E., Balla, D. and Kossan, N. (1986) 'Effects of types of institutionalization on responsiveness to social reinforcement, wariness and outerdirectedness among low MA residents,' *American Journal of Mental Deficiency*, 91, 10–17

인명색인

가우디, 안토니오Antonio Gaudi 260
괴테, J. W. 폰J. W. von Goethe 261
구겐빌, 한스 야코프Hans Jacob Guggenbuehl 53
디킨스, 찰스Charles Dickens 20
램, 윌리스Willis Lamm 192
레이브, 진Jean Lave 289
로이스, 조Joe Royds 196
로저스, 칼Carl Rogers 130
매킨토시, 찰스 레니Charles Renni Mackintosh 260
맥밀란, W. F.W. F. Macmillan 37
맥밀란, 알리스테어Alistair Macmillan 37
맥클리오드, 조지George MacLeod 37-38
메르쿠리알레, 기롤라모Girolamo Mercuriale 193
모리스, 제니Jenny Morris 374-379
바나도, 토머스 존Thomas John Barnardo 53
바이스, 앙케Anke Weihs 36, 38
바이스, 토마스Thomas Weihs 39, 43, 45, 48, 55
베그만, 이타Ita Wegman 33, 35, 157, 171
베토벤, 루트비히 판Ludwig van Beethoven 141, 211
보스커, 엘세벳Elsebet Bodthker 194
비트루비우스Vitruvius 263
샌드스, 올리브Olive Sands 193
샤세느Chassaign 193
샤우데르, 한스Hans Schauder 40
센지, 피터Peter Senge 306
셍게, 에두아르Edouard Séguin 286
슈타이너, 루돌프Rudolf Steiner 33, 38, 41-42, 51-54, 78-79, 89, 157, 171, 208-210, 215, 225-226, 286, 299, 302

슈타이너 폰 지버스, 마리Marie Steiner-von Sivers 171
시드넘, 토머스Thomas Sydenham 193
아스퍼거, 한스Hans Asperger 238
안젤로, 토마스Thomas Angelo 296
엘렌, 번드Bernd Ehlen 197
오언, 로버트Rober Owen 40-41
워녹, 메리Mary Warnock 386-387
워즈워스, 윌리엄William Wordsworth 159, 182
웨스트, 윌스트Whilst West 124
웽거, 에티엔Etienne Wenger 288, 295
위클리프, 존John Wyclif 40
진젠도르프, 루드비히Ludwig Zinzendorf 40
캐너, 레오Leo Kanner 238
캠벨, 다우니Downie Campbell 38
코메니우스, 아모스Amos Comenius 40, 302
쾨니히, 칼Karl König 25, 32-51, 239, 273, 277-279, 285-286, 384, 387-388
쾨니히, 틸라Tilla König 35-39
크세노폰Xenophon 193
타이트, 맬컴Malcolm Tight 291
태버너, 베라Vera Taberner 157
파머, 파커 J. Parker J. Palmer 289, 297
페스탈로치, 하인리히Heinrich Pestalozzi 53
하우슈카, 마가레트Margarethe Hauschka 157
하워드, 비비안Vyvyan Howard 274
하텔, 리츠Liz Hartel 194
헴소스, 마사Martha Hemsoth 171
호메로스Homeros 173-174, 182
호턴, 시어도어Theodore Haughton 35
호턴, 에밀리Emily Haughton 35
히포크라테스Hippocrates 193

사항색인

5음계 피리 142-147
6보격 173-175, 188
TFSR Tools for Self-Reliance 234
가정공동체 57-72, 110, 269, 291-301, 318-327
간질 213, 238, 244, 246, 249, 252
갈대 피리 142
개별화교육계획 IEP 80, 336
개인발전계획 300
거주 보호 330
건축 255-263
결핍 모델 20, 53
고등학교 93-94
공간감각 160, 232, 258
공예 24, 54, 81-82, 97-98, 112, 121, 125, 221-236, 284, 287-288
과학 86-91, 95-96, 99-100
관리협회 11, 38
관찰 드로잉 160
괴테아눔 Goetheanum 33, 43, 52, 285
교육부 109, 351
교육회의 40
구리 공 213, 234
구리 막대기 199, 213
국가보육기준 122, 385
글로켄슈필 glockenspiel 143
금속공예 228, 233-234
기상 노래 135
기숙제 특수학교 19, 22, 307, 362, 373-382
기하학 89, 208
난독증 218, 245
놀이치료 119-130
놀이치료부 123, 129
농장 100, 253, 273-277
뇌성마비 194, 244, 246, 343, 348

뇌수종 244
눈맞춤 72, 184, 214, 219, 357
뉴턴 디 Newton Dee 43, 113, 115, 240
다운증후군 186, 194, 196, 238, 242-244, 246, 248, 251, 254, 343
대나무 피리 142
대림 정원 34
도기 제조 232
도르나흐 Dornach 43, 52, 285, 327
도시 환경 271, 277
동료지원팀 290-291
동물학 85, 101
동종요법 274
두운법 175, 185, 188
드로잉 160, 233
라이어 lyre 132, 135-139, 142-143, 147, 152-153
레트증후군 244
루빈스타인 타이비 증후군 244-245
머틀 Murtle 43-45, 48, 240, 267-277, 340, 344
모라비안 형제단 36, 40
모리스 댄스 150
모음 177-179, 182
목공 226, 233
목탄 드로잉 160
문제 기반 학습 297
물리적 환경 23-24, 257, 263
물리학 90-91, 95, 99
미래 요구 평가 108-110
미술사 95, 101
미술치료 147-153, 155-167, 214
발달 과정 54, 129
발달 놀이 128
발도르프 교육 78-82, 86, 93, 100, 161, 171,

224-225
발도르프 학교 78, 107, 171, 208-209
배움 공동체 23, 286-287, 290, 295-296, 303, 308-309
베나허Beannachar 47, 113, 318-321
베일 페인팅veil painting 160, 167
보육규제법 22, 310
보육위원회 310-312, 378, 385
보턴Botton 44, 277
브라헨로이테Brachenrethe 46
블레어 드러먼드Blair Drummond 47
사춘기 90, 97, 161-163, 188
사회보육학 23, 379-381
사회복지협회 SSSC 22, 50, 285, 310-311, 385
사회적 경제 원칙 41, 44
삼원성 42, 54-55, 78-79
상호성 20, 53, 127, 380
색 명암 치료 152
생명역동농법 61, 273-274, 278
설터리psaltery 145-147
세인트 존스 학교 43-44
소두증 244, 248
수학 20, 82-85, 88, 96
승마치료 191-200, 205, 214, 243, 313
시미온 노인복지시설 48, 268
신체적 리듬 248
아동 발달 81, 129, 171, 239, 324
아동연구그룹 145, 149
아스퍼거 증후군 245
안젤만증후군 238, 244, 248
애버딘 대학 17, 23, 43, 100, 284, 290, 295
야외 환경 86
약체 X 증후군 244, 248-251
양초 제작 229-231
언어 오이리트미 210
언어 형성치료 169-189, 313
업무동의서 300
역량강화전략 363

역사 86-90, 96, 99, 101
역차별 366-368
예술 오이리트미 212
오이리트미 153, 164, 207-220, 313, 327
오킬 타워 스쿨Ochil Tower School 47
왕립 교육감사단 310, 312, 378
요구 목록 기록 108
워녹 위원회 367
원예 111, 271
유기적 건축 260
유엔 아동권리협약 21, 122, 374
음악 오이리트미 211
음악의 3요소 141-143
음악치료 131-153, 323-327
인지학 32-36, 50-52, 125, 130, 240, 318, 322-323
인지학적 보건사회협회 313
인지학적 치료약 251-252
인체생물학 95, 97, 99
일반학교 85-86, 105-107, 343, 370-373, 381, 386
자연 환경 24, 31, 265, 274
자음 177-178
자폐 196, 238-239, 242, 245-246, 248-251, 253, 331, 337, 348
자폐 범주성 장애 86, 128, 184, 213, 219, 245-246, 248, 254
전환transition 100, 104-109, 112, 115, 382
정보통신기술 97
정상화 363
정신성 42, 68-69, 296, 387-388
정신적 돌봄 69
제2차 세계대전 32, 195, 238-239
조기 중재 81, 247
존넨호프Sonnenhof 34
졸업 101-116, 141, 167
주기 집중수업 80-90, 95-101, 208
주류화 305, 372-373

주의력결핍과잉행동장애ADHD 213, 248
중학교 85-86, 90, 93
지리학 86-91, 96-98
직조 230-232
차임chime 143
친교의 밤 40
카운슬링 125
캠프힐 강당 45, 269
캠프힐 공동체 17-24, 31, 38, 46-59, 75, 100, 111-112, 121, 133, 229, 240, 253, 277-279, 290, 319-320, 329, 338, 384-391
캠프힐 세미나 8, 43, 50, 291, 295, 301
캠프힐 운동 17-19, 25, 35, 38, 42, 45, 47, 49, 55, 269, 273, 278, 390-391
캠프힐 지구 267-269
캠프힐 진료소 48, 237-241
캠프힐 컨퍼런스 45
캠프힐 회의 45
커크턴 하우스 35, 37
켄리Cairnlee 43, 48, 267-268, 319
켈트 기독교 31
코워커 11, 19-24, 39-45, 49-51, 69-74, 285-286, 297-302, 305-314, 385-390
코워커 연례평가 314
크리두샤 증후군 244
타악기 143, 150-152
타이 코메인Tigh a'Chomainn 48, 113
태아 알코올 증후군 244, 339, 343
태피스트리tapestry 58, 230-231
테너 크로타tenor chrotta 142, 150
템플 기사단 31
템플힐Templehill 47
통합inclusive 17, 44-50, 105-107, 247, 307, 326, 331, 338, 343, 358, 361-382, 386-387
퇴학 107-108
특수교육 및 치료교육 학사학위BACE 22-23, 43, 50, 243, 284-302, 305, 311, 319-320, 324-326

펠트 제작 226-229
프래더윌리증후군 238, 251
피아노 144, 147
필그림셰인Pilgrimshain 35
하루의 리듬 62
하플링거 195
학생 중심의 접근법 297
학습장애 120, 194, 215, 339
형태 드로잉 160

부록

한국에서의 캠프힐을 준비하며

김은영

빛누리 축제

한국 캠프힐 운동의 씨앗, 양평 슈타이너학교

'교육의 질은 교사의 질을 능가할 수 없다'고 했다. 어느 학교나 교사의 능력이 교육의 질을 좌우하지만, 특히 학생과의 상호작용이 더욱 활발히 일어나야 하는 발도르프 학교는 교사의 역량이 결정적이다. 슈타이너학교는 이름 그대로 슈타이너의 발도르프 교육이념에 기초하여 2009년 2월 양평에 설립했다. 개교 2년 전부터 현직 교사와 발도르프 교육에 관심을 가진 사람들을 대상으로 발도르프 특수교육 전문과정 연수를 시작하고, 학교에 헌신할 교사 양성을 위해 면밀히 준비했다.

양평군 옥천면 용천리 아름다운 경관 속에 1300평 규모의 부지를 어렵게 마련하여 첫 씨앗을 심었다. 앞에는 사철 내내 실개천이 흐르고, 진달래 산 벚나무가 흐드러지는 야산을 병풍처럼 두른 곳이다. 두 차례의 입학설명회를 통해 학교 설립에 참여한 학부모와 발도르프 특수교육 전문과정 연수를 거친 현직 특수교사들의 힘이 합해져 역사적인 발도르프 학교가 설립된 것이다.

슈타이너학교 개교식

입학식

부지임대료를 메우기 위해 연수에 참여한 현직 특수교사들은 십시일반 힘을 보탰고, 환경 정비를 위해

학교 모습   점심 먹고 산책길

꽃을 심고 벽을 칠하는 등 열정으로 아름다운 교정을 꾸려갔다. 때마침 출간된 나의 저서 《캠프힐에서 온 편지》를 읽은 많은 사람들이 학교 설립에 관심을 가져주었고, 특수교육 관련자, 대안교육에 관심을 가진 학부모의 뜨거운 관심 속에 역사적인 한국의 발도르프 특수학교를 개교하기에 이르렀다. 이것은 단순한 대안학교가 아니라 한국 캠프힐 운동의 첫 삽을 뜨는 역사적 사건이었다.

새 친구들을 맞이하고

2009년 3월 발도르프 교육에 동의한 다섯 명의 학생과 교사 셋이 첫 입학식을 가졌다. 학교 운영에 법적인 기반을 마련해준 사회복지법인 상금복지회의 이사장과 학부모, 교사들의 열정과 소망을 담은 입학식은 참석자 모두에게 감동이었다. 선생님들의 환영 연주에 이어 학생 한 명 한 명이 화관을 쓰고 무지개 다리를 건너 새로운 시작을 알리는 문지방을 선생님과 함께 손을 잡고 넘었다. 선생님과 일생의 소중한 시간을 보내게 됨에 감사하고, 특별한 학생을 맞이하는 교사의 기쁨이 넘쳐흐르는 시간이었다.

농사짓기-모내기

계곡 물놀이

　1학년에서 6학년까지의 1학급 다학년 학생이 한 명의 담임과 두 명의 교과 담당교사의 사랑을 받으며 시작한 학교생활은 그렇게 시작되었다. 하루의 일과는 오전 9시부터 오후 3시까지이며 매주 수요일은 오전에 주기 집중수업을 마치고 도시락을 준비하여 먼 산행을 다녀온다.

고난의 시기를 극복하며

　처음 다섯 명의 학생으로 시작한 학교가 공적인 지원 없이 경제적으로 독립하기란 당연히 쉬운 일이 아니었다. 교사들은 수익사업의 일환으로 일반 공립학교의 특수학급이나 특수학교 학생들을 대상으로 주중에 발도르프 교육 체험 프로그램을 운영했다. 주말에는 학교 교실 일부를 내어 펜션 사업을 한시적으로 병행하기도 했다. 하나의 공간이 주중에는 수업으로, 주말에는 펜션으로 쉴 틈이 없었다. 방학이면 교육청과 함께 발도르프 교육 교사연수를 위탁받아 운영하고, 크고 작은 세미나를 통해 발도르프 교육과 캠프힐 공동체 운동의 중요성을 역설함과 동시에 수익사업에도 기여토록 했다. 이 과정은 초창기 학교의

즐거운 목공

집짓기-집중수업

개척자들이 겪는 기쁨과 보람을 넘어서는 힘든 여정이었다.

한 학기가 지난 뒤에는 함께했던 교사들이 하나둘 학교를 떠나기도 했으나, 학생 수는 점차 늘어나 학급을 2개 학급으로 증설하기에 이르렀다. 교사는 여전히 1인 다역을 감당하며 신설 학교가 안고 있는 여러 가지 문제를 차분히 극복해나갔다.

무엇보다 중요한 것은 편입해 온 학생들이 나날이 밝아지고 생활태도가 긍정적으로 변화하기 시작했다는 점이다. 아이들은 학교 오는 것을 큰 즐거움으로 알고 그동안 공교육 내에서 받았던 심리적인 문제를 하나씩 풀어가기 시작했다. 그 바탕에는 교사의 노력뿐 아니라 정서적으로 아늑하게 품어주는 아름다운 환경, 나아가 어려운 학교 살림에도 '먹는 것이 치료의 시작이다'라는 믿음으로 유기농 친환경 먹을거리를 철저히 준수한 것 등이 복합적으로 작용하여 얻은 성과로 생각한다. 심각한 경기(간질)로 인해 휠체어에 의지할 뻔했던 아이가 본래의 건강을 되찾아가는 모습을 바라보는 것만큼 기쁜 일이 또 있을까 싶다. 이 아이의 경우, 학교 교육 외에도 적절한 의료 서비스를 병행했지만, 근본적으로 모든 아이들을 있는 그대로의 귀중한 인간으로 보는 발도르프 교육의 관점과 배려가 교육과 치유의 가장 중요한 기초라고 확신한다. 또한 낮은

부모교육

비눗방울 놀이

습식수채화 수업

오이리트미 수업

자존감으로 어려움을 겪는 학생들이 원래의 자존감을 회복하고 독립적으로 스스로의 의지를 세워 학습해나가는 과정은 짧은 시간에 기적 같은 변화의 선물을 가져다주는 원동력이었다.

그동안의 이모저모

2009년 여름, 1년 중 낮의 길이가 가장 긴 하지를 맞아 슈타이너학교의 제1회 '빛누리잔치'가 열렸다. 학생들은 한 학기 동안 익힌 솜씨를 먼길 오신 손님들께 마음껏 자랑하고 교사들이 틈틈이 준비한 인형극 〈빨간 모자〉 공연을 선물

했다. 학부모님들은 정성껏 준비한 물건으로 바자회를 열고, 이곳저곳에서 후원받은 물품 역시 내방객이 실속 있게 나누는 시간이었다. 아이들은 자유롭게 학교 교정을 뛰어놀고 학교 앞 개울가에서 물놀이를 하며 행복한 하루의 시간을 보냈다.

겨울철 하루해가 가장 짧은 동짓날에는 '등불잔치'를 열어 한 학기의 결실을 선보이는 시간을 가졌다. 아이들은 저마다의 별에서 부모를 찾아 이 땅에 내려온다고 한다. 등불잔치의 절정은 아이들이 등불을 들고 부모를 찾아 나서 부모를 만나 함께 동네 곳곳을 노래 부르며 한 바퀴를 도는 것이었다. 이때 대부분의 부모들은 가슴이 찡한 감동을 받는다고 했다. 선생님들은 아이들을 위해 〈등불소녀〉라는 인형극을 공연했다.

2010년 봄이 되자 1학년 신입생 두 명이 입학했고, 몇몇 편입생이 들어와 3개 학급으로 증설되었다. 1·2학년, 3·4학년, 5·6·7학년이 각각 학급을 이루어 쉬는 시간이면 운동장이 떠들썩한 제법 활기찬 학교로 변신했다.

매년 독일의 유명한 삽화가 도로테아 슈미트 여사가 학교에 한 달 남짓 체류하며 아이들과 교사, 부모들에게 습식수채화를 가르쳐주었고, '빛누리잔치' 때 그림자 인형을 연출해주었다. 그해의 '빛누리잔치'는 너무 많은 관람객이 와서 강당이 넘쳐났다. 강당에 들어찬 손님으로 발 디딜 틈이 없어 공연 무대를 설치할 공간을 만들기 어려울 지경이었다. 첫해보다 훨씬 세련된 예술활동을 손님들에게 선보인 학생들은 자신감에 차 있었다. 학생들의 형제들이 엮어낸 찬조출연은 마치 열린음악회를 방불케 할 정도로 인기가 높았다. 두 배 이상 늘어난 학생들과 부모님들은 힘을 모아 수익사업을 위한 바자회 준비로 열성을 다했다.

두 번째 여름방학을 시작하기 일주일 전 4박 5일간의 학급여행을 다녀왔다. 주위의 모든 분들은 기대 반 걱정 반으로 조바심을 냈다. 일상 활동에 도움이 필요한 아이들을 데리고 4박 5일간, 그것도 최남단 전라남도 장흥 정남진으로 간다고 하니 당연한 일이었다. 그동안 부모 곁을 한 번도 떠나본 적이 없는 아이, 집을 떠나서 한 번도 잠을 자지 못한 아이도 있었지만, 우리는 두려움 없이 서로를 믿고 모든 일정을 소화했다. 일정 가운데는 해발 753미터의 험한 천관산 정상 등정도 포함되었으나, 누구 하나 낙오자 없이 등정을 마쳤다. 무사히 하산하자 저녁 8시 30분, 이미 어두움이 짙게 깔린 시간이었다. 아이들은 스스로도 자신이 대견한 듯 의욕에 넘쳤다. 4박 5일 동안

산에 오른 아이들

먼 산행

등불잔치

산으로, 바다로, 계곡으로 여행을 마치고 돌아오는 차 안에서 학교가 가까워 오자 아이들은 누가 먼저랄 것 없이 '슈타이너학교는 우리들의 꿈이 있는 배움터' 노래를 한목소리로 박수를 치며 목청껏 불렀다. 마중 나온 부모들은 버스에서 내리는 아이들 하나하나에게 박수를 보내며 감격의 눈물을 흘리기도 했다.

　가을에는 세계 인지학 본부가 있는 스위스의 바젤, 도르나흐에서 2년에 한 번씩 열리는 '세계 발도르프 특수교사 및 치료사' 회의에 세 명의 교사가 참여하여 우리 학교를 소개하고 캠프힐 운동이 한국에서 시작되었음을 전하였다.
　그해 12월에 있었던 두 번째 '등불잔치'는 더욱 성숙한 모습으로 '후원자의 밤' 행사와 함께 치러졌다. 아이들은 대림절부터 초를 만들어 후원자에게 드릴 선물을 정성껏 준비했고, 학부모와 선생님의 찬조 공연이 한 데 어울려 꽁꽁 얼어붙은 겨울밤을 훈훈하게 녹이기에 충분한 시간이었다.
　입소문이 나면서 발도르프 특수교육을 실천하는 우리 학교를 찾는 사람들이 나날이 늘고 있다. 전국 각지에서 견학을 오고 발도르프 교육의 실천 방법에 대한 가능성을 확인하고 돌아간다. 비록 2년의 짧은 여정이었지만, 안정적인 학교 운영을 하고 있다는 평가를 받고 있다. 그러나 무엇보다도 그 속에서 생활하는 아이들 개개인이 존중받고 그들의 특별한 요구가 잘 실현되도록 돕는 데 최우선을 두고, 아이들의 긍정적인 변화, 아이들이 자신을 찾아가는 데 도움을 주기 위해 애쓰고 있다.

캠프힐 코리아를 향하여

슈타이너학교가 양평에 위치해 있어 전국적으로 많은 분들이 본교에 기숙사가 없는지 묻곤 한다. 사실 어떤 경우에는 가정에서 가족들이 고통을 겪고 일관되지 않은 교육방침 탓에 혼란스러워하는 것보다 학교 기숙사에서 생활하면서 일관된 교육을 받는 것이 더 좋다고 본다. 우리 학교에 통학하는 아이들 중에는 하루 한 시간 이상 걸리는 아이도 있기 때문에 이 문제를 해결하기 위한 아동 공동체가 필요한 것이 사실이다.

또 향후에 무엇보다 절실한 것은 현재 7학년이 졸업을 하게 되는 3년 후가 되면 청장년을 위한 캠프힐 공동체가 필요하다는 점이다. 몇몇 성인들이 현재 한국에서 캠프힐 공동체가 만들어지기를 학수고대하며 기다리고 있다. 이들 모두 일터와 삶터를 안정되게 확보하고 그 속에서 인간다운 삶을 살고자 하는 가족과 본인들의 바람이 강한 탓이리라. 멀지 않은 장래에 캠프힐 공동체를 탄생시킬 것이다. 캠프힐은 단순히 물리적인 공간의 완성을 뜻하지 않는다. 캠프힐 공동체는 오히려 삶 속에 녹아들어야 하는 캠프힐의 정신과 철학이 명확하게 세워지지 않으면 곤란하다. 캠프힐 공동체에서의 삶이 시사하는 바는 분명

하다. 우리는 자연에 순응하며 자연과 더불어 살아가야 하는 자연적인 존재임을 여러 각도에서 조망한다. 캠프힐 공동체에서의 삶은 장애인뿐 아니라 비장애인에게도 실천적인 삶을 살 수 있게 돕는 하나의 희망이 될 것이다. 장애인이 일방적으로 비장애인의 도움을 받는 존재가 아니라, 비장애인 역시 장애인을 통해 새 삶을 배워나가는 상호 의존적인 관계가 가능할 때 공동체의 삶이 더욱 건강해질 수 있다.

한국에서의 캠프힐 공동체 운동은 이미 슈타이너학교 설립을 통해서 시작된 셈이다. 멀지 않아 배움터를 시작으로 삶터와 일터가 만들어질 것이다. 그 과정이 비록 쉽지 않을지라도 캠프힐의 가치와 철학에 동의한 사람들이 함께 가는 길이기에 지치거나 힘이 들더라도 반드시 다다르게 될 것으로 믿는다.

번역서가 나오기까지

루돌프 슈타이너의 영향을 받은 칼 쾨니히(1902-1966)가 히틀러의 학살을 피해 스코틀랜드의 애버딘 지역에 정착하여 캠프힐을 세운 지 70년이 흘렀다. 세계 곳곳에 100여 개가 설립된 지금, 캠프힐은 이상적인 장애인 공동체의 대명사가 되었다.

 이 책은 캠프힐의 일상을 손에 잡힐 듯 실감나게 전해준다. 캠프힐 이론가나 인지학자가 아니라 세계 여러 나라에서 찾아와 공동체에 몸담고 장애아동과 더불어 사는 코워커, 각 분야의 치료사, 의사, 특수교사, 아이들, 학부모들이 직접 자신의 체험을 썼기 때문이다. 캠프힐에 들어가 공동체의 정신에 동의하고 일생을 장애인과 함께하기로 서원한 이들이기에 학술적이지 않으나 진솔하고, 논리적이지 않으나 생생한 삶의 기록 그 자체라서 오히려 감동적이다.

 로빈 잭슨이 이들의 생생한 글들을 엮은 《Holistic Education》이 이 책의 원전이다. 원래 20개의 장으로 구성되어 있는 내용을 번역본에서는 3부로 재구성하여 이해하기 쉽게 하였다. 1부는 캠프힐의 역사 및 공동체가 걸어온 길, 그리고 캠프힐 학교(발도르프 학교) 소개와 캠프힐 거주 아동들의 생활 이야기가 주를 이룬다. 1부를 통해 독자들은 캠프힐이 추구하는 가치와 이상이 현실에서 장애를 갖고 살아가는 이들에게 어떤 영향을 미치는지 읽어낼 수 있다. 2부는 캠프힐 학교의 교육과 치료에 대해 소개한다. 슈타이너의 인지학을 바탕으로 한 미술·음악·놀이·승마치료, 언어형성법, 치료 오이리트미 등을 상세히 다루고 있다. 현재 우리나라의 치료 분야와 어떻게 다른지 비교하며 읽는 것도 흥미로울 것이다. 3부에서는 캠프힐의 구성원인 코워커, 전문과정 학생, 학부모가 각자의 입장에서 겪은 바를 감동적으로 서술하고 최근 논란이 되고 있는 '통합'에 대한 견해와 캠프힐의 미래를 예견할 수 있는 내용으로 끝을 맺는다.

이 책에서 소개하는 캠프힐 공동체는 장애인 복지를 지상에서 가장 이상적으로 실현해낸 전범으로 꼽힌다. 다양한 연령대를 고려한 각 캠프힐 공동체는 우리가 고민하는 생애주기별 교육과 복지에 대한 문제를 자연스럽게 해결하고 있으며, 각각의 공동체는 획일적일 것 같지만 사실은 매우 독특한 개성을 갖고 운영된다.

번역과 교정을 위해 반복해 읽으면서 그때마다 감탄했고, '이곳이 우리 장애아동이 살아갈 최소한의 조건'이라는 믿음을 더욱 확고하게 갖게 되었다. 이 책이 관련자인 특수교사, 사회복지사, 치료사, 그리고 장애아동을 둔 부모와 정책 입안자들에게 하루 빨리 읽히길 바라는 마음에 번역을 서둘렀으나 양평의 슈타이너학교를 설립하고 학교에 온 에너지를 쏟아야 하는 상황이라 번역과 출판 작업이 더디게 진행되었다.

발도르프 특수교육 전문과정에서 오랜 기간 연구하던 공동 역자 나수현 선생은 이 책이 출간되기까지 애써준 일등공신이다. 산만한 문장을 일목요연하게 정리하고 미묘한 뉘앙스까지 심혈을 기울여 옮겨주었다. 또 스코틀랜드 캠프힐에서 만난 인연으로 우리 학교에서 함께 일하게 된 남현미 선생은 난해한 표현을 다듬는 데 한몫을 거들어주었다.

책은 편집자를 통해 새롭게 태어난다는 말을 다시 한 번 실감했다. 필자보다 더한 애정으로 정성스레 매만져 멋진 책을 만드는 지와사랑 출판사의 지미정 대표, 또 책임 편집자 김정연 씨와 각 장에 들어갈 주제 그림을 보충해서 그려준 염주경 작가 덕분에 책이 한결 따뜻해졌음에 감사한다.

　유난히 추운 이번 겨울, 책의 출간을 앞두고 두 차례의 사고로 혼자 거동하기도 힘든 나의 손발이 되어준 가족들에게 사랑과 감사의 말을 전한다.
　이 책이 지금도 고통 속에 생활하는 장애인과 그 가족들이 이 세상의 주인으로 당당하게 살아갈 날을 하루라도 앞당기는 계기가 되어주기를 간절히 기대한다.

2011년 초봄 양평에서
김은영